宗教と開発の人類学

グローバル化するポスト世俗主義と開発言説

石森大知
丹羽典生 編

春風社

宗教と開発の人類学——グローバル化するポスト世俗主義と開発言説

序章　宗教と開発をめぐる新展開――ポスト世俗化時代の人類学に向けて　石森大知……9

第Ⅰ部　宗教と世俗関係の生成・揺らぎ

第Ⅲ部　宗教の公共性をめぐる諸相

序　章　宗教と開発をめぐる新展開
――ポスト世俗化時代の人類学に向けて

石森大知

1　はじめに

本書のおもな狙いは、ポスト世俗主義と開発言説がグローバルに浸透するなか、宗教（宗教者、宗教組織）が主導的に開発に関わり、それに伴ってローカルな価値観や社会関係が変化しつつある現状をミクロな視点から考察することにある。

宗教と開発という組み合わせには違和感を覚えるかもしれないが、宗教による慈善活動を開発の一種とみなし、援助や支援の背景に宗教的なものを見出すことも不可能ではない。むしろ、両者は歴史的に表裏関係にあるといえる。ただし、本書でおもに扱うのは、宗教が本質的に有する救済観や、キリスト教と「文明化」などといった従来の研究による蓄積のあるテーマではない。第二次世界大戦以降、人類学者が調査・研究を行ってきた地域において近代国家が設立されるなか、宗教は政府機関や国際機関が関与する公的な開発から排除されてきたとされる（Clark 2012: 4-5）。しかし、近年の国際的な開発援助の現場において宗教による開発への関与は逆に顕在化しているのであり、本書はそのような現象を中心に取り上げるものである。

とくに二〇〇〇年代以降、宗教者や宗教組織が政府機関や国際機関、ＮＧＯや各種市民団体などと連携して開発に従事するという新しい形態の連携がみられる。この現象は（開発を供与・実践する側の人々や組織・団体などからなる）開発業界において「宗教への転回（turn to religion）」[1]と呼ばれ、一つのブームを形成しているという（Tomalin 2013: 5-12）。ここでいう「宗教」とはおもに制度宗教[2]を念頭におき、それに従事する宗教者や関連する組織や団体などの主体を指している。本書全体をとおしてこの語をこのような意味合いで用いることとする。一方、「開発」とは生活の質や福祉の向上および社会問題の解決に向けての計画的な働きかけのほか、それによって生じる社会変革のプロセスなどを指し、今日の社会開発[3]とほぼ同じ広い意味で用いる。

宗教者や宗教組織による開発の活動としては二つの領域が想定される。一つは経済・教育・医療・福祉などの改善に関する活動であり、もう一つは社会全体の変革・改革を目指す活動である。これらは多くの宗教者や宗教組織にとってかつてから実施されてきたものであり、必ずしも目新しい活動ではない。ただし、本書では後述の通り新自由主義の浸透を含むグローバルな流れとその諸影響を踏まえ、あらためて宗教と開発のテーマを検討する。

私は二〇〇一年から南太平洋のソロモン諸島でフィールドワークを開始して以来、宗教と社会・文化変容に関する人類学的研究を行ってきた。本書のもととなる研究を組織するきっかけはフィールドでの経験に由来する。ソロモン諸島では二〇〇〇年代以降、キリスト教会や教会系NGOが外国の援助組織と直接的に結びつき、貧困撲滅、環境保全、ローカルガバナンス強化、平和構築などに関わる開発プロジェクトに従事する傾向が強くなっている。以下、近年のソロモン諸島における宗教と開発をめぐる状況を簡単に素描する。

ソロモン諸島では一九九八年末から二〇〇三年にかけて、民族紛争もしくはガダルカナル危機と呼ばれる大規模な紛争を経験した。紛争中の約五年の間、政府はその解決のための有効な施策を打ち出すことができず、国内外から「破綻国家」のレッテルを張られてしまう。政府に対する批判や不満の声が高まるなか、紛争の被害を受けて困窮する人々に救いの手を差し伸べ、和平締結に向けて積極的な活動を展開したのは、キリスト教の諸教会や超宗派の教会関連団体であった。たとえばアングリカン教会は紛争の当事者である二つの民兵組織間を行き来して調停につとめる一方、生活物資の欠乏に苦しむ人々の支援を行った。また、カトリック教会は紛争の影響で否応なく国内避難民となった人々の衣食住を助け、精神的にダメージを負った人々に対するケアを実施したことで知られている（石森 2012, 2013）。

二〇〇三年、長引く紛争に終止符を打ったのは、域内の超大国である豪州を中心に組織された平和維持部隊の武力介入であった。それまで豪州はソロモン諸島を含む太平洋の島嶼国家に対して内政不干渉の立場を取ってきたが、二〇〇一年の米国同時多発テロ事件を契機に国際的な安全保障の考え方が変化するなか、「破綻国家を放置すればテロの温床になる」とし、ソロモン諸島政府からの依頼にも応える形で直接的な介入に踏み切ったのである（Wainwright 2003: 489; 石森 2013: 114-115）。その後、平和維持部隊が引き続き駐留した復興期においても、豪州の主導のもとでローカルガバナンス強化と貧困撲滅（とくに村落部における現金獲得機会の創出）をはじめとする数多くの開発プロジェクトが実施された。そこでプロジェクトの担い手として期待されたのは、「ソロモン諸島を覆う唯一の公的なトランスローカルの市民社会組織」としてのキリスト教会であった（Douglas 2007）。なお、ソロモン諸島の総人口は約六〇万人であり、その九七パーセントはキリスト教徒とされている。

折しも紛争発生以後、政治家や政府に対する信頼は低下する一方で、宗教者や宗教組織に対する評価は高まり影響力を発揮しつつあった。こうしてキリスト教の諸教会は、村落社会とその外部をつなぐ中間集団と位置づけられ、政府を介することなく直接的に諸外国の援助組織と結びついて復興を目指す開発プロジェクトに着手した。なお、私のフィールドであるニュージョージア島の北部地域では、主流派教会から分離した独立教会が豪州の国家的な援助組織、民間援助団体、州政府、大学研究機関からの資金および技術援助を受けて大規模な社会林業プロジェクトを実施した。その詳細については第5章で記すことにする。

以上のように、私は紛争中から復興期のソロモン諸島で長期間のフィールドワークを行い、宗教による開発実践を見聞きしながらフィールドでの日々を過ごした。当時の私はその活動を植民地時代から続くミッションの延長線上に位置づけ、それ以外の文脈や背景を考慮することはほとんどなかった（石森 2011: 137-140）。実際に人々も「教会はわれわれに開発をもたらしてくれる。それは今も昔も同じだ」などと口にしていたからである。

しかし、たとえば教会による開発プロジェクトの開始以降、労働のあり方が競争主義的・個人主義的なものに変質し、教会がそれまでに説いてきた「連帯」の観念との齟齬をきたしていること。また、人々が現在は「開発の時代」であるとし、それ以前の「信仰の時代」と対比して位置づけるようになったこと。さらには教会が「持続可能な開発」や「将来世代のための森林管理」などの重要性を発信し始めたこと。私はこれらの事柄について、ミッション的な過去との連続性や教会の独自性・固有性を強調するなどいわば閉鎖的な視点から対処してきたが、それでは不十分だとも感じていた。というのも、ここで列挙した競争主義・個人主義、開発と信仰の対比、持続可能な開発などの考え方や思想は、いずれもグローバルな価値や言説と関わるに違いないからである。そして教会の開発プロジェクトがその引き金となっているとすれば、宗教と開発の関係をより掘り下げて考える必要性を感じるようになった。

その後、他地域の民族誌にも触れ、また開発学や宗教学などの知見を得るに従い、宗教が政府機関や国際機関をはじめとする世俗組織と連携しながら開発に関与する動きが世界的な現象であることを知った。誤解を恐れずにいえば、宗教と開発というテーマに関して、開発学では「宗教との協働による望ましい開発」の実現、宗教学・宗教社会学では「宗教と社会の新しい関係性」の解明に向かい、いずれも宗教と開発の結びつきを新しい現象と捉える傾向がみられる。一方、人類学ではこの現象をミッションとの連続性や当該社会に固有の社会的・文化的な文脈に基づいて理解する傾向が強いように思われる。加えて、近年の開発学や宗教学ではこのテーマを扱う研究が量産されている反面、これを真正面から扱う人類学的・民族誌的研究が限られていることもわかってきた。そこでオセアニアの紛争について共同で研究を行っていた丹羽典生氏と、今度は宗教と開発をテーマに地域横断的な共同研究を展開することで、このような着想を比較民族誌的に検討を行うこととした（共同研究の経緯についての詳細は本書あとがきを参照）。

2　「宗教への転回」の歴史的・思想的背景

いわゆる「宗教への転回」の顕在化は、比較的近年のこととされる。開発学者のジェラルド・クラークとマイケル・ジェニングスによれば、その直接的な発端は一九九〇年代末の開発業界の動向に求められる。一九九八年から二〇〇〇年にかけ、世界銀行をはじめ国際機関が開催する諸会議で開発における宗教の役割が集中的に議論されるとともに、宗教者および宗教組織と開発業界は「貧しい人々」の潜在能力や支援のあり方などに関して問題意識を共有していることが確認された（Clarke and Jennings 2008: 1-3）。その後、世界銀行が中心となって「貧しい人々」へのサービス提供における宗教の重要性を示唆するなど、今や開発業界には「宗教組織は開発において優位性をもつ」

という言説が存在するという（Tomalin 2013: 228, 239）。

それでは、二〇〇〇年前後という時代状況において、なぜ宗教が注目されるに至ったのだろうか。その背景について、互いに密接な関係にあるグローバルな現象ともいえる①世界的な宗教復興、②新自由主義の浸透、③開発援助政策の転換という三つの流れに分けて考察する。

まず一つ目として、おもに一九八〇年代以降の宗教復興がある。一九六〇年代、宗教は近代化とともに衰退するという認識が共有され、世俗化論が支配的であった。しかし、一九八〇年代前半にはイラン革命やアメリカでの宗教右派の台頭に注目が集まり、一九九〇年代に入ると旧ソ連の社会主義体制の崩壊によって東欧や中央アジアにおける宗教勢力の顕著な発展がみられた。加えて、宗教の形態等に違いはあるものの、宗教的原理主義やペンテコステ派教会の隆盛など、世俗化に反するような現象が世界的な規模で顕在化した。

このような宗教復興は世俗化論の妥当性を失わせるとともに、現代社会における宗教の位置づけを問い直す契機となった。たとえば開発学者のジェフリー・ハインズは、宗教の影響力が増大過程にあることを認めたうえで「世界の多くの地域、とりわけ発展途上世界において、その影響力は社会、政治、経済および開発に及んでいる」と述べるとともに、宗教が開発を介して市民社会に参入し、公共上の意義を高めていることを論じている（ハインズ 2010: 46-47）。また、宗教復興は、国家や政治家に対する不平や不満の受け皿となる一方で、宗教に対する関心を高めると同時に宗教者や宗教組織に対する信頼を向上させ、宗教の社会的重要性を相対的に高めたという指摘もある（Balchin

2011）。これらのことが、多様な背景をもつ人々や組織とのパートナーシップを求めていた開発業界における宗教への注目につながることになる。

二つ目は、グローバル化の深化ともいえる、新自由主義の浸透である。新自由主義では、国家による過剰な規制と保護を構造改革・構造調整を行うことで打破し、個人の自由と市場原理を強化することで、競争主義の徹底をはかろうとする。新自由主義の浸透とともに、世界各国で社会・福祉サービスの削減を含む国家財政の緊縮化と、国家が提供してきたサービスの民営化が進展した。このような福祉国家から小さな政府への移行の一方、新自由主義は自己責任を要求し、人々の連帯を分断する方向に働く。なぜなら、新自由主義の競争原理は個人に責任を押し付けることで、個人を社会から切断するからである。折からの経済状況の悪化と競争主義の導入、さらには公務員削減などの影響で大量の失業者が生み出され、社会の末端の人々にまでサービスや支援の手が行き届かなくなった。こうして人々は、近代化や都市化によって地縁や血縁が希薄化するなか、既存のネットワークや社会関係から切断され、孤立していくこととなった（松田 2009）。

ここで社会・福祉サービスの弱体化によって生じた空白を埋めたのは、民間人・市民社会組織からなるＮＧＯであった。ＮＧＯに類するチャリティやフィランソロピーと呼ばれる慈善・博愛活動の歴史は各国で異なりこそすれ、ＮＧＯが急速に世間の注目を集めたのは世界的に一九八〇年代以降であり、政府に代わってＮＧＯがサービスを提供し始めた時期と符合する（ハーヴェイ 2007; 加藤 2017: 40-42）。開発業界においてもＮＧＯは非政府組織ゆえのユニークな貢献や、費用対効果の高さなどの点で世界銀行や国際通貨基金（以下、ＩＭＦ）から期待されるようになり、開発への関与を急速に深めていく（加藤 2017: 40-43）。このようなＮＧＯの影響力の増大を「開発のＮＧＯ化」（Tomalin 2013: 33）と呼ぶ者もいる。その後、公的サービスの民営化に向けた諸制度の整備が世界的に進展するのに伴い、宗教も市民社会組織の一つとして開発に組み込まれ、存在感を発揮するようになった。これは歴史的に宗教が社会・福祉サービスに関わってきたアメリカや西洋諸国を中心に生じ、「宗教のＮＧＯ化」と表現されることもある。「開発のＮＧＯ化」に続く「宗教のＮＧＯ化」というこのような一連の動き(4)は、やがて多様な人々・多様な組織が連携してグローバルな諸課題に立ち向かうとする国際的な開発業界のスローガンとも共鳴し、宗教を開発に向かわせることになる（Tomalin 2013: 33-37）。

三つ目として、国際的な開発援助政策の転換がある。世界規模の経済的・社会的な格差を是正するための手段として国際的な開発が実施されたのは、第二次世界大戦以降のことである。当初は近代化論に基づきインフラ整備とハコモノ援助を中心とした経済偏重型の開発が主流であった。しかし、一九七〇年代に入ると先進国と開発途上国の格差はほとんど縮まらないばかりか、環境破壊や公害など近代化の負の側面が目につくようになる。反近代化論としての従属論や世界システム論に注目が集まったのもこの時期である。その後、既存の開発からの転換を目指して「オルタナティブな開発」のあり方が模索される。そこでは従来の開発にみられる近代化志向、経済偏重主義、トップダウン型などが批判され、環境保全と開発の両立を目指す持続可能な開発、生活の質の全体的な向上を目指すための人間開発、現地文化を重視する内発的発展、協働に基づく住民参加型開発などの考え方が提唱されるようになった（佐藤 2005: 29-35）。これらの点を吸収・昇華する形で二〇〇〇年の国連ミレニアム・サミットでは「ミレニアム開発目標（以下、ＭＤＧｓ）」が設定され、それ以降の開発業界における基本的な指針となった。

オルタナティブな開発の模索という大きな目標は、開発＝近代化・世俗（化）の裏返しとしての、宗教への注目を生んだ。ＭＤＧｓにおいて宗教者や宗教組織の位置づけは直接的には触れられていないが、その後の『世界開発報告書』では、ＭＤＧｓの達成のためには未活用の人的・組織的な資源を動員し、さまざまな当事者が協働して取り組む必要があるとして、宗教への期待が示された(5)。ＭＤＧｓの目標のなかでも、とりわけ貧困撲滅やローカルガバナンスの強化など社会改革に関わる開発においてその傾向が強い。また、ＭＤＧｓでは、開発における現地固有の文化や伝統、考え方への配慮が主張され、それらが宗教と不可分であることも確認されている（World Bank 2001, 2003; ハインズ 2010: 18-19）。ここで重要なことは、宗教者や宗教組織と、世界銀行、ＩＭＦ、国際労働機関などの国際機関が開発をめぐって意見交換および問題意識を共有し、互いの連携を模索し始めたという点である。こうして、「宗教への転回」が始動することになる。

3　関連する先行研究の動向

二〇〇〇年代以降の「宗教への転回」に呼応する形で、宗教（religion, religions）・信仰（faith）と開発（development）・援助（aid）を組み合わせたり、宗教による他者への働きかけを含意する語をタイトルに掲げる学術書が数多く出版されている（Belshaw et al. eds. 2001; 稲場・櫻井編 2009; ハインズ 2010; 稲場 2011; Haar ed. 2011; Barnett and Stein eds. 2012; Carbonnier et al. eds. 2013; Tomalin 2013）。これらに代表される一連の先行研究は、開発研究アプローチと宗教研究アプローチの二つに便宜的に分けることができる。前者では開発学を中心とする研究者がよりよい開発の実現のために宗教を活用しようとし、後者では宗教学を中心とする研究者が宗教の社会的な役割や貢献を見出そうとする姿勢がみられる。両アプローチは概して「宗教への転回」を新しい現象とみなすなど共有されている点も多いが、ともに同様の現象を考察しつつも、それぞれの学問分野の研究蓄積や方向性が相違として表れている。

開発研究アプローチ

まず、開発学、国際関係学、平和学などの分野からの開発研究アプローチである。その特徴は国連、世界銀行、IMFなどの国際機関における宗教の位置づけの変遷をたどりながら、一九八〇年代以降のオルタナティブな開発の担い手として宗教者・宗教組織を組み込もうとする点にある。開発研究アプローチは、これまで宗教が開発研究および開発業界から疎外されてきた点を指摘している。開発学・国際関係学を専攻するマシュー・クラークによれば、宗教はキリスト教会のミッション活動や「文明化」への取り組みをはじめ、教育、福祉、慈善事業、人道的救済など広い意味での開発に従事し、効率的かつ持続的に成果をあげてきた。にもかかわらず宗教は、とくに第二次世界大戦以降、政教分離原則のもと、国家的および国際的な開発の場から無視あるいは排除されてきたという（Clarke 2012: 4-5）。

その後の一九六〇年代〜一九七〇年代の近代化論に基づく経済偏重型の開発は、上述の通り期待された成果をあげたとは言いがたい。それを踏まえて、開発学者のウェンディ・ティンダルは宗教に注目する必要性を説きながら、物質的諸条件の改善のみを目指す開発は二つの意味で不十分であるとする。一つは、人々の生活は物質的側面のみで満たされているわけではないこと。もう一つは、たとえ物質的側面の改善に限定しても結局その目的が持続的に果たされることはなく、それに加えて精神的な向上や開発が必要となることである。ティンダルはこれらの点を説明する際、たとえば「人はパンのみにて生くるものに非ず」（マタイによる福音書4章）などの聖書の成句を引用しつつ、同様のことはキリスト教に限らず「世界の主要な宗教の知恵」にみられると主張する（Tyndale 2010）。すなわち、経済偏重型の開発が根本的な状況改善に寄与することはなく、精神的・宗教的な側面にこそ目を向けるべきというのである。

このような既存の開発に対する批判を踏まえ、宗教をオルタナティブな開発に資するものとして開発の文脈に位置づける試みが始まる。そこでの議論のポイントは、宗教が開発の役に立つという視点から、宗教が関与する開発の特徴を（世俗組織によるそれとの比較のうえで）多角的に検討することにある。おおまかに整理すれば、宗教が生み出す①開発の動機、②開発の方向性、③開発の組織化という三点が議論の対象となった。

はじめの開発の動機は、宗教の信仰が人々を動機づけ、開発に向かわせる点に注目する議論である。たとえば上述のハインズや、宗教と開発の歴史的関係性を研究するエマ・トマリンは、キリスト教、仏教、イスラーム、ヒンドゥー教などを取り上げ、それぞれの宗教の救済観や現世の捉え方のほか、愛、功徳・善行、慈悲、喜捨、富などの観念をおもに教義や経典に基づいて分析し、それらが自己の発展だけではなく他者への働きかけにもつながることを指摘している（ハインズ 2010; Tomalin 2013）。また、特定宗教の理念を踏まえた分析というよりも、宗教一般が普遍的に内包するであろう利他性、助け合い、思いやりなど互助的な精神や感情などを考察の対象とし、それらを発動させる根底に宗教の力を見出そうとする研究もある[6]（稲場 2009: 51-52; 2011: 3-4, 41-44）。

つぎに、開発の方向性である。たとえば、クラークとジェニングスは「貧しい人々は開発の言語よりも、信仰のイディオムで世界を理解し、世界に対処しようとしている」（Clarke and Jennings 2008: 3）と述べ、望ましい社会の状態や社会変化の方向性を宗教や信仰が根底的に規定していると主張する。また、人間開発やＭＤＧｓの遂行においてはそれぞれの社会で豊かさ、幸福、ウェルビーイングなどの基準やメカニズムが重視されるが、宗教がこれらに関して重要な位置を占めることを明らかにしようとする研究もなされている（Ver Beek 2000: 31; Tomalin 2013: 46）。これらの研究では、多様な要素から構成される人々の生活実態を広い視野から把握することが開発において重要であり、そのうえで生活のあらゆる側面と関わる宗教の全体論的・包括的な性質が有用である点が強調されている。

最後の開発の組織化に関しては、二つの点が指摘できる。一つは、宗教者および宗教組織は「貧しい人々」から相対的に信頼されているがゆえに、政府の役人や援助組織のスタッフおよび世俗組織よりも、開発を成功に導きやすいとする点である。もう一つは、同じ宗教や信仰を共有する者同士の社会関係や連帯が、開発の受け皿組織として有効に機能するとみなす点である（Smidt ed. 2003; Hearn 2008）。開発学・開発社会学では参加型開発における在来の社会関係の重要性についてソーシャル・キャピタル概念を用いて分析されてきたが（佐藤 2002）、それを宗教の組織的・ネットワーク的側面にも適用した議論といえるだろう。この点に関しては、宗教研究アプローチでも集中的に議論されてきたため、以下であらためて触れることにする。

宗教研究アプローチ

宗教学や宗教社会学からの宗教研究アプローチでは、現代社会における宗教の社会貢献や社会参加などをめぐって議論が行われてきた。このアプローチは宗教学や政治学で論じられてきたポスト世俗化に関する議論、すなわちポスト世俗化論の実践的な研究と位置づけられることもある（Tomalin 2013: 4）。よって、以下ではポスト世俗化に関する議論の概観から始める。ポスト世俗化論は、研究者によってその意味内容や受け止め方に違いがあるものの、宗教と市民社会はいかにして共存可能か、そのためにはどのような見直しや検討が必要なのかを問う問題関心を共有している。

一九六〇〜一九七〇年代に盛んに論じられたのは世俗化論であった。社会学者・神学者のピーター・バーガーは、社会と文化の諸領域が宗教の制度や象徴の支配から離脱する過程を世俗化と規定し、世俗化によって社会全体を覆っていた宗教制度が合理化されるとした（バーガー 1979）。しかし、一九八〇年代以降の世界的な宗教復興を受けて世俗化論は修正を迫られ、さらに宗教が市民社会の公共領域で影響力を発揮する現象が目立ち始めると、「宗教を社会にどのように定位するか」という点が問われるようになる。

これに対して、社会学者・宗教社会学者のホセ・カサノヴァは、世俗化論の批判的検討とともに、世界各地で宗教が公的な役割を担っている状況を分析しようとした。彼によれば、近年の宗教復興を踏まえれば、宗教の拡散と私的領域への撤退、すなわち世俗化論の文脈で唱えられた宗教の私事化(7)（ルックマン 1976）が起こっているとはいえない。むしろ宗教は脱私事化、すなわち宗教が私的領域に割り当てられた場所を放棄し、論争や言説的正当化、境界線の引き直しという過程に参加するために市民社会の未分化な公共領域に加わるという現象が顕在化している（カサノヴァ 1997）。そして彼は、近代において宗教は周縁化や私事化に向かうのではなく、市民社会の公的な役割を果たす公共宗教として再登場してきたと主張するに至る。公共宗教とは、近代的な諸制度と親和的で社会全体に望ましい影響を及ぼす宗教の形態を指しており、そこには宗教が近代の根本的な諸価値や諸原則の妥当性を受容しなければならないという規範的な主張が含まれている。

また、社会哲学者のユルゲン・ハーバーマスは、カサノヴァの議論に触発され、宗教と世俗が共存する現代的状況を「ポスト世俗（化）」と形容する。彼によれば、現代社会において宗教は市民社会の規範的要求を受容すること、公共性の発現する市民社会に貢献することが求められている。その際、宗教的市民は宗教的な真理や教説などの翻訳をとおして世俗的市民と相互補完的に学習・啓蒙し合うことが要求されるが、それは宗教が市民社会のリベラルな原則の受容と引き換えに、自らの地位と役割を得ることを意味する。というのも、ハーバーマスの議論に従えば、宗教にとってこのようなポスト世俗化社会の条件を受け入れることは、自らの存在の承認と同時に、市民社会における影響力を行使する可能性を開くことでもあるからである（ハーバーマス 2014）。宗教的真理をいかにして世俗的な言語に翻訳するかという問題は残るものの、彼が思い描くのは宗教と世俗の対話およびコミュニケーションに基づく多元主義的な市民社会の姿である。

カサノヴァやハーバーマスの議論は、市民社会の公共領域のなかでも公的な言説や政策アジェンダなど近代の民主主義政治と関わる政治的アリーナをおもな考察対象としており、やや抽象度の高い規範的な議論となっている。その後、ポスト世俗化論の基本的な問題意識を共有しつつも、より具体的かつ実践的に、宗教がいかに社会に参加もしくは貢献できるのかを問う研究が登場してくる。それが本書のテーマとも親和性の高い、宗教の社会貢献や社会参加などに関する議論である。

宗教社会学者の稲場圭信は、同じく宗教社会学者の櫻井義秀との共編著書『社会貢献する宗教』において、宗教の社会貢献を「宗教者、宗教団体、あるいは宗教と関連する文化や思想などが、社会の様々な領域における問題の解決に寄与したり、人々の生活の質の維持・向上に寄与したりすること」と定義している（稲場 2009: 40）。これは本書のテーマとほぼ同様の問題意識を示すものである。

また、櫻井によれば、「社会貢献」という言葉には制度により強制された「社会的責任」とは区別して「宗教者や宗教組織が積極的かつ自発的に社会にかかわろうとする意志」が含意される（櫻井2009: v）。そして櫻井は、同書の冒頭で「宗教の社会的役割や社会事業の成果を確認することで、宗教の公共的な性格を論じることが可能になる」（櫻井 2009: i）とし、宗教の超越性や神秘性よりも社会性や互恵性への注目を訴える。その背景として、宗教による社会貢献活動が要請される時代状況のほか、宗教が社会との関わりをもち社会貢献を行うことで自己の存在意義をアピールでき、組織の維持・発展と社会からのサポートにつながるということが挙げられている（櫻井 2009）。そこにはハーバーマスが指摘したポスト世俗化社会の条件や状況を見て取ることができる。

それでは、宗教の社会貢献とは、具体的にどのような活動を指すのであろうか。稲場は「宗教の社会貢献の領域」として、①緊急災害時救援活動、②発展途上国支援活動、③人権・多文化共生・平和活動・宗教間対話、④環境への取り組み、⑤地域での奉仕活動、⑥医療・福祉活動、⑦教育・文化振興・人材育成、⑧宗教的儀礼・行為・救済の八つを挙げている（稲場 2009: 41-42）。これらの領域は多岐にわたり、⑧を含むことからもわかるように、宗教が歴史的に行ってきたほぼすべての活動を範疇におさめているように思える。ただし、一連の研究を具体的に検討すれば、過去から現在に至るまでの宗教のすべての活動を等しく議論の射程に入れているわけではない。宗教が市民社会の公共的課題と関わり続けることの重要性の指摘や（稲場 2009: 54-67）、宗教の社会貢献をとおして「教団が現代的な市民社会組織としても洗練されていく」、「近代の市民社会における宗教の位置づけを問う」（櫻井 2009: 24-26, 2015: ii）などの主張に加え、一連の研究で実際に提示される具体的な事例を踏まえれば、そのおもな考察対象は市民社会レベルの活動であることがわかる。それを物語るのが、ソーシャル・キャピタル概念への注目である[8]。

宗教の社会貢献や関連する議論で集中的に論じられてきたのは、ほかでもない宗教が生み出すソーシャル・キャピタルをめぐってである。ソーシャル・キャピタルとは、ここでは信頼関係や互恵性・協調性の規範に基づく社会関係・人的ネットワークを意味するとしておく（cf. パットナム 2001）。この議論では、前述した「宗教のＮＧＯ化」とも関連するが、宗教を媒介としてソーシャル・キャピタルおよびそれをとおしてコミュニティが生み出され、社会・福祉的なサービスが提供されてきたことが、おもにアメリカや西洋諸国の事例から考察されてきた（Smidt ed. 2003; Furbey et al. eds. 2006; Hearn 2008）。その後、宗教の社会貢献の議論にも同様の視点が用いられ、その先導的役割を果たした櫻井は「宗教がソーシャル・キャピタルを醸成し、人々の関係性を取り戻すこと、信頼感の回復や互恵性の醸成に役立つこと」を現実態として分析・説明できることを論じている（櫻井 2011: 31）。すなわち、宗教はその超越性や神秘性を媒介として人々の間での信頼関係や互恵性を構築してきたのであり、それを基盤にした宗教の社会貢献が想定されていることになる。

4　本書の位置づけ

宗教による開発は、開発学や宗教学およびその関連分野において時流に乗った新しい研究テーマとして迎え入れられ、学問的な活況を呈してきた。それでは、宗教と開発の人類学を掲げる本書はどのような視点からこのテーマにアプローチすればよいのだろうか。先行研究を踏まえて本書の位置づけを検討する。

本稿の冒頭で、人類学は本書でいう宗教と開発のテーマに積極的には参加してこなかったことを指摘したが、まずその理由について私なりに二点ほど検討する。

一つは、すでに人類学において関連する現象についてかなりの研究蓄積があることが挙げられる。たとえば人類学のキリスト教のミッション研究は、ミッションの功罪の検討に始まり、人類学者と宣教師の相同（Whiteman 1983）、キリスト教と植民地主義（橋本 1996）、ミッションと近代化・文明化をめぐる問題（van der Veer ed. 1996; 杉本編 2002）、ミッションと国家およびナショナリズム（van der Veer 1994）など多岐にわたる。これらを踏まえて「宗教のNGO化」を考えたとき、宗教はかつてからミッション的な博愛・慈善活動を行ってきたのであり、現代的文脈において宗教が「再発見された」と指摘されることがある（Lewis and Kanji 2009）。また、宗教復興に関する研究では、人類学者が調査・研究を行ってきた多くの地域や国家が対象となり、そこで生起する宗教の復興・再生現象の詳細に基づき、近代西洋とは異なる社会変動、地域的・政治的・歴史的な固有性などを読み込みながら、ローカルな宗教変容が解明されてきた（田辺編 1995; 藤本編 2015）。このような研究において、本書でいう宗教と開発に相当する動きは、新しい現象というよりも、当該宗教の既存の活動の延長線上に位置づけられてきたと考えられる。そうであるとすれば、人類学は二〇〇〇年代以降の宗教、とくに制度宗教を取り巻くグローバルな環境の変化に対してそれほど敏感ではなかったことが指摘できる。

もう一つは、宗教と開発に関する一連の先行研究が、多かれ少なかれ近代西洋的な諸価値を内包するポスト世俗化論に根差している点である。

一連の先行研究のおおまかな枠組みとして、開発研究アプローチは近代化論に依拠した開発論批判としてのオルタナティブな開発論から派生しており、一方で、宗教研究アプローチは世俗化論批判としてのポスト世俗化論の延長線上にあるといえる。これらのアプローチはともに単線的な近代化論（およびそれを宗教との関連で展開した世俗化論）を批判的に検討し、それに代わり得る新たな視点の提示を目指すものと整理できるだろう。そこでは、宗教と世俗（開発）をはじめ伝統と近代、西洋と非西洋などの既存の二元論的な対立を取り払い、両者の差異を強調しないという点がある程度共有されている。宗教研究アプローチに関していえば、宗教と世俗という二元論を批判し、市民社会における宗教の役割や貢献に価値を見出すという方向性が確認できる。このような議論は、宗教と対をなす範疇としての世俗が近代西洋で構築されたことを指摘した人類学者タラル・アサドの議論を踏まえ、西洋中心主義的なモダンからの乗り越えを目指すものということができる[9]（アサド2006）。

このように先行研究は、いわば西洋の歴史的過程を踏まえて世俗化およびポスト世俗化という概念を産出してきた。とくにポスト世俗化とは宗教と社会の関係性を表現する西洋中心の思想的・哲学的用語でもあり、民族誌的事実を重視する人類学者がそこに自文化中心主義的な匂いをかぎ取ったとしてもおかしくない。

たしかに本書で扱う事例は西洋とは異なる歴史的過程を経た諸社会であり、宗教と世俗という捉え方、そしてモダン的な乗り越えとしてのポスト世俗化論がそのまま適用できるとは考えていない。とはいえ、人類学者がフィールドで目のあたりにする宗教が関与する開発とは、長らく植民地支配やミッションの影響を受け続けてきた非西洋社会の長い歴史の延長線上に位置づけられると同時に、近年急速に広がるグローバルな開発言説との関わりのなかでダイナミックに進行しつつある現象とみなすべきであろう。

現代社会において開発援助の諸制度やNGOのネットワークが世界を覆い、環境、貧困、人権、ガバナンス、ジェンダーなどのグローバルな価値や関連する開発言説が拡がるなか、これらは人類学者が研究対象としてきた諸社会で既存の行動規範や思考様式に影響を与え、新たな意味や価値を生んできた（岡部 2015; 信田・白川・宇田川編 2017）。本書のテーマに引き付けていえば、ともすればポスト世俗主義がグローバルな課題や価値に包含されつつある今日、同様のことは宗教の領域にも指摘できる。新自由主義の浸透や、国連および世界銀行の方針ほか国際開発援助の動向などを含むグローバルな趨勢のなか、開発言説だけではなくポスト世俗主義的な言説はともに拡がりをみせているはずであり、宗教による開発の現場はそのフロンティアの一つといえる。

宗教による開発を媒介としてポスト世俗主義的な言説が拡がり、既存の諸価値や宗教観が揺らいだり、社会的な葛藤や混乱を引き起こしたりする。あるいは、こうした動きに触発されて、宗教がその社会的・文化的位置づけなどをめぐって再帰的に再編されることも起こり得る。このように考えることで、ポスト世俗化論が想定するモダンからの乗り越えの過程とは異なる、もしくはそこから部分的に逸脱するような状況に迫ることが可能となる。それは近代西洋的な歴史観・価値観を相対化するだけではなく、グローバルな規模で拡散する開発の言説と実践の相互作用のなかで展開する、「何が宗教的であるか」をめぐる価値の問い直しを解明することにつながるだろう。

ところで、前節で述べた一連の先行研究では、宗教が望ましい開発に導く、宗教が社会に正の機能を果たすという方向で議論が行われてきた[10]。しかし、このように宗教による活動の「ポジティブな側面」が注目される一方で[11]、その実証は十分であったかといわれればやや疑問が残るところである[12]。たとえば、開発研究アプローチにおいて宗教が開発の動機づけを提供し、また開発の方向性を規定し得ることが教義や経典から説明されるとしても、それが実際に開発に携わる人々の視点や実践から具体的に明らかになることは稀である。また、宗教研究アプローチにおいて宗教を媒介として人々が組織化され、それによる活動事例が数多く報告されてきたが、その活動を市民社会レベルの社会貢献と分析し得る十分な根拠が必ずしも明確には示されていない。すなわち、宗教固有の信仰をどのように組み込みながら実際の活動が行われ、それが当該社会の人々にどのように受容されているのか、現場のミクロな視点から詳述される機会は限られていたといえる。

開発の現場では控え目に表現しても意図せぬ結果の連続であり、「善意は善行を保証しない」ことはほぼ自明である。開発の実施主体が世俗組織か宗教組織かを問わず、当初の計画通りにプロジェクトが進展しないこと、開発の与え手と受け手で思惑の相違が生じること、受け手の足並みが揃わないこと、期待通りの成果が得られないことは頻繁に発生する（佐藤 2005: 1-7）。これらの問題が、ほかならぬ宗教の関与によって緩和・解決するかもしれないが、一方で宗教のいわば「ネガティブな側面」が表出することも否定はできない。まず考えられるのは、宗教による開発と引き換えに強引な勧誘がなされることであろう。現在の社会開発では、被支援者のエンパワーメントを引き出す支援が重要視され、一方的なチャリティは避けられる（鈴木 2017: 71）。あるいは、エンパワーメントを引き出さない社会開発は不要ともいえる。多くの制度宗教にとってチャリティ型の活動には長い歴史があるが、相手のエンパワーメント、すなわち意識改革に基づく自助努力を促すための活動となるとどうであろうか。相手のエンパワーメントを引き出そうとする状況とは、結果的に改宗を迫ることに近似する可能性も否定できない[13]。

加えて、宗教による開発に伴う諸資本の分配をめぐり、特定の宗教の信者を対象とした差別（優遇ないし冷遇）や、宗教組織内部における指導者層と一般信者の間でパトロン・クライアント関係が生じるかもしれない。また、宗教が生み出すソーシャル・キャピタルはその内部的結束力が高い一方で、他宗教の者に対して排他的に働き、それが暴力的な衝突に発展する可能性もないわけではない。さらに、「宗教への転回」以降、国や地域によっては宗教組織に対する民間資金に加えて公的資金の流入が相対的に増加し、宗教による開発の活動に対する説明責任は高まっている。それに伴って行政的な評価や公開性・公平性などの要求への応答も必然化しており、これらのことが翻って宗教による活動の「ポジティブな側面」への注目と関係するのかもしれない。

人類学においてもフィールドワークを介した学術的研究と応用的実践の連続性が指摘されて久しく（cf. 関根 2002）、研究者が当該社会の社会変化に能動的に関与することの意味が検討されている。研究者は一方で研究がもたらす社会的インパクトにも自覚的に向き合うべきであるし、他方で調査・研究の対象とする特定の人々とのコミットメントが深まれば深まるほど、対象との距離の取り方も難しくなる。とはいえ、研究者の思想や姿勢が、具体的な事例に基づく実証よりも前面に出ることのないよう慎重になるべきであろう。ここで私は研究者がある社会の実態を客観的に記述できると主張するわけではないが、フィールドワークで得た資料を総動員し、当該社会の人々の解釈や認識に基づいて描かれるリアリティを、少なくとも研究者の主観とは異なる社会的事実、あるいは民族誌的事実[14]（吉岡 2018）として提示することは可能と考える。本書はこのような視点から宗教による開発の現場に着目し、そこで展開する相互作用や意図せぬ結果から生じる不安定さと宗教固有の信仰の関連性なども視野に入れながら、当該社会のリアリティに基づいて宗教の社会的・文化的位置づけの解明を目指すものである。

5　本書の構成

以上のような問題意識のもと、本書の各章では個別事例に即して宗教が開発に関与する歴史的・

社会的な背景やメカニズムを明らかにするとともに、開発の動機・方向性・組織化と宗教固有の信仰との関わりについて考察を行う。そのためには当該社会の宗教の位置づけや、その歴史的・社会的背景を含む宗教状況の概括的な理解が必要であり、各章ではこれらの点について一定の紙幅を割くことにする。そしてとくに開発の現場で生起する葛藤、混乱、摩擦などに関する微細な事例を踏まえつつ、（1）宗教と世俗関係、（2）宗教とソーシャル・キャピタル、（3）宗教と公共性という三つのテーマに分けて検討を行う。これらの三つのテーマは、以下の通り本書を構成する三つの部にそれぞれ相当するものである。

本書の第Ⅰ部「宗教と世俗関係の生成・揺らぎ」の四つの章では、宗教による開発においてどのようにポスト世俗化や開発に関する言説が入り込み、当該社会の宗教と世俗関係に影響を与えているのかを明らかにする。こうした作業を踏まえて、当該社会に固有の宗教と世俗関係の相対化を行うとともに、国家・宗教・人々の関係性について考察する。

第1章「開発実践からみた宗教と世俗の境界――現代タイの上座仏教僧によるヘルスケア活動の現場から」（岡部真由美）は、タイの上座仏教僧によるヘルスケア活動の事例を扱い、宗教と世俗の境界の揺らぎについて考察する。タイでは、一九八〇年代後半以降、医療・福祉制度改革の進展を背景に、地域レベルのヘルスケアが再編された。そのような国家政策のもと、僧侶はケアの与え手として公的に位置づけられ、受け手のニーズに応えることが期待されるようになった。しかし、受け手のニーズは所与のものでなければ、一様でもない。岡部は、ケアの現場における受け手と与え手（である僧侶）の相互作用を分析することで、宗教と世俗の関係性が不断に生成されていることを明らかにしている。

第2章「関与と逃避の狭間で――ミャンマーにおける出家者の開発実践の変遷と行方」（藏本龍介）は、ミャンマーの上座部仏教僧の事例を扱い、社会に積極的に関与しようとしない僧侶の社会的役割について考察を行っている。藏本によれば、従来の社会参加仏教論には、社会に積極的に関わる僧侶に注目する傾向が強いとともに、世俗的な幸せを評価基準とする文化的バイアスがみられるという。しかし、ミャンマーでは、宗教的・精神的な幸福（悟り）を志向する都市住民は、僧侶に対して理想の生き方へと導く模範的存在としての役割を期待している者もいる。このような期待に応えるのが、社会逃避的ともいえる「森の僧」である。「森の僧」に対する信仰は近年活性化しており、このような現象に社会変動のなかで生じた都市住民の宗教的ニーズの多様性がみられる。

第3章「社会的想像のなかの教会・首長・政府――サモア独立国の自殺防止活動を事例とした世俗化をめぐる議論への批判的再検討」（倉田誠）は、サモアでカトリック教会を中心に展開されてきた自殺防止活動の事例をとおして、宗教と世俗および公共性の概念の妥当性を問うている。倉田は政治哲学者のチャールズ・テイラーの議論にも触発され、人々のリアリティに基づく宗教の社会的位置づけへの注目を主張する。サモアの事例からみえてくることは、宗教と世俗ではなく、首長・教会・政府という三本柱からなる認識のあり方であった。倉田によれば、これらの領域は境界線が曖昧であることに加え、すべて神という超越的な存在のもとで成立している。このようなサモアの人々のリアリティを踏まえ、神や教会の位置づけを考察するとともに、世俗化論（および宗教と世俗の二元論）の西洋中心主義的な視点を批判的に検討している。

第4章「マングローブ岸の回心とコミットメント――フィジーにおけるダク村落事業からみたオセアニア神学」（丹羽典生）は、フィジーにおけるキリスト教受容と植民地主義の過程を考察しながら、宗教と世俗という二元論には回収し得ない伝統・教会・政府という要素からなる独自の土着神学の生成を明らかにしている。丹羽によれば、個々の要素が指し示す内容は排他的ではなく多層的かつ曖昧であり、またこれらが自由自在に接合されることで社会変革・社会構築を企図する動きと結びついてきた。この神学は植民地時代において聖職者、運動指導者、政治家などのエリート層を中心に生成され流布してきたと考えられるが、やがてフィジーの一般の人々にも受容され、現在を生きる先住系フィジー人にとって公共的な意義を帯びるものであることが示唆されている。

第Ⅱ部「ソーシャル・キャピタルとしての宗教」は三つの章からなり、宗教をソーシャル・キャピタルとみなして開発に組み込む議論を検討するものである。先行研究において、宗教の有する組織的側面が注目されてきたものの、それが実際に開発の現場においてどのように機能しているかを明らかにする研究は限られていた。そのため、同じ宗教や信仰を共有する人々の社会関係や連帯意識が開発においていかに働いているのかについて検討を行う。

第5章「宗教とソーシャル・キャピタル論の再検討――ソロモン諸島における教会主導の植林プロジェクトの顚末」（石森大知）は、ソロモン諸島のキリスト教系独立教会による林業開発の事例を踏まえて、宗教組織をソーシャル・キャピタルとみなす議論を批判的に検討するものである。ここでは、森林伐採による環境破壊が深刻とされるニュージョージア島のある独立教会が、豪州の援助機関・研究機関・民間組織からの技術・資金援助を受けて植林プロジェクトを行った事例が示される。当初このプロジェクトは国内外から注目を集めたものの、宗教的指導者の衰弱とともに信仰心の希薄化を招き、最終的には頓挫してしまう。その背景には、信者同士よりも信者と宗教的指導者の関係が重要であることが浮かび上がり、ソーシャル・キャピタル概念を踏まえて分析することに再検討を迫っている。

第6章「自己のためか、他者のためか――タイ南部インド洋津波被災地におけるイスラーム団体の支援活動をめぐって」(小河久志)は、タイ南部のインド津波被災地におけるイスラーム団体の活動を分析している。小河によれば、宗教とソーシャル・キャピタルに関する既存の議論は、宗教がいかにソーシャル・キャピタルとして機能しているのかに注目するあまり、その活動をめぐる信者の解釈や対応の相違、活動がもつ排他性や閉鎖性が捨象される傾向にあるという。インド津波被災地においてあるイスラーム団体は、イスラームを用いた津波観と防災・減災策を一般信者に広める活動を行ったものの、この活動を評価する者とそうではない者の間で亀裂が生じた。この事例を踏まえて小河は、イスラームがソーシャル・キャピタルとして一定程度機能していることを指摘する一方で、住民の解釈や思惑は一枚岩ではないことにも目を向ける必要性を説いている。

第7章「貧困地域におけるキリスト教の社会運動の展開――釜ヶ崎キリスト教協友会を事例に」

（白波瀬達也）は、大阪市西成区の釜ヶ崎の事例から、貧困地域の労働者を支援してきたキリスト教系団体の活動を取り上げている。それらの活動は関わり方の相違から運動型キリスト教と布教型キリスト教という二つのタイプに分けられるが、白波瀬がとくに注目するのは前者のタイプである。釜ヶ崎キリスト教協友会は五〇年にわたってこの地で活動を展開し、数々の困難な現場に相対してきた。その歴史的過程において彼ら自身も宗教の文化や思想を捉え直し、また批判されるなかで自己変容を遂げつつ、「ミッションの地域化」を生じさせてきたという。すなわち、長年の相互作用のなかで宗教色を薄める一方で、コミュニティの社会資源として地域化したとみなせるのである。ここに宗教が地域の開発に関わる際の一つのあり方をみることができる。

第Ⅲ部「宗教の公共性をめぐる諸相」は、宗教による開発と公共性をめぐる四つの章からなる。ポスト世俗化論では、宗教が市民社会の公共領域で役割を果たしているという点に注目が集まり、宗教の望ましい形態としての公共宗教について盛んに論じられた。こうした議論を受け、宗教の衰退から公共宗教へという過程の妥当性を検討するほか、当該社会や国家・宗教の相違を踏まえて宗教の公共性・公益性がもつ意味について考察する。

第8章「ムスリムによる公益活動の展開——中国雲南省昆明市回族社会の事例から」（奈良雅史）は、中国雲南省の回族社会における草の根的な公益活動の展開過程に焦点をあて、そこでの「公益」がいかに人々の実践をとおして生成されているのかを明らかにする。奈良は、先行研究を批判的に検討したうえで、イスラームの公共性が世俗的でもある生活世界におけるムスリムの実践、および実践をとおしたアクター間の共同によっていかに立ち現れるのかに目を向けようとする。その結果、昆明の回族社会においてイスラームは脱私事化してはいないこと、そしてイスラームとは必ずしも直接的には関係しない回族の具体的な実践をとおしてイスラームの公共性が発現することを明らかにしている。

第9章「中国のチベット社会における僧院と教育――多面化する「世俗」のなかで」(小西賢吾)は、中国・チベット社会のボン教を取り上げ、僧侶教育と世俗教育(学校教育)、宗教の合法性などのテーマを扱っている。小西が着目するのは、宗教教育が世俗社会や世俗教育から離れて存続しているわけではなく、世俗社会の動向から強い影響を受け、ときには逆に影響を及ぼす点である。中国では共産党政権の樹立以降、僧院は国家制度と衝突しない範囲内での活動を余儀なくされた。僧侶に対する宗教教育もその例外ではないが、ある僧院では学校の形式を強調し、僧侶教育の場の拡大に成功した。また、公教育の不足を補うとして僧侶教育と世俗教育を組み合わせたカリキュラムを提供する僧院もある。このようにボン教の僧院では、宗教を制度に取り込もうとする国家政策を利用し、また社会的要請にも敏感に対応しながら、自らの活動を存続させているのである。

第10章「よりよい生を求めて――インド、「不可触民」の解放実践と仏教改宗」(舟橋健太)は、インドにおける「不可触民」の仏教改宗を被差別状況からの解放実践と捉え、人々が宗教に求めるものについて、また逆に、宗教が人々になし得ることについて考察を行っている。なかでも舟橋が注目するのは、社会的平等や生活状況の実質的な改善を訴えた、アンベードカルの仏教改宗運動である。運動における他者関係や公益的活動の事例からうかがえるのは、ヒンドゥー・ナショナリズムの興隆にみられるような政治性と宗教性が紛糾する状況ではない。「生」を中心にすえて、政治/宗教という二分法を超え、自身だけではなく、他者やコミュニティ、社会全体がよりよきものとなることを求める様相であることが示される。

第11章「女神に付与された複数の公共性――北インドの宗教的な慈善団体とヒンドゥー寺院」(田中鉄也)は、北インドの慈善団体によるヒンドゥー寺院運営を事例に、慈善活動の名のもとに展開される宗教実践への分析を通じて宗教の公共性を考察している。二〇世紀初頭、マールワーリー商人はカルカッタにケーリヤー団体を創設した。この団体は一九九〇年代に活動の主軸を寺院運営へ移したが、コミュニティのつながりの構築という課題に直面してしまう。そこで団体は個々の参加者の利権や利益に直結せず、より情動に訴える女神の宗教実践を創造した。これに対して人々は必ずしも団体の意図に従ったわけではないが、自らの出自の相違によって異なる受け入れ方をしつつも、女神の宗教実践を中心とする複数の公共性を構築してきたことが明らかとなる。

以上のように、本書は、キリスト教、仏教、イスラームに代表される世界宗教から、これらの宗教に淵源をもつ制度宗教、土着神学までの幅をもって宗教と開発のテーマに迫るものである。各章を通じてみえてきた論点を指摘すると以下となる。

一つ目として、ひとくちに宗教と開発といっても、当該国家・地域の宗教状況によって、その実践もかなり異なる様相をみせる点である。とくに当該宗教の国家的および社会的な位置づけが決定的に重要であることはいうまでもないが、当該宗教とスポンサー（資金や技術の提供者）との関係が活動のあり方や成否に大きな影響を及ぼす。たとえば国教であれば国家の開発計画のなかに宗教者・宗教組織の活動がそのまま組み込まれていることも珍しくないし、社会的な認知や協力も得やすいだろう。一方で、マイノリティの宗教であれば活動に際して国家からさまざまな制約が課せられながらも、宗教の生き残り戦略として開発に乗り出す事例もみられる。いずれにせよ、個々の事例を取り巻く諸コンテキストを丹念に読み込みつつ、宗教が開発に関わる現象を検討する必要がある。

二つ目に、宗教が関わる開発の位置づけである。本書の多くの事例からも示唆されるように、世俗組織を含めたさまざまなアクターの一つとして宗教が関与しているのが実情である。たとえば医療関連のプロジェクトでは宗教者が看護師や行政職員らとともに活動しているし、緊急支援となれば複数の宗教組織が関与する。このことは現代の開発がいわば総力戦であることを反映しているが、それ自体は取り立てて珍しいことではない。重要なことは宗教者・宗教組織はその一つのアクターに過ぎないという点であり、これはミッションの時代とは異なる状況を意味する。(15) なぜなら、ミッションにおいては与え手と受け手の政治的格差は明確であったことに加え、その関係性は基本的に一対一であったからである。このような現代の開発の現場では、その受け手の側が他のアクターとの関係において宗教をどのように位置づけているのかが重要となる。

三つ目として、宗教と開発のなかでも両者のあわいの部分の重要性である。宗教者・宗教組織が政府機関や国際機関、ＮＧＯや各種市民団体などと連携し、国際的および国家的な開発プロジェクトに従事している事例であっても、受け手の側は必ずしもそれを開発と捉えているとは限らない。むしろ、既存の宗教実践の一環として受容している事例が多い。とはいえ、開発プロジェクトおよびそれに付随する新しい観念や開発言説が、当該宗教にみられる救済観や幸福観などとの折衝や齟齬を引き起こし、宗教そのものの問い直しや再帰的な再編につながることもある。宗教と開発はいわば表裏関係という側面もあり、そこにおいて宗教固有の信仰や感情がどのように関わっているのか、あるいはいないのかを読み解く必要がある。

宗教や開発の意味内容を拡大解釈すれば議論の射程範囲も際限なく拡がり得るが、本書ではもとよりそうしたすべての問題を扱うものではない。そういう意味では限定的な議論といえようが、宗教が主導的に関わる開発の現場から現出するミクロな事例を、必ずしも既存のポスト世俗化論やそれに付随する諸概念には回収されない複雑な実態として考察することにより、新たな視点から宗教による開発を明らかにしたい。開発業界や関連する宗教者・研究者の間で宗教への期待が高まりをみせるなか、本書がこのテーマに関心をもつ人々の数をさらに増加させ、ともに考える機会を提供する一助となれば幸いである。

註

（1）本稿では turn to religion を宗教への転回と訳出したが、この言葉は宗教への「転回」のほか、過去の状況を踏まえてそこへの「回帰」というニュアンスも含むと思われる。しかし、近年の現象としての宗教者・宗教組織による開発への関与を考えたとき、既存の活動との連続性は有するものの、かつてとは異なる条件や制約が付随する新しい社会的状況を十分に踏まえる必要がある。そのため、本稿では「回帰」という表現ではなく、おもに国際開発の現場で「（人々の関心や注意が）宗教に向かうようになった」という意味で「転回」という言葉を用いることにする。

（2）ここでいう制度宗教とは、制度化・体系化された宗教を意味しており、キリスト教、仏教、イスラームなど狭義の宗教を指す。

（3）社会開発の定義は、学問分野によってずれがあることに加え、時代とともに変化してきた。一九六〇年代～一九七〇年代は経済開発以外の生活およびソフトな側面が抽象的に想定されていたが、一九七〇年代後半以降に基本的ニーズや人間開発などの指標が登場したことで、その意味内容がより具体化した。さらに一九九〇年代には、開発に関わる主体として、国家や国際機関だけではなく、市民社会組織や当該社会の人々が強調されるようになり、今日に至っている（西川編 1997; 佐藤 2005）。

（4）宗教者や宗教組織が歴史的に行ってきた博愛・慈善活動とＮＧＯの連続性を強調すれば「開発のＮＧＯ化」のあとで「宗教のＮＧＯ化」が起こったという捉え方は妥当性を欠くといえるが、ここではあくまで一九八〇年代以降の開発と非政府組織の関連性について記した。

（5）ただし、宗教がオルタナティブとして見出された理由として、宗教の固有性やユニークさ、宗教の利他意識や相互扶助の観念などの宗教に特徴的と思われる点のみを列挙するのはやや一面的であろう。というのも、宗教に注目が集まった背景として、政府機関主体の公的な開発に対する幻滅、開発援助額の低下に伴う組織的・財政的制約とそれに伴うコスト削減への要請などが挙げられるからである。つまり、宗教だからこそ注目されたというよりは、さまざまな選択肢のなかから消去法的な選別が進む過程で、宗教に順番が回ってきたという側面がある。なお、ほぼ同様のことは「開発のＮＧＯ化」に関しても指摘されており（加藤 2017: 41）、「宗教のＮＧＯ化」はそのつぎの順番であったということになる。

（6）宗教社会学者の稲場圭信によれば「利他性は社会生活によって学ぶことができる」のであり、「その原動力として宗教の力は強い」という（稲場 2011: 4）。彼は、このような宗教的利他主義は宗教組織の社会的なあり方を規定するとともに、個々の宗教者や信者の生き方や救済観、そして他者・社会との関わり方に影響を与えるものであり、宗教の社会貢献を考えるうえで重要であることを主張している（稲場 2011: 46-47）。

（7）社会学者のトーマス・ルックマンによれば、現代社会は全体的に世俗化したとはいえず、むしろ宗教が個々人に内面化された「見えない宗教」として潜在しているという。彼は、宗教の組織的・制度的な側面だけで捉えるのではなく、私的な消費対象としての宗教の新しい展開を「宗教の私事化」という概念で捉えようとした（ルックマン 1976）。

（8）『叢書　宗教とソーシャル・キャピタル』という四巻本（大谷・藤本編 2012; 葛西・板井編 2013; 櫻井・濱田編 2012; 稲場・黒崎編 2013）は、現代社会における宗教の位置づけやその公的な役割を問う際に、ソーシャル・キャピタル概念が適合的なものとして使用されてきたことを物語っている。

（9）なお、先行研究者がこの点に無自覚というわけではない。たとえば櫻井は自らの議論のもとになる社会貢献の概念は西洋中心主義的であることを示唆したうえで「世界諸地域の政教関係や歴史的な聖俗関係を見ていく分析概念としては狭い」と述べている（櫻井 2009: 4）。

（10）そもそも何をもって宗教の「正」の機能とするのかという判断基準についても議論が必要であるが、それはここでは問わないことにする。こうした判断基準をめぐっては本書第２章でも扱っている。

（11）櫻井は「宗教の社会貢献はいうまでもなく、宗教の社会に対する正の機能を評価した言葉である」（櫻井 2009: 4-5）と述べることからもわかるように、宗教の「ポジティブな側面」を意図的に押し出している。さらに彼は「社会貢献という言葉が分析よりも評価に軸足を移した概念であることを私たちは認めている」と述べたうえで「評価を含まない分析はなく、研究者であっても特定宗教、宗教一般への価値的評価に基づいて宗教の社会的役割・機能を考察しているものと考えている」（櫻井 2009: 4）とも主張している。

（12）宗教学者の矢野秀武は一連の「宗教の社会貢献」論に関する「書評論文」において、同論を批判的に検討している。彼によれば、「宗教の社会貢献」論は、学術志向の調査研究の蓄積として「宗教の社会貢献」がみえてくるというよりは、具体的な行動変革を促す社会構築的ないしは運動的な要素を含む未来志向型の試みであることを指摘している（矢野 2011）。

（13）仮にそうであるとしたら、宗教が関わる開発において開発の与え手が開発に向かうための動機づけに宗教的な信仰が活かされることはあっても、それを開発の受け手に翻訳しながら伝えることは難しい作業となる。ハーバーマスは、宗教的市民は世俗的市民に対して宗教的な真理や教説などを世俗的な言語に翻訳して伝える義務を負っていると主張しているが（ハーバーマス 2014）、同様のことは宗教による開発にも適用できるだろう。この困難な作業を乗り越えない限り、宗教による開発はチャリティが支配的な形態にとどまるか、あるいは特定の宗教内部での活動にならざるを得ないといえる。

（14）ここで純粋かつ完全な客観的記述や、社会学者のエミール・デュルケームが主張するような客観的かつ科学的な社会的事実を達成できると主張しているわけではない。しかし、このような意味での客観的記述が不可能であるとしても、それは研究者の主観性と融合させてもよいことにはならないだろう。たとえば、人類学者の吉岡政徳が指摘するように「フィールドの側の人々が様々な状況のなかで、ある現実あるいは出来事をどのように捉え、どのように解釈しているのかということを、フィールドデータを動員して示す」（吉岡 2018: 18）ことによって、少なくとも研究者の主観とは異なる記述は可能と考える。吉岡はこのような意味での記述を「民族誌的事実」とあらためて位置づけ、本質主義に陥らぬ批判的態度を継続する必要はあるものの、フィールドワークおよび人類学的営為の重要性を主張している（吉岡 2018: 16-19）。

（15）この点について、日本文化人類学会・第52回研究大会（二〇一八年六月三日）において大阪大学の白川千尋教授から貴重なご意見を頂いた。白川教授は、同大会において本書の執筆者で構成された分科会のコメンテータをつとめて下さった。

参考文献

アサド、タラル
　2006『世俗の形成——キリスト教、イスラム、近代』中村圭志訳、みすず書房。
石森大知
　2011『生ける神の創造力——ソロモン諸島クリスチャン・フェローシップ教会の民族誌』世界思想社。
　2012「グローバル化する公共宗教の行方」柄木田康之・須藤健一編『オセアニアと公共圏——フィールドワークからみた重層性』昭和堂、pp.223-241.
　2013「ソロモン諸島の「民族紛争」と現代的諸問題」丹羽典生・石森大知編『現代オセアニアの〈紛争〉——脱植民地期以降のフィールドから』昭和堂、pp.99-122.
稲場圭信
　2009「宗教的利他主義・社会貢献の可能性」稲場圭信・櫻井義秀編『社会貢献する宗教』世界思想社、pp.30-56.
　2011『利他主義と宗教』弘文堂。
稲場圭信・櫻井義秀編
　2009『社会貢献する宗教』世界思想社。

稲場圭信・黒崎浩行編
2013 『叢書　宗教とソーシャル・キャピタル4　震災復興と宗教』明石書店。
大谷栄一・藤本頼生編
2012 『叢書　宗教とソーシャル・キャピタル2　地域社会をつくる宗教』明石書店。
岡部真由美　2015 「開発の現場に立ち現れる宗教と世俗の境界」『民博通信』149: 24-25.
葛西賢太・板井正斉編
2013 『叢書　宗教とソーシャル・キャピタル3　ケアとしての宗教』明石書店。
カサノヴァ、ホセ
1997 『近代世界の公共宗教』津城寛文訳、玉川大学出版部。
加藤剛　2017 「グローバル支援の歴史的位置づけ」信田敏宏・白川千尋・宇田川妙子編『グローバル支援の人類学――変貌するNGO・市民活動の現場から』昭和堂、pp.17-60.
櫻井義秀　2009 「はじめに」稲場圭信・櫻井義秀編『社会貢献する宗教』世界思想社、pp. i-ix.
2011 「ソーシャル・キャピタル論の射程と宗教」『宗教と社会貢献』1(1): 27-51.
櫻井義秀・濱田陽編
2012 『叢書　宗教とソーシャル・キャピタル1　アジアの宗教とソーシャル・キャピタル』明石書店。
佐藤寛　2002 「社会関係資本概念の有用性と限界」佐藤寛編『援助と社会関係資本――ソーシャルキャピタル論の可能性』アジア経済研究所、pp.3-10.
2005 『開発援助の社会学』世界思想社。
関根久雄　2002 「実践論」綾部恒雄編『文化人類学20の理論』弘文堂、pp.338-355.
杉本良男編　2002 『福音と文明化の人類学的研究』国立民族学博物館調査報告31、国立民族学博物館。

鈴木紀　2017「グローバルな互酬を構想する」信田敏宏・白川千尋・宇田川妙子編『グローバル支援の人類学――変貌するＮＧＯ・市民活動の現場から』昭和堂、pp.61-77.
田辺繁治編　1995『アジアにおける宗教の再生――宗教的経験のポリティクス』京都大学学術出版会。
西川潤編　1997『社会開発――経済成長から人間中心型発展へ』有斐閣。
信田敏宏・白川千尋・宇田川妙子編
　2017『グローバル支援の人類学――変貌するＮＧＯ・市民活動の現場から』昭和堂。
ハインズ、ジェフリー
　2010『宗教と開発――対立か協力か？』阿曾村邦昭・阿曾村智子訳、麗澤大学出版会。
ハーヴェイ、デヴィッド
　2007『ネオリベラリズムとは何か』本橋哲也訳、青土社。
バーガー、ピーター
　1979『聖なる天蓋―神聖世界の社会学』薗田稔訳、新曜社。
橋本和也　1996『キリスト教と植民地経験――フィジーにおける多元的世界観』人文書院。
ハーバーマス、ユルゲン
　2014『自然主義と宗教の間　哲学論集』庄司信・日暮雅夫・池田成一・福山隆夫訳、法政大学出版局。
パットナム、ロバート
　2001『哲学する民主主義――伝統と改革の市民的構造』河田潤一訳、ＮＴＴ出版。
藤本透子編　2015『現代アジアの宗教――社会主義を経た地域を読む』春風社。
松田素二　2009「序　現代世界における人類学の可能性〈特集〉ネオリベラリズムの時代と人類学的営為」『文化人類学』74(2): 262-271.

箭内任　2010　「「ポスト世俗化社会」における「内側からの超越——ハーバーマスにおけるヤスパース理解をめぐって」」『尚絅学院大学紀要』59: 77-89.

矢野秀武　2011　「「宗教の社会貢献」論から「宗教研究の社会的マネジメント」論へ」『宗教と社会貢献』1(2): 49-71.

吉岡政德　2018　「フィールドからの声と人類学」『神戸文化人類学研究』特別号、pp.3-25.

ルックマン、トーマス

1976　『見えない宗教——現代宗教社会学入門』赤池憲昭訳、ヨルダン社。

Balchin, C. 2011 Religion and Development: A Practitioner's Perspective on Instrumentalisation. *IDS Bulletin* 42(1): 15-20.

Barnett, M. and Stein, J. G. eds.

2012 *Sacred Aid: Faith and Humanitarianism*. New York: Oxford University Press.

Belshaw, D. et al. eds.

2001 *Faith in Development: Partnership between the World Bank and the Churches of Africa*. Oxford: Regnum Books International.

Carbonnier, G. et al. eds.

2013 *International Development Policy: Religion and Development*. New York: Palgrave Macmillan.

Clarke, M. 2012 Introduction: Good and God—Development and Mission. In M. Clarke (ed.), *Mission and Development: God's Work or Good Works?* Chennai, India: Continuum, pp.1-13.

Clarke, G. and Jennings, M.

2008 Introduction. In G. Clarke and M. Jennings (eds.), *Development, Civil Society and Faith-Based Organizations: Bridging the Sacred and the Secular*. New York: Palgrave Macmilllan, pp.1-16.

Douglas, B. 2007 Christian Custom and the Church as Structure in 'Weak States' in Melanesia. In H. James (ed.), *Civil Society, Religion and Global Governance: Paradigms of Power and Persuasion*. New York: Routledge, pp.158-174.

Furbey, R. et al. eds. 2006 *Faith as Social Capital: Connecting or Dividing?* Bristol: The Policy Press.

Haar, G. T. ed. 2011 *Religion and Development: Ways of Transforming the World*. London: Hurst & Company.

Hearn, A. H. 2008 *Cuba: Religion, Social Capital, and Development*. Durham and London: Duke University Press.

Lewis, D. and Kanji, N. 2009 *Non-governmental Organizations and Development*. New York: Routledge.

Smidt, C. ed. 2003 *Religion as Social Capital: Producing the Common Good*. Texas: Baylor University Press.

Tomalin, M. 2013 *Religions and Development: Routledge Perspectives on Development*. New York: Routledge.

Tyndale, W. 2010 Faith and Economics in 'Development': a Bridge Across the Chasm? *Development in Practice* 10(1): 9-18.

van der Veer, P. 1994 *Religious Nationalism: Hindus and Muslims in India*. Berkeley: University of California Press.

van der Veer, P. ed. 1996 *Conversion to Modernities: The Globalization of Christianity*. New York & London: Routledge.

Ver Beek, K. 2000 Spirituality: A Development Taboo. *Development in Practice* 10(1): 31-43.

World Bank 2001 *World Development Report 2000/2001: Attacking Poverty*. World Bank.

2003 *World Development Report 2004: Making Services Work for Poor People*. World Bank.

Wainwright, E. 2003 Responding to State Failure: the Case of Australia and Solomon Islands. *Australian Journal of International*

Affairs 57(3): 485-498.

Whiteman, D. L.

1983 *Melanesians and Missionaries: An Ethnohistorical Study of Social and Religious Change in the Southwest Pacific*. California: William Carey Library Publisher.

第I部　宗教と世俗関係の生成・揺らぎ

第1章　開発実践からみた宗教と世俗の境界
——現代タイの上座仏教僧によるヘルスケア活動の現場から

岡部真由美

1　はじめに——関係性のなかの開発実践

本稿の目的は、現代タイ社会における上座仏教僧のヘルスケア活動の現場から、どのように宗教と世俗の境界が立ち現われるのかを明らかにすることである。

近年、宗教（宗教者ないし宗教組織）による開発実践はグローバルな規模で広がりを見せている。ここでいう、「宗教による開発実践」とは、宗教が社会の問題解決のために積極的な働きかけを行うこと、と広く定義する。宗教による開発実践はしばしば、国家や国内外のＮＧＯ／ＮＰＯとともに、また独自のネットワークを駆使しながら展開されている。それに呼応して、日本においても、自殺防止、ターミナルケア、震災の被災者支援などのさまざまな活動に取り組む宗教者に注目が集まりつつある（稲場・櫻井編 2009; 葛西・板井編 2011; 島薗・磯前編 2014）。

宗教による開発実践に関する先行研究は大きく二つの潮流に分類できる。一つは、開発経済学や平和学における開発論的アプローチによる研究である。それらは開発援助のパラダイム転換と連動し、オルタナティブな開発の理念を模索する実践者の視点で、宗教の役割の可能性を論じる傾向にある（ハインズ 2010）。もう一つは、宗教学や宗教社会学におけるポスト世俗化と称される一連の研究群である。カサノヴァは「脱私事化」という語を用い、グローバル化した現代の世界各地で展開するさまざまな宗教復興や宗教運動について、宗教が再び公的領域に影響を及ぼすようになったと分析している（カサノヴァ 1997）。また、テイラーは世俗的なものと宗教的なものの対立を乗り越え、宗教とそれ以外のさまざまな思想を対等に位置づけた「ポスト世俗主義」の立場を主張している（メンディエッタ&ヴァンアントワーペン編 2014）。こうした議論には、現代社会において、宗教が国家から切り離されているという前提や、あるいは公と私が明確に区別されているという前提がある。アジアをはじめとする多くの国や地域における社会変動と宗教実践との関係を理解するには、そうした前提を相対化しなければならない。

宗教の開発実践はまた、「宗教の社会貢献」ないし「宗教の社会参加」の一形態としても捉えられてきた（櫻井・外川・矢野編 2015）。先行研究における主要な争点の一つは、「宗教の社会貢献」ないし「宗教の社会参加」を、既存の宗教に内在する運動として捉えるのか、それとも今日の新しい現象として捉えるのかという点である。「宗教の社会貢献」や「宗教の社会参加」とは基本的に、社会の「外」にある宗教が社会の「内」に参加するという視点に立つ議論である。それゆえ、議論の中心は「外」から「内」への変化をもたらしたコンテクストにもっぱら向けられてきた（白波瀬 2015; 櫻井・外川・矢野編 2015）。

しかし、アサドは『宗教の系譜』（2004）において「宗教の普遍的な定義は存在しない」とし、また続編の『世俗の形成』（2006）において、「宗教」と対を成す範疇としての「世俗」が形成された過程を歴史的に明らかにしている。こうしたアサドの視点に立つならば、「宗教の社会貢献」ないし「宗教の社会参加」を、前近代か近代かの二項対立の枠組みに落とし込み、宗教を本質化して語ることこそ避けなければならない。

人類学の宗教研究は、一九八〇年代以後、アジアをはじめとする世界各地で盛んとなった宗教復興や宗教運動を取り上げ、ローカルな宗教の「復興」ないし「再生」の現象を明らかにするとともに、社会変動と宗教との関係の多様なあり方を提示してきた（田辺編 1993; 1995, 藤本編 2015）。そうすることで、世俗化論が暗黙のうちに背負い込んできた、近代西洋に特有の諸価値を相対化することに貢献してきた（竹沢編 2006）。

その一方で、宗教の開発実践を主たる研究対象とする人類学の研究はきわめて限定的である。ルートロフ＝グランディスら（Leutloff-Grandits et al. eds. 2009）は、①ＡＩＤＳなどの新しいリスクに対する対応、②伝統的な宗教贈与の再編、③トランスナショナルネットワークの創出、という三つの局面に注目している。世界各地における宗教の開発実践の事例を具体的に検討し、グローバル化が進む現代世界で、人々のリスクや不安が増大するにつれて宗教の役割が強化されていることを彼らは示す。東南アジア地域の事例は検討されていないが、①〜③の局面はタイ社会にも共通して見出される。

ルートロフ＝グランディスらが従来の議論の問題点として指摘するのは次の三点である。すなわち、①肯定的な評価と否定的な評価とに二極化しやすいこと、②特定のイデオロギーに基づいて議論されやすいこと、③宗教／世俗、伝統／近代、公／私など、さまざまな二項対立図式に収斂されやすいこと、である。宗教の開発実践に対して一方向的な価値判断を避け、また開発の受け手のニーズを所与のものと見なさないことが求められるのである。

そのうえで、この議論は、宗教の開発実践が——たとえそれが、実践者自身にとっては宗教上の修行であるとしても——与え手と受け手との間のやりとりをとおして成り立つものであること、またそれを取り巻く国家、ＮＧＯ／ＮＰＯ、家族・親族ネットワークなどとの関係性のなかに位置づけて理解する必要があることを示している。

では、宗教の開発実践は、与え手と受け手の間のどのようなやりとりをとおして成り立つのか。またそれは、それを取り巻く他のアクターとのどのような関係性のなかに位置づけられるのか。本稿は、タイ北部における上座仏教僧によるヘルスケア活動の事例をとおしてこれらの問いを検討し、さらに、そこからどのように宗教と世俗の境界が立ち現われてくるのかを明らかにする。

上座仏教の教義は厳格な出家主義を特徴としており、出家者たる僧侶は世俗から距離を置くことを理想としている。僧侶による「福祉活動」は、奨励されてはいないものの、かといって禁止されているわけでもない。タイでは伝統的に、僧侶が在家者の抱える苦悩に寄り添い、問題解決に取り組むなどして、いわゆる社会福祉的なサービスを提供してきた。加えて、一九六〇年代以後のタイ社会における開発の進展は、僧侶が開発実践をとおして積極的に「世俗」に接近する機会を増大させてきた。

タイでは国家による福祉の制度化は十分ではない。従来、ケアを担うのは家族や親族であったが、近年のグローバル化や少子高齢化を背景として、誰がどのようにケアを担うのかが、社会にとってきわめて重要な課題となっている（速水 2019）。それに伴って、一九九〇年代後半からは地域レベルでのヘルスケア再編の動きも生じている。

現代タイのこうした政治的社会的コンテクストのなかで、僧侶によるヘルスケア活動にみられる規範、価値の関係性は、従来の僧侶による開発実践にみられたそれらといかに連続し、あるいは断絶しているのか。民族誌的アプローチを用いる本稿は、現代の社会変動のなかで宗教者がどのように「世俗」と向き合っているのか、その一例を示したい。

以下ではまず、タイの政教関係を概観したうえで、仏教と開発の進展との関わりを説明する（第2節）。次に、チェンマイ近郊における筆者のフィールドワークに基づき、僧侶による地域レベルのヘルスケア活動の背景とその内容について述べる。そこでは、家庭訪問プロジェクトに焦点を当て、現場における対面的なやりとりを描く（第3節）。前節での記述内容をふまえて、僧侶によるヘルスケア活動の特質を考察し、そこにみられる宗教と世俗の境界を明らかにする（第4節）。

2　タイにおける仏教と開発の進展の関わり

「村の僧」の伝統的な役割

タイをはじめとして、東南アジア大陸部や西南中国にスリランカから伝わった上座仏教の出家者である僧侶は、戒（P: *sīla*）[1]および律（P: *vinaya*）を遵守し、仏典学習と瞑想実践に勤しむことで、涅槃に到達することを究極的な目標としている。この超俗的な志向ゆえに、僧侶には清浄性が認められ、在家者からの布施（P: *dāna*）の対象となる。律によって一切の経済活動を禁じられる僧侶の生活は、衣食住のあらゆる側面において、在家者からの布施に依拠することとなる。他方で布施は、現世および来世でのよりよい生を願う在家者にとって、果報としての功徳（P: *puñña*）をもたらす善行とされる。大多数の在家者にとっては、僧侶に食事を施したり、寺院を建立したり、息子を出家させたり、物乞いに応じたりすることが、日々の主要な宗教実践である。

とりわけ、僧侶の圧倒的多数を占める「村の僧（town-village monk）[2]」は、在家者の生活空間である村の中ないしその近くに居住し、さまざまな機会をとおして村人と接点を持つがゆえに、深く世俗社会に埋め込まれてきた（Ingersoll 1966; Kaufman 1977; Moerman 1966; Tambiah 1970）。たとえば、僧侶は人生儀礼を司ったり、薬草治療や占星術などの民俗知識を継承したり、子どもに名前を付けたり、村の中の係争ごとを調停したりする。僧侶のこのような役割は、経済発展とそれに伴う社会変化が著しい今日もなお少なからず観察される。

「宗教」と「世俗」

一般的に、日本語で「宗教」と訳されるタイ語の語彙は、サーサナー（T: *satsana*）である。宗教学者の矢野は、タイ語のサーサナーの意味内容の変遷について詳細に検討している（矢野 2017: 287-323）。それによれば、タイでは宗教をめぐって仏教優位な議論になりやすく、欧米から輸入された宗教学は発展しなかった経緯がある。サーサナーという語は、一方では英語の religion との異同をめぐる議論[3]から、他方ではタイ語でラッティ（T: *latthi*）と呼ばれる疑似宗教の領域から差異化をはかる動きのなかで、独自の対抗的な定義がなされてきた（矢野 2017: 301）。

仏教の経典言語であるパーリ語には、ローキヤー（P: *lokiya*）とロークッタラ（P: *lokuttara*）という対立的な語彙がある。ローキヤーとは俗世ないし世間を意味し、またロークッタラとは俗世を越えた世界を意味する（土佐 1994）。タイでは、サーサナーという近代的な「宗教」概念が形成される以前より、これらの語彙に基づいて、ターン・ローク（T: *thang lok*）とターン・タム（T: *thang tham*）という対立的な語彙が日常的に用いられてきた。ロークはローキヤーを語源とし、ターン・ロークで「世俗の」を意味する。一方、タム（T: *tham*）とは、仏法、秩序、教えなどを意味するダンマ（P: *dhamma*）を語源とし、仏陀の教えを土台とする世界を意味する。ここにおいて、「宗教」的なものが意味することも、それに関わる概念もサーサナーとは大きく異なるものだと考えられる。「僧侶は世俗の（*thang lok*）事柄に関与すべきでない」。これは、今日のタイ社会において、僧侶による開発実践が批判されるときにしばしば出会うフレーズである。また、僧侶による開発実践は「僧侶の仕事（T: *kit song*）ではない」と言われることもある。これらの批判的な意見は、在家者からも僧侶からも聞かれる。他方で、伝統的な僧侶の役割との連続性を強調することで、僧侶による開発実践を擁護する意見もある。

ここにみられるのは、仏典において禁じられるわけでもなく、かといって奨励されるわけでもない僧侶の実践の正統性をめぐる価値観の対立である。僧侶による開発実践は、たとえ「村の僧」であっても、もはや自明のものではない。とりわけ一九九〇年代頃からは、「仏教の危機（T: *wikklit phutthasatsana*）」が叫ばれる風潮がある（Sun Manutsayawitthaya 1999; 林 2004）。金銭や女性にまつわる高僧のスキャンダルを新聞やメディアが連日のように報道し、僧侶の集団すなわちサンガ（P: *saṅgha*）の権威は相対的に低下している。一方で、森での禁欲的な修行によって非凡な力を獲得したカリスマ僧に対する信仰は、護符の消費ブームと相まって隆盛している（Taylor 2008）。僧侶がいかに「世俗」と関わるのかという問いが前景化することは、僧侶に聖性を希求することと表裏一体である。世俗社会に深く埋め込まれてきた「村の僧」であるからこそ、日常のあらゆる場面において、適切に「世俗」と関わることが強く求められる現状がある。

タイの政教関係

スリランカ経由でタイに上座仏教が伝来したのは一三世紀頃のことである。各地の王権は、支配の正統性を保持するためにサンガを手厚く保護したため、上座仏教は各地に広まっていった。地域ごとに独自の仏教実践が育まれ、複数のサンガや、師弟関係の系譜すなわちニカーイ（P: *nikāya*）が共存していたと考えられている。(4)

ただし、こうした地域の自律性は一九世紀末頃から次第に弱体化していった。その契機は、国王ラーマ一世から四世の治世に行われた仏教改革を基礎として、一九〇二年にラーマ五世が「仏暦二四四五年サンガ統治法（T: *Phraratchabanyat kan pokkhrong khanasong pho. so. 2445*）」を制定したことである（石井 1975）。この法律は、タイ国内のすべての僧侶と寺院をタイ・サンガという単一組織へと統合するものであった。サンガ法は現在までに二度の改正が行われているが、国家とサンガとの関係はいまも基本的にこの法律で示されたとおりである。この法律の特徴は、（1）すべての僧侶を国家的な組織に統合したこと、（2）高位の僧侶が下位の僧侶に罰を与えたり、決定を取り消したりすることができるような階層的な権威のシステムを確立したこと、（3）宗教教育の国家的なシステムを確立したこと、にある（Keyes 1971: 555）。

加えて、タイの政教関係を特徴づけるのは、国家体制原理としてのラック・タイ（T: *lak Thai*）なるものである。ラック・タイとは、民族（T: *chat*）・宗教（T: *satsana*）・国王（T: *phramaha kasat*）という三つの要素から構成される。さらに、タイの憲法には、仏教は国教ではないものの、「国王は仏教徒であり、かつ宗教の擁護者である」という条項が規定されている（第2章第9条）。タイでは現在に至るまで幾度となない憲法改正が行われたにもかかわらず、国王に関する条項は一九三二年の立憲革命時に制定された文面がほぼ維持されたままである。

このように、近現代タイにおける政教関係の特徴は、①国家が宗教（サンガ）に介入的である、②国家の体制原理に宗教（仏教）が組み込まれている、③憲法が国教を定めない一方で、国王を特定の宗教（仏教）の庇護者として定めている、の三点である。(5)

国家による開発、NGOによる開発

一九六〇年代以降、僧侶が積極的に「世俗」に関わるようになった背景には、国家による開発とNGOによる開発の進展がある。その経緯は以下のとおりである。

第一に、国家は、サンガをつうじて組織的に僧侶を開発政策に参加するよう促してきた。第二次世界大戦後に東西対立が先鋭化するなかで、近隣諸国の共産主義化の影響を恐れたタイ政府は、一九五〇年代末頃から、ラック・タイを土台とする国民統合を強化すると同時に、経済発展を中心とした工業化を推し進めるようになった。このとき、タイ政府は英語のdevelopmentの訳語として、パッタナー（T: *Phatthana*）を用いた。政府とサンガの協力関係のもと、北部や東北部の国境地域を中心とした地域開発プログラムに多数の僧侶が参加するようになった。サンガの側にも、政府の開発政策に協力することで、低下しつつある地位を回復したいという目論見があった（Somboon 1977;

石井 1975)。

第二に、一九七〇年代後半には経済発展中心的な政府の開発政策に対して、NGOがオルタナティブな開発を提唱し、僧侶が開発に参加することを促す言説が広まった。タイで初めてNGOが活動を開始したのは一九六〇年代だが、貧困や環境破壊などの問題解決のために本格的に活動が展開されたのは一九八〇年代~一九九〇年代にかけてである(北原 1996: 26; 重富編 2001: 157–158)。

初期のNGO組織には、「タイ・カトリック開発協議会(Catholic Council of Thailand for Development; CCTD)」(一九七三年設立)や「宗教と社会のためのコーディネート・グループ(Coordinating Group for Religion and Society; CGRS)」(一九七六年設立)などがある。これらの組織は、資金調達や活動内容のみならず、開発思想の形成や人材の育成の面でもキリスト教団体を模倣するものであり、後のNGO運動の展開に影響を与えた。

タイの多くのNGOには、資本主義が経済的な豊かさをもたらす一方で、それが格差を拡大し、自然資源や伝統文化を消失させるという認識がある。国家や資本主義への批判の一方、農民の能力を信じ、仏教の役割を強調してきたのは、「共同体文化論(T: *watthanatham chumchon*)」という思想潮流だった(Chatthip 1991: 133, Yukti 2005: 2)。

主要な論者の一人プラウェート・ワシーの開発思想は、開発とは「心の開発」であるという立場で、開発には仏教の三学すなわち戒(T: *sin*)、定(T: *samathi*)、慧(T: *pannya*)に基づく共同体が不可欠だと説く(Prawet 1988)。またこの理念的な共同体の中心で、「心の開発」を導くのは、他ならぬ僧侶である（Prawet 1985: 91–92）。こうして、一九八〇年代以降、知識人や開発ワーカーらはこぞって地方の農民生活に目を向け、自然との調和や伝統的な相互扶助を「共同体文化」として再評価するようになったのである。

積極的に開発に取り組む僧侶たちは、やがて「開発僧（T: *phra nak phatthana*）」とも呼ばれ、国内外からの注目を集めるようになった（Somboon 1981, 1988; Phinit 2012）。タイ共産党が解体した一九八〇年以降、プッタタート比丘が唱えた「仏法社会主義（Dhammic Socialism）」の思想に共鳴した知識人や開発ワーカーらが「開発僧」の活動を活発化させた（Ito 2012: 211–212）。その過程で、タイの僧侶たちは、他宗教や国際NGOとの対話の機会も増大し、資金援助も受けるようになった。その背景には、グローバル支援の拡大のなかで、援助側が開発における宗教の重要性を認識するようになったことがある。

このように、タイでは国家による開発も、またNGOによる開発も、仏教を排除するどころかむしろ積極的に取り入れてきた。この傾向はグローバル支援の言説によってさらに後押しされた。こうしたコンテクストのなかで、タイの僧侶たちは不可避的に開発に巻き込まれ、「世俗」に関わる機会を増大させた。しかし、タイの経済が成熟をみせる二〇〇〇年代以降は、国内外NGOによる資金援助は減少し、僧侶に地域開発の担い手としての役割を期待する言説は弱体化しつつある。

3　ヘルスケアの現場——タイ北部チェンマイ近郊の事例

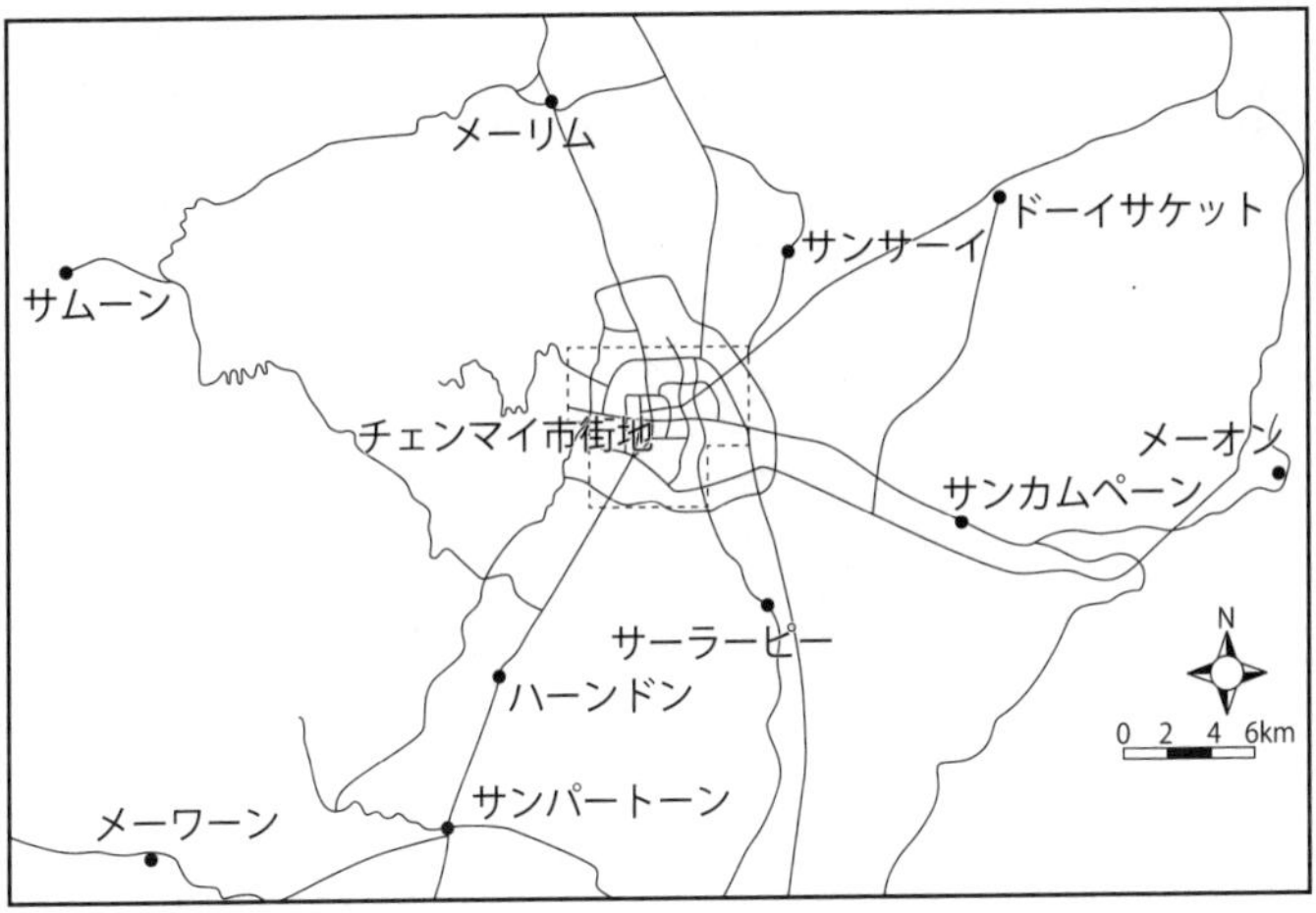

図1　チェンマイ近郊部におけるドーイサケット郡の位置　　出典：筆者作成

一九九〇年代後半から進められている地域レベルのヘルスケア再編は、僧侶による開発実践に新たな影響を与えている。以下では、タイ北部最大の都市チェンマイ近郊の事例から、僧侶がいかなる開発実践を行っているのかを詳述する。

調査地の概要

事例の舞台となるのは、チェンマイ近郊部ドーイサケット郡である（図1）。筆者は、二〇〇五年から約一三か月間、同郡内CD村に滞在し、この村唯一の寺院（以下、D寺）を拠点として、僧侶による開発実践に関する調査を行った[6]。本稿で用いる民族誌資料は基本的にこの期間中に得られたものである[6]。

ドーイサケット郡は、チェンマイ平野の北東部約二〇キロメートルのところに位置する。かつては、チェンマイ中心部とチェンラーイ、さらには西双版納（現・中国西双版納タイ族自治州）とを結ぶ主要な交易路上で、市場を擁する宿場町として栄えた。ドーイサケットは、二〇〇年以上前に西双版納から移住したタイ・ルーの人々が開拓し、後に市場での商売を目的とした平地主要民コン・ムアン、中国系やムスリムの商人らが流入した。CD村は、チェンマイ中心部と、背後に広がる農村地帯との結節点のような様相を呈していた。[8]二〇〇五年当時、CD村の世帯数は約六六〇を数え、郡内最大規模の村であった。

D寺の住職Y師は長らく郡サンガ長[9]を務め、D寺内に郡サンガ事務所が設置されている。二〇〇五年調査当時、D寺には二七名の比丘（成人の僧侶）が止住していた。[10]僧侶数は年によって若干増減するものの、この間、比丘の数には大きな変化はみられない。

D寺建立の経緯については、地域の人々が口頭で伝承してきたことが、寺院や郡役所が発行する資料において公的な歴史として記されている（Wat D 2001: 5; Koson 1994: 19）。それによると、蓮池を訪れた仏陀から授かった頭髪を納めるために、男女が池の南に位置する小高い丘の上に仏塔を建立したという。一九世紀初めにはこの地に移住したタイ・ルーの人々が仏塔の周りに寺院を建立し、西双版納から僧侶を招請した。[11]

寺院に転機が訪れたのは、現住職Y師がD寺住職に着任した一九八〇年のことである。Y師は、タイ北部ナーン県出身のコン・ムアンで、教学に専念するためにチェンマイ市内ブッパーラーム寺に移り住んだ。そのブッパーラーム寺の住職X師は一九七六年から四年間D寺の住職代理を務めており、直弟子であるY師がX師の後任としてD寺住職に着任したのである。X師は、D寺を拠点として、ドーイサケット郡一帯の貧困解消に取り組んだ「開発僧」の一人として広く知られ、後に県サンガ長をも務めた僧侶である。

僧侶による「寺院開発」

約四〇年間にわたってY師が取り組んできたことは、まずもって「寺院開発（T: *kan phattana wat*）」である。住職の言葉によると、着任当時のD寺は「蚊だらけの森」であった。初めに着手したのは、沙弥教育の拡充である。その結果、D寺附属教理学校での「出家教育（T: *buat rian*）」を希望する男児が全国各地から集まるようになった。続いて寺院のインフラ整備である。D寺では一九八〇年代後半～一九九〇年代にかけて、僧坊や各種建造物の建築のほか、道路や井戸水の送水管の敷設が相次いだ。

かつて、寺院の生活用水は雨水に依存していた。水が不足すると、僧侶たちは山を下りて村の井戸を使い、また雨安居（雨季の三か月間）には、村人たちが僧侶のために桶で水を運んでいたという。調査当時、五〇歳代以上の村人たちは、約四〇年前の僧侶と村人とのこうした協力関係を鮮明に記憶し、それを嬉々として語ってくれた。

同時に、村人たちはしばしば「うちの寺院はずいぶんと発展した（NT: *wat ban hao jaroen khu'n yoe*）」と口にする。ここでいう「発展」とは、主として物質的側面での繁栄を意味するが、それだけでなく、僧侶数や参拝者数の増加、儀礼の肥大化、寺院の格付けの上昇といったことがらも含まれる。

そのことを村人たちは概ね好意的に受け止めているが、「もう、うちの寺ではない（NT: *bo cai pen wat ban hao laew*）」とも言う。僧侶との関係が希薄化しつつあることを憂うかのようであった。

こうした「発展」が実現したのは、首都圏在住者たちの巨額の布施によってである。近年では、D寺への布施の金額は、地域住民よりも首都圏住民によるものの比重が高くなっている。ドーイサケットに地縁も血縁ももたない首都圏住民がD寺に多額の布施を行う動機はさまざまであるが、主要なものは、仏塔への願掛けへのお礼返しや、住職の開発実践が「社会のため」になると考えていることである。Y師による開発実践は、在家者からは慈悲深く、徳が高い実践とみなされている。ゆえに、直接的に開発の恩恵を受けることのない首都圏住民たちもこぞって布施を行うのである（cf. 岡部 2016）。

また、タイの宗教行政において、寺院は開発の対象として明確に位置づけられている。そのことを端的に表すのが、一九七〇年代に宗教局によって開始された「開発模範寺院制度」である。この制度は、タイ全土の寺院のなかから所定の条件を満たす寺院を「開発模範寺院」として認定する。[12]その条件を要約すると、①寺院は常にそれ自体、物質的に繁栄すること、②寺院は教育施設であり、また周辺地域の開発に関与すること、③寺院の運営はサンガ法やその他の法に則って行われること、などである（岡部 2014: 192-197）。こうした制度は、寺院運営のあり方や僧侶による開発実践のあり方を特定の方向性へ規定する作用がある。

ただし、宗教行政は、「寺院開発」を奨励するものの、資金面での支援はほとんど行っていない。

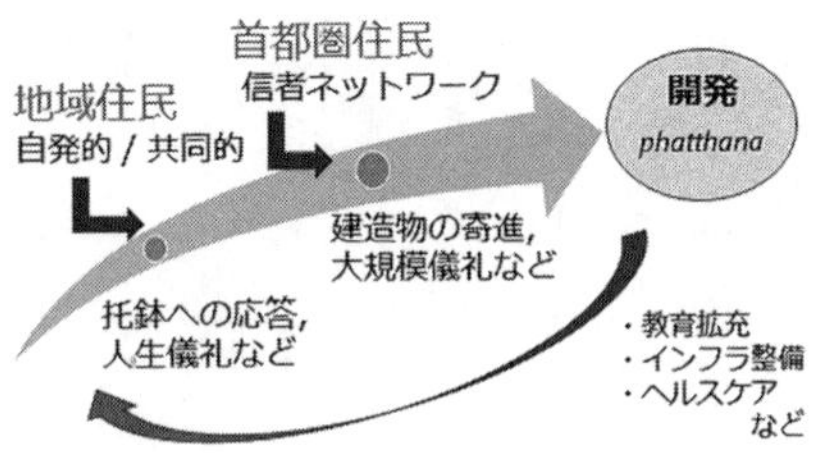

図2　寺院の開発と布施の循環　　出典：筆者作成

住職がこれまでに取り組んできた「寺院開発」の経済的基盤はほぼすべて在家者からの布施である。布施によって開発を行い、開発によって布施が集まるという布施の循環がみられる（図2）。なお、寺院が国内外のＮＧＯから資金援助を受ける場合も、高齢者ケアや環境保護といった分野の個別のプロジェクトに対する援助であって、寺院あるいは僧侶個人に対する布施ではない。

地域レベルのヘルスケアの再編

ＨＩＶ／ＡＩＤＳの拡大

Ｄ寺が開発実践で知られるようになったのは、Ｙ師によるエイズ・ケア活動によってであった。タイ国内でＨＩＶ感染が爆発的に流行した一九八〇年代末から一九九〇年代初め頃、スティグマを付与された感染者や患者は家族や職場、あるいは地域コミュニティからも排除されていた。ドーイサケットも当時、チェンマイ近郊の他地域と同様に、多くの感染者や患者を生み出した地域の一つであり、生きる場を失った感染者や患者を積極的に支援しようとした僧侶の一人がＹ師だった[13]（Ciranut 1999; 浦崎 2002）。

「コミュニティ」によるケアへ

当時、郡内でエイズ・ケア活動を行っていたのは僧侶だけではない。郡公衆衛生局、郡病院や国内外のNGOや支援団体もそれぞれ活動を展開してきた。郡病院の看護師によれば、一九九〇年代前半の最も多い時期には、郡内でケア活動を行う団体の数は一三〜一四に上っていた。しかし、各組織の活動内容が重複しているため、支援を必要とする人に十分な支援が行き渡らないこともあったという。そこで、組織の別を越えて、コミュニティ（T: *chumchon*）が抱えるHIV／AIDSの課題に取り組むことを目指して設立されたのが、エイズ委員会であった。一九九六年のことである。

重要なことは、HIV／AIDSの課題を、感染者や患者個人の、あるいは彼らの家族の問題ではなく、コミュニティで解決すべきものだと委員会が認識している点である。ここでは、病が個人の行為の結果であるとしても、解決すべきは、病を引き起し、病を排除する社会的な環境だと考えられている。そのため委員会が強調するのは、コミュニティ成員の間の「助け合い（T: *kan chuai kan*）」である。エイズ委員会は二〇〇一年には「CD区ヘルスケア委員会」へと改称し、エイズにとどまらず、より広く区内住民の生活向上に取り組むようになった。

ここでいうコミュニティとは、複数の村から構成される行政区（T: *tambon*）を指している。しかし、住民たちにとって、区はあくまで行政の一単位に過ぎず、「われわれ」という意識を共有するような集合ではない。また、ヘルスケア委員会という組織に、田辺がHIV感染者の自助グループを新しいタイプの「コミュニティ」として析出したような、上からの統治に対抗的な性質を見出すことはできない（田辺 2008）。

また、一九九〇年代末以降、地方分権化と医療・福祉制度改革が進行するなかで、区は統治の対象かつ自治の単位として新たな役割を担うようになってきた。一九七〇年代に整備された、保健省を頂点とするトップダウン型の医療行政システムが、タイ社会におけるヘルスケアの基盤として従来機能してきた（Cohen 1989）が、一九九〇年代後半、区を実体的なコミュニティとして位置づけ、地域の医療や福祉を住民組織や民間団体が担うモデルが普及しつつある（河森 2009）。

僧侶によるヘルスケア活動の諸相

なぜ僧侶がヘルスケア活動を行うのか？

「村の僧」は従来、幸福や健康を祈願する人々の生活向上に役割を果たしてきた。たとえば、病人の治療のために僧侶がパリッタ（護呪経文）を読経することは、タイのみならず上座仏教社会で普遍的にみられる。たとえばタイ北部では、スープチャター儀礼には僧侶の読経が不可欠である。綿糸をつうじて僧侶の読経がもつ聖なる力を施主に伝達し、病気の治癒や運気の向上がもたらされると信じられているからである。こうした実践を「ヘルスケア」と捉えるならば、「村の僧」はこれまでもヘルスケア活動を行ってきたことになる。しかしなぜ、タイでは僧侶たちは、区のヘルスケア委員会に参加するという形で積極的にヘルスケア活動を行うのだろうか。

D寺住職のY師は、自らが積極的に開発実践を行う理由を「返礼の義務」によって説明する。出家者である僧侶は、衣食住のすべてを在家者とりわけ村人からの布施に頼っているため、村人の困苦は僧侶の困苦でもあるのだという。ゆえに、僧侶は「社会のため」に働かなければならないのだという（岡部 2014: 237）。

出家者は、教義の理想を追求するために、世俗社会における贈与＝交換を否定して生きる存在である（藏本 2014）。しかし、Y師のように積極的に開発実践を行う僧侶たちは、むしろ積極的に贈与＝交換の世界に参入することを肯定するかのようである。Y師をはじめ、学僧（マハーチュラーロンコーン仏教大学の元学長）までもが、三蔵の一節を引用し、僧侶は在家者に返礼の義務があると言う。重要なことは、少なくとも開発の時代以降、タイ社会においては、僧侶の開発実践を「返礼の義務」として説明し、その正統性の根拠を三蔵に求めるという、ある種の型が形成され、浸透していることである（岡部 2014: 182-184, 306-308）。

とはいえ、「CD区ヘルスケア委員会」において、これまで一貫して活動を主導してきたのが僧侶であることは、必ずしも一般的ではない。郡病院の看護師Sは設立当初を振り返り、「私は女性だし、もともと仏教についてもあまり詳しくなかったから、僧侶と一緒に仕事をすることに初めは違和感があった」と筆者に語ってくれた（二〇〇五年一〇月一〇日、郡病院でのインタビューより）。

家庭訪問プロジェクト

Y師がサンガ行政や寺院運営に多忙を極めるようになると、弟子僧侶のZ師がヘルスケア活動をすべて引き継ぐようになった。Z師は、当時D寺に一〇名前後いた同世代の若手僧侶の一人である。

Z師は、医師、看護師、保健ボランティア、村長、行政職員らとともにヘルスケア委員会を構成し、看護師と二人三脚で委員会を主導してきた。調査当時、委員会の具体的な活動には、家庭訪問プロジェクト、一人一バーツ基金、世界エイズデー・イベントの開催（毎年一二月）、スープチャターールアン儀礼（毎年一月）、他地域のヘルスケア団体との交流、活動ミーティングなどがあった。このなかで最も重視されていたのが家庭訪問プロジェクトである。

家庭訪問のターゲットは、区内の「恵まれない人々（T: *phu doi okat*）」である[14]。委員会の活動ミーティングでこのように表現されている人々は、経済的な困窮者の印象が強いが、病気による困苦を抱える人々も含まれる。

家庭訪問は、区内全一三か村のなかから毎週一つの村が訪問を受けられるようスケジュールが組まれている。訪問の際には、残り一二か村のなかから一つの村が「訪問チーム」を結成する。訪問チームには、訪問する村の保健ボランティア、村長、僧侶のほか、常に医師、看護師、行政職員、Z師らが加わる。

一日の訪問数は四～五件で、一件あたりの滞在時間は三〇分程度であった。訪問先は、訪問を受ける村の保健ボランティアと村長が話し合い、事前にリストアップされる。そのため、保健ボランティアや村長が懇意にしている村人が訪問先に選ばれる傾向にある。同じ人が何度も訪問を受けることもあった。また、訪問チームのメンバーが集合時刻に遅刻したり、急な雨で移動ができなくなったりすることもしばしば起こるため、事前にリストアップされた家庭をすべて訪問できることは稀だった。

訪問現場において、最も主導的な役割を果たしているのは看護師である。看護師は訪問先において、まず近況を尋ねることから始める。しかし、会話もそこそこに血圧測定を開始する（写真1）。測定が終わると、会話に戻り、どういう症状があるのか、薬を服用しているのか、どのような治療を受けているのか、といった基本的な質問を投げかける。ここで看護師が「問題」を発見すれば、薬の服用や健康管理の方法について助言する。

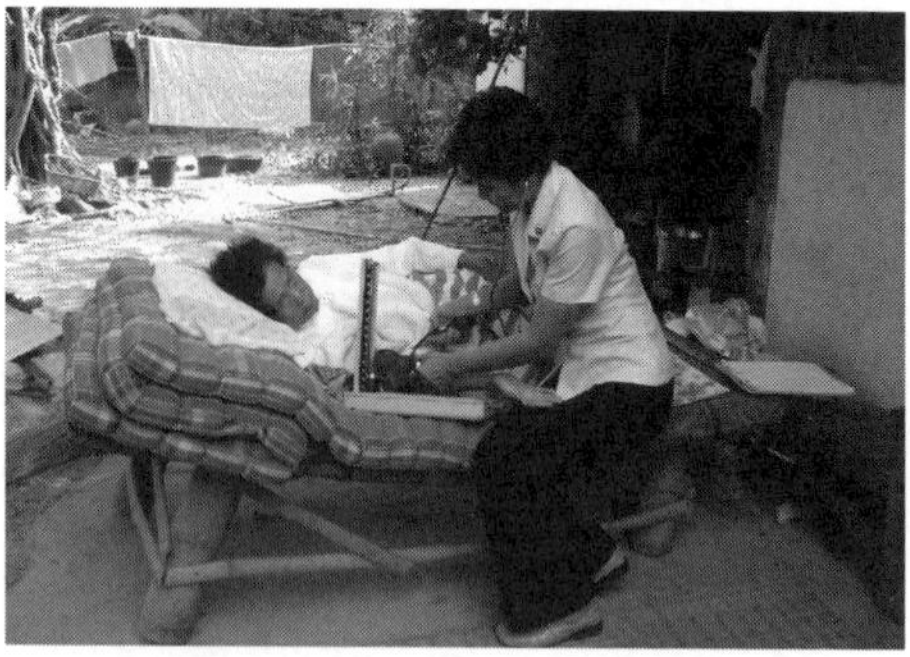
写真1　訪問先で血圧測定を行う看護師（2006年、タイ・チェンマイ）

訪問現場での会話は医療に関する事柄にとどまらず、家族構成、経済状態、人間関係など、生活全般に及ぶ。「ご飯は美味しく食べられているか？」、「足が痛いときはどうやって入浴するのか？」、「病院へは誰が送迎してくれるのか？」など、食事や身の回りの世話に関してはよく聞かれる。訪問チームのメンバーがケアの受け手と既知の間柄にある場合には、「娘はどうしているの？」、「仕事はまだ続いているのか？」といった親密な領域に踏み込んだ会話となり、隣人としての配慮を示す。
また訪問の現場は、公的サービス受給の有無を検討する機会でもある。タイでは、障害者や高齢者には毎月一定額の特別手当てが支給される。また、貧困解消のために、CD区が独自に設けた生活支援プロジェクト（家畜や店舗資材の低額貸し出しなど）もある。ケアの受け手が、こうしたサービスを利用できるにもかかわらず利用していないこともあるため、行政職員や村長が仕組みや手続きについて説明する。こうして訪問先で得られた諸情報は、保健ボランティアがすべてノートに記録する。

訪問チームは訪問時に見舞い品を持参する。タオル、洗剤、石鹸、歯磨き粉、歯ブラシ、カミソリなどの日用品が多いが、コメ、油、豆乳、パック入り牛乳、インスタントラーメン、春雨、菓子などの食料品が含まれることもある。見舞い品は、ヘルスケア委員会の活動資金で購入されることもあるが、僧侶から譲り受けることが多い[15]。僧侶は普段、さまざまな機会に在家者からサンカターン（T: *sangkhathan*）と呼ばれる供物のセットを受け取る。サンカターンの中身は、日用品や食料品の詰め合わせがほとんどで、どこの寺院も消費し切れぬほどの余剰がある。時折寺院にやってくる物乞いや孤児にも分配されるが、それでも余っている。僧侶は、家庭訪問の際に、こうした物品を詰め替え、見舞い品として持参するのである。

家庭訪問の現場

先に検討したように、家庭訪問の現場では、看護師が健康管理の助言、行政職員が公的サービスの検討、保健ボランティアや村長が隣人としての配慮を行い、それぞれの専門性を活かして全体としてのケアが成り立っている。この全体のなかで、僧侶はどのように位置づけられるのだろうか。以下、四つの事例をとおしてみてみよう。

【事例A】二〇〇五年七月二五日：寝たきりの母親と障害をもつ子どもを同時に世話する男性（四〇歳代、CD村）

お母さんの面倒をよくみてあげて。お母さんの面倒をみることは、一〇万バーツの布施を行うよりも、何倍も多くの功徳が得られる（T: *dai bun*）ことなのだから。

【事例B】二〇〇六年三月九日：手足の痺れをリハビリ中の女性（四〇歳代、PS村）

第一に精神力、第二に身体を動かすこと。そのためには、もう少し忍耐力を備えなくてはならない。瞑想にとても熱心で、何年も瞑想修行を続けるうちに、動かなかった身体が徐々に動くようになった人もいる。だからあなたも、少しでよいから時間を見つけてどこにいるときでも瞑想に励み、精神とともに身体も鍛えるとよいだろう。

事例Aでは、経済的に困窮するなかで、家族二人の世話に明け暮れ、精神的な余裕を失いつつある男性に対して、Z師が、功徳の観念を用いて老親扶養の重要性を説いている。また事例Bは、リハビリが思うように進まずに苦心する女性に対して、Z師が、瞑想という実践をとおした精神的また身体的な鍛錬の重要性を説いている。これらのZ師の言葉は、仏教の教えと実践が、在家者の日常生活における苦の軽減に役立つことを具体的に教えるものである。

しかし、そこには、Z師の出家生活における長年の教典学習によって培われた高度な仏教知識はみられない。ケアの受け手が抱える困苦を前に、業（T: *kam*）の概念を用いて因果を説明することもなかった。むしろこれらの事例が示すのは、仏教の知識や実践に長けた専門家であっても、Z師は在家者と同じ地平に立ち、彼らにとって最も中心的な宗教実践である積徳行や、近年都市部で人気の高い宗教実践である瞑想に言及し、具体的な方法を示していることである。彼らの苦に寄り添い、共感し、そして励ますという姿勢に徹しているのである。その点で、こうした僧侶の役割は、他のメンバーにも代替可能かもしれない。

【事例C】二〇〇六年三月九日：歩行困難な高齢女性（八〇歳代、LT村）
訪問チーム：看護師、僧侶（Z師）、保健ボランティア二名、村長、行政職員一名

この日は、皆で高齢女性のベッドを囲み、時折笑い声が部屋に響き渡るほど明るく和やかに会話が進んでいった。高齢女性の娘もその場に居合わせ、楽しんで来客をもてなしているようだった。訪問から約四五分間が経過し、会話も一段落した頃である。

看護師　「お年寄りはなかなかお寺にも行けないし、今日はお坊さんが来てくれて嬉しいわよね。積徳行に行くことも難しいでしょう?」
高齢女性　「ええ。足が痛くて歩けないからね」
Z師　（黙ってうなずいた後）「おばあさんは、私のことを知っていましたか?」
高齢女性　「どうだったでしょうか」（Z師を見つめながら、自信なさげに答える）
　　　　（部屋が笑いに包まれ、誰かが「おばあさんは忘れてしまったのですよ」と言う）
娘　（笑いが収まった後、少し間を置いて）「すみませんが、捲糸（マット・コームー T: *mat khor mu*）していただけませんでしょうか?」
保健ボランティア「それはいいわね」
Z師　「できますよ。こちらへ来られますか?」

　このように看護師は、僧侶がその場に居合わせていることに言及し、高齢女性の気持ちを汲み取る様子を見せた。すると、その様子を見た娘が続けて、老いた母親のために捲糸を願い出たのである。捲糸とは、健康や安全を祈願して、僧侶や呪術師らが呪文を唱えながら、糸を手首に捲きつける実践である。それによって魂クワン（T: *khwan*）を身体につなぎとめる。Z師は自分の肩掛け袋からナイロン製の紐を取り出し、高齢女性とその娘の手首にそれぞれ捲きつけた（写真2）。高齢女性とその娘は、感謝の気持ちを言葉で表現するだけでなく、Z師に向かって深く合掌して見せた。

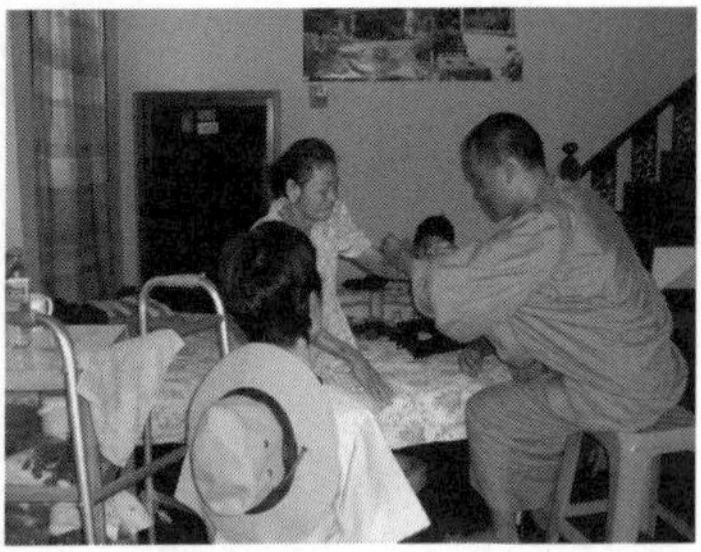

写真2　訪問先の高齢女性の手首に糸を捲く僧侶（2006年、タイ・チェンマイ）

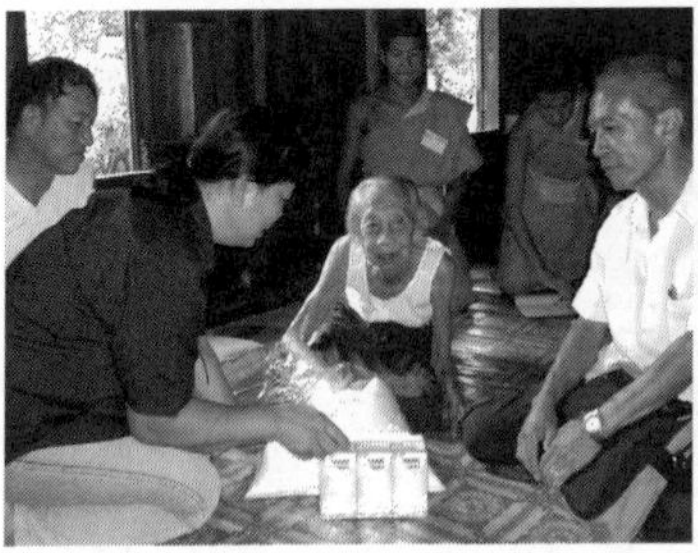

写真3　ヘルスケアに周辺的に参加する僧侶たち（2005年、タイ・チェンマイ）

【事例D】二〇〇五年八月一八日：歩行困難な高齢女性（九〇歳代、ＫＬ村）
訪問チーム：看護師、村長補佐、区長夫婦、保健ボランティア二名、僧侶二名

この日は珍しく区長夫婦が、自ら用意したコメとアルミパック入り豆乳飲料を携えて訪問に参加した（写真3）。訪問時には、快活な区長夫婦が積極的に質問を投げて、テンポよく会話が進んだ。その一方で、僧侶二名は訪問チームのなかで最も年齢が若いこと、またこうした家庭訪問の場に不慣れなことから、周囲の会話を静かに聞くばかりであった。いささか手持ち無沙汰な様子でもあった。

看護師　「よかったね、おばあさん。今日はお坊さんが見えているわよ。ねえ、沙弥も早く読経してあげたらどうかしら？　おばあさんは長い間お寺にも行けず、積徳行することもできなかったのだから」

区長夫婦　「そうだそうだ。お寺に行けないんだから」

僧侶二名　「ああ、はい」（どうしたらよいか判断がつかずに戸惑いを見せた表情をする）

区長夫婦　「何がいいかな。おお、そうだ。祝福（ハイ・ポーン T: *hai phorn*）してもらうのがいいんじゃないか」

保健ボランティア「それがいいわね。おばあさん、お坊さんに祝福してもらいましょう」

僧侶二名　「はい、できます」

二〇分程度の滞在が終わりに差し掛かった頃、このように看護師が切り出したことで、状況は一変する。僧侶たちは、さっそく高齢女性の向かいに移動して読経を始めた。ここでいう祝福とは、在家者の健康や安寧を願って、僧侶が比較的短いパーリ語の経文を朗誦する実践である（西本 2007: 88-90）。托鉢に応じたり、供物を捧げたり、在家者が僧侶に布施を行う際、僧侶から在家者に祝福が与えられる。事例Dにおいては、高齢女性が僧侶に対して何かを布施したわけではないが、現場でのやりとりを経て、僧侶が祝福することとなったのである。僧侶が読経を始めるや否や、高齢女性はもとより、訪問チームのメンバー全員が両手を合わせて読経に聴き入った。

読経の後、高齢女性は晴れ晴れとした表情で、「足がよくないから、ずっとお寺にも行けずじまいだったけれど、今日は黄衣（T: *pha lüang*）を目にすることができてとても嬉しかった」と僧侶たちに伝えた。僧侶たちもまた少しはにかみながら、嬉しそうな表情を浮かべた。上座仏教社会において、黄衣は、戒や律を遵守し、仏陀の教えを継承する僧侶のみが着用できる布であり、在家者にとって黄衣とは、帰依すべき三宝すなわち仏・法・僧を象徴するものなのである。

4　僧侶による開発実践が示すもの

ヘルスケア活動にみる規範、観念、関係性

本稿で取り上げたチェンマイ近郊におけるヘルスケア活動には、いかなる規範、観念や関係性がみられるのかを考察する。

まず、一九九〇年代後半に進展した地域レベルのヘルスケアにおいて強調されてきた規範は、コミュニティの住民同士の「助け合い」すなわち相互扶助であった。チェンマイ近郊において、行政単位に過ぎない区を一つのコミュニティと捉え、その地理的範囲内の人々の「助け合い」を強調するようになった背景には、HIV／AIDSの拡大がある。病は、直接的には個人の行為によって引き起こされた結果であるとしても、間接的には個人を取り巻く周囲の環境にもさまざまな問題があると考えられている。ゆえに、病やそれに関わる問題を解決するうえで、「助け合い」が不可欠になる。加えて、地方分権化とともに進められた医療・福祉制度改革が、コスト削減を期待して、住民組織による「助け合い」を奨励してきた経緯もある。この点は、かつて一九八〇年代からのNGOによる開発が、相互扶助の規範を強調する際に、古き良き農村の民衆の生活を本質化し理想化してきたこととは異なっている。

また、ヘルスケア活動に顕著に見出される観念の一つは功徳（T: *bun*）である。家庭訪問の事例A

では、子が老親の面倒をみることは、多くの功徳が得られる善行と捉えられていた。また事例Cや事例Dでは、家庭訪問の対象者たちの苦しみの要因として、積徳行の機会が減少していることが示されていた。年老いて歩行に困難が生じるがゆえに、寺院や僧侶を訪れることができず、積徳行の機会を失っていたことが精神的な苦しみだと感じられるのである。

第2節で述べたように、上座仏教社会において、積徳行は在家者の日常生活における中心的な宗教実践であるが、その具体的な方法はさまざまである。[16] 事例Aの男性が、仕事をしながら、寝たきりの老いた母親と障害をもつ子どもを同時に世話することは、精神的な余裕を失うほどに負担が大きいことであった。家族・親族によるケアが中心的であるタイ社会において、施設介護は都市の一部の富裕層以外の人々にとって現実的な選択肢ではないし、日本のようにデイケアサービスを提供する医療施設や福祉施設などは十分に発達していない。こうした現状のなかで、ヘルスケア委員会によるケアは、家族・親族によるケアを実質的に軽減するほどの影響力を持ち得ていない。そこではあくまで「励ましを与えること」が目指されている。その励ましの中心に、功徳の観念があるのである。

さらに、ヘルスケア活動において顕著に見出されるもう一つの観念は、慈悲である。ヘルスケア活動をはじめ、積極的に開発実践を行う僧侶に対しては、周囲からは「慈悲深い」という評価がなされる。慈悲（P: *mettā, karuṇā*）[17] とは、宗教的実践の基底にある他者に対する共感の心情を表す観念である（中村 2015: 32）。慈悲の実践は、インドにおける初期仏教においてとくに強調されてきたが、教典学習と瞑想修行に専念することを重視する保守的な上座仏教の立場からは伝統的に副次的な位置づけを与えられてきた。ところが、一般的には在家者が「村の僧」に期待することは、律をどれほど厳格に遵守しているか、教典の知識をどれほど豊富にもっているか、瞑想実践にどれほど長けているかといったことよりも、どれほど慈悲の心情がみられるかにある。その点で、近年、ヘルスケア活動に取り組む僧侶は、在家者たちからみて、「村の僧」の理想と連続している。

最後に、事例に特徴的なのは、多様なアクターから構成されるネットワークである。本稿でみたように、ヘルスケア委員会の設立の経緯には、HIV／AIDSの拡大によって、郡公衆衛生局、郡病院、僧侶、国内外NGOによるケア活動が互いに競合する状況があった。エイズ委員会ならびにヘルスケア委員会は、競合する多様なアクターを結びつけることで、従来の縦割り行政によって分断されてきた医療、政治、宗教といった領域の壁を乗り越える試みである。僧侶と村人の関係が希薄化しつつある都市近郊において、ヘルスケア活動にみられるのは、日々の托鉢や儀礼をとおして比較的長期間にわたって構築される従来の二者間関係ではなく、多様なアクターから成るネットワークを介して結びつけられる偶発的な関係である。

ただし、多様なアクターから成るネットワークがすべてに開かれた（open-ended）性質を有しているとは言いがたい。こうしたネットワークの出現が、かえって領域を本質化し、境界を固定化してしまう側面もあるからだ。家庭訪問の現場において、医療従事者や行政職員らがそれぞれの専門性を活かした役割を果たすなかで、僧侶には、宗教領域の専門家としての役割が求められる。このことは、僧侶が、宗教領域に囲い込まれていることも意味しているのである。

喚起される僧侶の役割

僧侶たちは他領域の専門家たちがケアの受け手との間で行うやりとりに寄り添い、周辺的に参加するという姿勢を見せていた。実際に、僧侶が現場で行うことの大半はケアの受け手の苦しみに共感し、励ましを与えることである。こうした役割は他のメンバーによっても代替可能なものである。しかし事例Cおよび事例Dが示すように、僧侶は読経によって祝福し、また捲糸によって聖なる力を伝達する。これらの呪術的行為は、他ならぬ僧侶が宗教職能者であるがゆえに成しうる行為である。ただしこうした役割は、ヘルスケア委員会の活動として明文化されているわけではない。村人の圧倒的多数は上座仏教徒であるが、なかにはムスリムなどの非仏教徒も居住している。僧侶は、非仏教徒の家庭はもちろんのこと、仏教徒の家庭を訪問するときであっても、ケアの受け手から要請されない限りは読経も捲糸も行わない。僧侶によるケアはあくまで、ヘルスケアの現場で受け手のニーズが認められる過程のなかで発動する（森 2017）。

僧侶の役割は、ケアの与え手と受け手との二者間関係を越えて、訪問現場を構成する複数のアクター間のやりとりのなかで喚起される。事例Dが示すように、経験の浅い若年僧侶たちが何をすればよいか分からずにいたとき、読経という方法を提案し、宗教職能者としての役割を喚起したのは看護師であった。看護師は現場を読み、受け手である高齢女性のニーズに配慮するだけでなく、与え手である僧侶たちの背中を押し、ケアを発動させている。それでもなお戸惑いを隠せない僧侶たちに、区長はどのように読経するのがよいかを助言し、保健ボランティアがそれに賛同を示す。こうした複数のアクター間のやりとりのなかで、僧侶が何を為すべきかが決められるのである。

さらに、僧侶による読経は複数のアクター間の関係性を大きく転換させる。家庭訪問の現場はそれまで、ケアの受け手である高齢女性を中心に、それを取り囲むように与え手である諸アクターが並んでいたが、読経を境に中心は僧侶に移り、高齢女性を含めた他のアクターがすべて対等に並び、全員が中心に向かって手を合わせるようになった。訪問現場は、ケアの与え手と受け手との関係性から、出家者と在家者という関係性へと転換しているのである。読経が終わると、現場はまたもとの与え手と受け手という関係性によって再構成される。

5 おわりに

本稿は、現代タイ社会における上座仏教僧のヘルスケア活動に着目し、宗教の開発実践の内容とそれを支える関係性の特質について検討してきた。そこで重視される観念や規範は、従来タイの村落社会においても重視されてきた功徳と慈悲の観念であり、また相互扶助の規範である。その点、近年の僧侶によるヘルスケア活動と従来の「村の僧」による開発実践との間に大きな違いはない。

しかし、一九九〇年代以後の地域レベルでのヘルスケア再編の動きは、僧侶による開発実践を支える関係性を変えるものであった。僧侶によるヘルスケア活動を支えるのは、日々の托鉢や儀礼をとおして構築されるような、僧侶と村人との間の二者間関係ではなく、多様なアクターから成るネットワークを介して構築される関係性である。また、僧侶はこうしたネットワークのなかで、自らを医療従事者や行政職員らとともに「ケアの与え手」として位置づける一方で、医療や行政などの領域とは明確に区別された「宗教」の専門家としてふるまうことが求められるようにもなった。

こうした特質がみられるヘルスケア活動の現場では、僧侶を含めて、ケアの与え手と受け手の間でさまざまな対面的やりとりが展開する。そのただなかにおいて、僧侶は僧侶としての役割を喚起される。僧侶が「世俗」とどのように関わるべきなのか、あるいは関わらぬべきなのかが問い直され、境界がかたちづくられていく。僧侶がどのように「世俗」と関わるべきかは、教義とりわけ律によって規定されるが、「宗教」と「世俗」の境界は、教義を背負った僧侶が現実の社会を生きるなかで、ミクロな実践をとおして不断に定義され続ける。

現代の社会変動を生きる「村の僧」を対象とする研究には、近年、出家者の感情（emotions）にこそ注目すべきであるとの指摘もある（Samuels 2010）。たしかに、現代タイにおける地域レベルのヘルスケア再編においても、ケアの与え手としての僧侶に問われることは、教学の知識や瞑想の能力の多寡よりも、村人が抱える苦に対する共感の感情すなわち慈悲深さであった。しかし、都市的環境のなかでは、「村の僧」であっても、托鉢や儀礼をとおして日常的に在家者との関係性を築くこと、また両者が感情によって結びつけられることが困難になりつつある。事例から考えられることは、僧侶にとって、多様なアクターから成るケアのネットワークが、在家者と感情によって結びつけられることの困難を克服するための一つの回路となりうることである。

本稿が明らかにしたことは、タイという特定のローカリティのなかで培われてきた宗教的な規範や観念が、国家やＮＧＯによる開発を経た今、地域レベルのヘルスケアの再編という政治的社会的なコンテクストにおいてもなお持続していることである。ヘルスケアの現場において、苦や幸福は仏教的な観念を用いて表現され、「宗教」の専門家としての僧侶の役割が喚起される。また、僧侶の読経は、ケアの与え手－受け手との関係を一瞬にして出家者－在家者へと転換する。現場における与え手と受け手とのこうしたやりとりをとおして「宗教」と「世俗」の境界が立ち現われてくる。

タイの僧侶による開発実践は、ともすると、国教に準じる位置づけを獲得した宗教の、しかも教義の中心的な担い手が批判を受けることなく展開しているかのようである。たとえばヘルスケア委員会に仏教以外の宗教者は参加する機会を持たないことが示唆するように、僧侶による開発実践が可能であるのは、仏教が他の宗教に対して特権的な位置づけを獲得しているからに他ならない。宗教の開発実践に着目して、現代社会における宗教と公共性について論じる際、ある特定の宗教が他の宗教に対してもつ優位性には注意深くある必要がある。

タイの仏教僧による開発実践のゆくえは、現代における社会変動と宗教の関係の一つの重要な選択肢を示している。社会変動に伴ってヘルスケアのあり方は今後も大きく変わっていくであろうし、その過程で僧侶がヘルスケアに参加しなくなる可能性も、また仏教以外の宗教者が参加する可能性も十分に考えられる。そうなれば、「村の僧」は、どのような方法で開発実践を行い、「世俗」と関わるようになるのであろうか。またそのことの是非をめぐっていかなる議論が展開するだろうか。引き続きその動向を丹念に追うことで、実践をとおしていかに宗教と世俗の境界がつくりかえられていくのかに注視したい。

註

（1）以下、本稿では、パーリ語の語句にはPを、標準タイ語の語句にはTを、北タイ語の語句にはNTを付して区別する。

（2）仏教には、伝統的に「村住派」と「森住派」との対比がみられる。タンバイアは、村落や町に居住して教学を中心に儀礼などの社会サービスを行う「村の僧」と、在家者から離れた「森」に居住して瞑想修行に専念する「森の僧」という分析上の概念を定義した（Tambiah 1984）。

（3）宗教研究の前史となる、一九世紀末頃の王室の諸活動においては、タイ語のサーサナーは英語のreligionとほぼ同義として用いられている。それに対して、一九五〇年代以後に出版された『王立学士院版タイ語辞典』やタイ人研究者らによって出版された関連教科書などにおいては、サーサナーとreligionとの意味内容の異同が論じられるようになったという。

（4）たとえば、タイの宗教学者ソムマーイは、チェンマイ市内中心部にあるヂェディールアン寺（Wat Cedi Luang）で発見された史料を検討し、シャムによる統合以前のチェンマイには、一八のニカーイが存在していたことを明らかにしている（Sommai 1975: 2）。この一八のニカーイは、合同でウポーサタ儀礼を実施していたことから、儀礼の内容や戒律の解釈をめぐる論争は、異なるニカーイの間でほとんどみられなかったのではないかと推察される（Sommai 1975: 3）。

（5）宗教学者の矢野は、タイの政教関係を理解するうえで、サンガと国家の関係の二者関係を静態的に捉えるだけでなく、国家行政に関わる諸アクターの思想やネットワークが果たす役割にも注目する必要があるという（矢野 2017）。たとえば、現在のタイ社会において宗教行政の中心を担うのは国家仏教庁と文化省宗教局である（林編 2009: 244）。タイの宗教行政は、これらの行政組織がサンガないし他宗教の支援や統制のためのさまざまな事業を実施するだけなく、教育省や内務省の事業、あるいは福祉や観光に関わる部局の事業などをとおしても展開されている。

（6）僧侶による開発実践に焦点をあてたこの寺院の民族誌としては、拙著を参照してほしい（岡部 2014）。

（7）ただし筆者は、二〇〇八年以後も一～二年間に一度のペースで同地でのフィールドワークを継続してきた。そこで得られた資料も補足的に用いることとする。

（8）CD村には、郡役場や郡病院など、郡レベルの主要な行政機関や施設がすべて集まっている。村人は、公務員、市場での物売り、日雇い労働など、農業以外の仕事で生計を立てている。ただし、郡内のほとんどの村は農村で、ダイズ、ニンニク、ラムヤイなどの換金作物生産が盛んである。ドーイサケットにおいても、他の近郊部と同様に、道路建設や宅地開発が進められていったが、観光資源には恵まれていないため、宿泊施設やレストランなどのサービス産業や、民芸品生産はそれほど発展しなかった。

（9）郡サンガ長には、郡内のすべての僧侶と寺院を統率する役割がある。

（10）当時、D寺には、沙弥と呼ばれる未成年の僧侶が四六名止住していた。タイ北部ではかつてより、比丘ではなく沙弥として出家する慣習があり、各寺院において沙弥数が比丘数を上回っていることが一般的である。

（11）仏塔はその後、複数名の高僧（T: *khuba*）によって修復されてきた。

（12）また「開発模範寺院」のなかから、さらなる所定の条件を満たす寺院を「優秀開発模範寺院」として認定する。

（13）HIV／AIDSの拡大当初、タイ各地で僧侶によるエイズ・ケア活動が開始された。それらは、僧侶が寺院内に患者を受け入れる施設型と、僧侶が他のアクターたちと連携しながら患者を支援する複合型とに大別できる（岡部 2004）。D寺住職のY師の場合、後者の複合型である。

（14）この他にも、「貧苦にあえぐ人々（T: *phu prasop phawa thukkhen*）」、あるいは「困苦にある人々（T: *khon thi thuk yak*）」といった表現が用いられることもある。

（15）この他にも、訪問チームのメンバーが個人的に見舞い品を用意することが稀にある。一度、区長が訪問に参加した際は、訪問先一件につきコメ五キログラムを贈っていた。ただし、管見の限り、現金の授受は行われない。

（16）たとえば、主要な積徳行は、「三宝」（仏・法・僧）への寄進や布施、仏教行事、寺院の建設への参与、出家者への日々の托鉢の応対（食施）、出家などが挙げられる（長谷川・林編 2015: 2）。また、それだけでなく、乞食や生活困窮者など在家者に布施を行うこともまた功徳を生む行為だと考えられてきた（Bowie 1998）。

（17）慈と悲はもともと別の言葉である。慈とはパーリ語で「友」や「親しきもの」を意味する *mettā* という語を、悲とはパーリ語で「哀憐」や「同情」などを意味する *karuṇā* という語を、それぞれ訳した言葉である。

参考文献

アサド、タラル
2004『宗教の系譜――キリスト教とイスラムにおける権力の根拠と訓練』中村圭志訳、岩波書店。

2006（2003）『世俗の形成――キリスト教、イスラム、近代』中村圭志訳、みすず書房。

石井米雄　1975『上座部仏教の政治社会学』創文社。

稲場圭信・櫻井義秀編

2009『社会貢献する宗教』世界思想社。
浦崎雅代 2002「多様化するタイ開発僧の行方――ＨＩＶ／エイズ・ケアに関わる開発僧の出現を事例として」『宗教と社会』8: 79-91.
岡部真由美 2004「現代タイにおける仏教寺院のＨＩＶ／ＡＩＤＳケア活動の社会的位置づけ――ファリン寺を事例として」『ぽぷるす』3: 1-38.
2014『「開発」を生きる仏教僧――タイにおける開発言説と宗教実践の民族誌的研究』風響社。
2016「仏教僧による「開発」を支えるモラリティ――タイ北部国境地域におけるカティナ儀礼復興に関する考察」『コンタクト・ゾーン』8: 29-44.
葛西賢太・板井正斉編 2011『ケアとしての宗教』（叢書宗教とソーシャルキャピタル第3巻）明石書店。
カサノヴァ、ホセ 1997『近代世界の公共宗教』津城寛文訳、玉川大学出版部。
河森正人 2009『タイの医療福祉制度改革』御茶の水書房。
北原淳 1996『共同体の思想――村落開発理論の比較社会学』世界思想社。
藏本龍介 2014『世俗を生きる出家者たち――上座仏教徒社会ミャンマーにおける出家生活の民族誌』法藏館。
櫻井義秀・外川昌彦・矢野秀武編 2015『アジアの社会参加仏教――政教関係の視座から』（現代宗教文化研究叢書5）北海道大学出版会。
島薗進・磯前順一編 2014『宗教と公共空間――見直される宗教の役割』東京大学出版会。
重富真一編 2001『アジアの国家とＮＧＯ――一五カ国の比較研究』明石書店。

白波瀬達也　2015　『宗教の社会貢献を問い直す――ホームレス支援の現場から』ナカニシヤ出版。
ハインズ、ジェフリー
　2010　『宗教と開発――対立か協力か？』阿曾村邦昭・阿曾村智子訳、麗澤大学出版会。
メンディエッタ、エドゥアルド&ジョナサン・ヴァンアントワーペン編
　2014　『公共圏に挑戦する宗教――ポスト世俗化時代における共棲のために』箱田徹・金城美幸訳、岩波書店。
竹沢尚一郎編
　2006　『宗教とモダニティ』世界思想社。
田辺繁治編　1993　『実践宗教の人類学――上座部仏教の世界』京都大学学術出版会。
　1995　『アジアにおける宗教の再生――宗教的経験のポリティクス』京都大学学術出版会。
田辺繁治　2008　『ケアのコミュニティ――北タイのエイズ自助グループが切り開くもの』岩波書店。
土佐桂子　1994　「ビルマにおけるウェイザー（超能力者）信仰の一考察――ガインにとってのローキーとローコゥタラ」『民族学研究』61(2): 215-242.
中村元　2015（2010）『慈悲』講談社。
西本陽一　2007　「上座仏教における積徳と功徳の転送――北タイ「旧暦12月満月日」の儀礼」『金沢大学文学部論集（行動科学・哲学篇）』27: 81-98.
長谷川清・林行夫編
　2015　『積徳行と社会文化動態に関する地域間比較研究――東アジア・大陸東南アジア地域を対象として』（京都大学地域研究統合情報センター CIASディスカッションペーパー no.46）、京都大学地域研究統合情報センター。

林行夫 2004 「隠蔽される身体と〈絆〉の所在――制度宗教の表象とタイ仏教危機論」池上良正ほか編『岩波講座宗教第6巻　絆』岩波書店、pp.215-243.

林行夫編 2009 『〈境域〉の実践宗教――大陸部東南アジア地域と宗教のトポロジー』京都大学学術出版会。

速水洋子編 2019 『東南アジアにおけるケアの潜在力――生のつながりの実践』京都大学学術出版会。

藤本透子編 2015 『現代アジアの宗教――社会主義を経た地域を読む』春風社。

森明子 2017 「社会的なものをいかに描くか――ケアが発動する場所への関心」『民博通信』157: 4-9.

矢野秀武 2017 『国家と上座仏教――タイの政教関係』（現代宗教文化研究叢書6）北海道大学出版会。

Bowie, Katherine A.
1998 The Alchemy of Charity: of Class and Buddhism in Northern Thailand. *American Anthropologist* 100(2): 469-481.

Chatthip Nartsupha
1991 The Community Culture School of Thought. In Manas Chitkasem and Andrew Turton (eds.) *Thai Constructions of Knowledge*. School of Oriental and African Studies, University of London, pp.118-141.

Cohen, Paul T.
1989 The Politics of Primary Health Care in Thailand with Special Reference to Non-Government Organizations. In Paul T. Cohen and J. Purcal (eds.) *The Political Economy of Primary Health Care in Southeast Asia*. Australian Development Studies Network, pp.159-176.

Ingersoll, Jasper C.
1966 The Priest Role in Central Village Thailand. In Manning Nash et al. (eds.) *Anthropological Studies in Theravada Buddhism* (*Cultural Report Series no.13*), pp.51-76, Yale University Southeast Asia Studies.

Ito, Tomomi 2012 *Modern Thai Buddhism and Buddhadasa Bhikkhu: A Social History*. National University of Singapore Press.

Kaufman, Howard K.

1977 (1960) *Bangkhuad: A Community Study in Thailand* (*Monographs of Association for Asian Studies no.10*). Tuttle.

Keyes, Charles F.

1971 Buddhism and National Integration in Thailand. *Journal of Asian Studies* 30(3): 551-567.

Leutloff-Grandits, Carolin, Peleikis, Anja. and Thelen, Tatjana eds.

2009 *Social Security in Religious Networks: Anthropological Perspectives on New Risks and Ambivalences*, Berghahn.

Moerman, Michael

1966 Ban Ping's Temple: the Center of a 'Loosely Structured' Society. In Manning Nash et al. (eds.) *Anthropological Studies in Theravada Buddhism* (Cultural Report Series no.13). Yale University Southeast Asian Studies, pp.137-174.

Pinit Lapthananon

2012 *Development Monks in Northeast Thailand* (*Kyoto Area Studies on Asia 22*). Kyoto University Press

Samuels, Jeffry

2010 *Attracting the Heart: Social Relations and the Aesthetics of Emotion in Sri Lankan Monastic Culture*. University of Hawai'i Press.

Somboon Suksamran

1977 *Political Buddhism in Southeast Asia: The Role of the Sangha in the Modernization of Thailand*. New York: St. Martin's Press.

1981 Religion, Politics and Development: The Thai Sangha's Role in National Development and Integration. *Southeast Asian Journal of Social Science* 9(1-2): 54-73.

1988 A Buddhist Approach to Development: The Case of 'Development Monks' in Thailand. In Lim Teck Ghee (ed.) *Reflections on Development in Southeast Asia*. Institute of Southeast Asian Studies, pp.26-48.

Sommai Premchit

1975 *A List of Old Temples and Religious Sects in Chiang Mai* (*Translation Series VII*). Department of Sociology and Anthropology, Faculty of Social Sciences, Chiang Mai University.

Tambiah, Stanley J.

1970 *Buddhism and Spirit Cults in North-East Thailand*. Cambridge University Press.

1984 *The Buddhist Saints of the Forest and the Cult of Amulets: A Study in Charisma, Hagiography, Sectarianism, and Millennial Buddhism*. Cambridge University Press.

Taylor, Jim L. 2008 *Buddhism and Postmodern Imaginings in Thailand: The Religiosity of Urban Space*. Ashgate Publishing Company.

（タイ語文献）

Ciranut Wonguthai

1999 *Botbat phrasong nai kan songkhro chumchon panha rok AIDS: koroni su'ksa Phrakhru Sophonpariyattisuthi Wat D cangwat Chiang Mai*, Master Thesis, Satharanasuksat, Mahawitthayalai Chiang Mai.（『エイズ問題に関するコミュニティ福祉における僧侶の役割――チェンマイ県D寺のプラクルー・ソーポンパリヤッティスティ師の事例研究』チェンマイ大学提出修士論文（公衆衛生学））。

Koson Songwonsit. ed.

1994 *Doi Saket: Rong roi arayatham Sipsongphann*. Samnakngan Prathom Su'ksa Amphoe Doi Saket. (『ドーイサケット——シプソーンパンナー文明の軌跡』ドーイサケット郡初等教育課)

Prawet Wasi 1988 *Sasontham kap kanphatthana muban. Seri Phongphit ed. Thitthang muban Thai*, Samnakphim Muban Thai. (「村落開発と仏教」『タイ村落の方向性』ムーバーンタイ出版)

Sun Manutsayawitthaya Srinthorn

1999 *Wikklit Phutthasatsan*. Sun Manutsayawitthaya Sirinthorn.(『仏教の危機』シリントーン人類学センター)

Yukti Mukdawicit

2005 *An 'watthanatham chumchon': wathasin lae kan mu 'ang chatiphan niphon naeo watthanatham chumchon*. Fa Diaokan. (『コミュニティ文化論を読む——コミュニティ文化論の言説と政治』ファーディアオカン)

Wat D. 2001 *Phumpannya fa phanang: tamnan-utthayantham haeng Wat D*. Wat D. (『隠された智慧——D寺の歴史と仏法の園』D寺)

第2章　関与と逃避の狭間で
――ミャンマーにおける出家者の開発実践の変遷と行方

藏本龍介

1　はじめに――社会変動と宗教

ミャンマーでは一九九〇年代以降、市場経済化・都市化など急激な社会変動が進んでいる。さらに二〇一一年に民政移管が実現し、約五〇年続いた軍事政権に終止符が打たれ、二〇一六年には民主化運動の象徴的存在であるアウンサンスーチー率いるＮＬＤが政権を担うこととなった。その一方で、宗教・民族対立、社会的格差の増大、犯罪の増加など、軍政期には抑え込まれていた諸問題が表面化しつつある。ミャンマー社会は今後、どのような形で再編成されていくのだろうか。

この問題を考えるうえで重要な社会的アクターが、出家者（上座部仏教僧）である。人口（約五一〇〇万人、二〇一六年推計）の約八〇～九〇％が上座部仏教徒であるミャンマー（ビルマ）は、出家者の存在感が強い社会である。たとえば出家者数（約五二万人）・僧院数（約六万五千）は主要上座部仏教国のなかで最大となっている（二〇一六年時点）。それでは出家者たちはどのように社会と関わっているのか。本稿の目的は、この問題について、特に二〇〇〇年代以降の動向に注目して明らかにすることにある。それによって現代ミャンマーにおける出家者の開発実践の特徴とその行方を検討する。

ここでは導入として、出家者の開発実践という問題をどのような切り口から捉えようとするか、本稿の射程を明確にしておきたい。「出家」とは、文字どおり「家（社会）」を出ることを指す。あらゆる社会的な役割を拒絶し、社会の秩序の外に出る。こうした出家生活こそが、上座部仏教の理想的境地である「涅槃」を実現するための、唯一ではないが最適な手段とされる。いいかえれば、出家生活とはなによりも出家者自身の利益に適うものである。この点だけに注目すると、上座部仏教の出家者は、自分たちの救いにのみ専心している利己的な存在であるようにもみえる。

実際にこの問題は、仏教史上、たびたび議論になってきた。たとえば大乗仏教は、上座部仏教に連なる初期仏教が理想とする「阿羅漢」という聖者像を、自己の救いにのみ専心した利己的（小乗的）なものであるとして否定する中から登場してきたといわれている。そして一切衆生を救済するために、自ら仏になることを目指す「菩薩」という新しい聖者像を提示した。つまり他者も救おうと努力するという利他的（大乗的）な精神を強調したのである（中村ほか編 2002: 667）。

一方で、現実の上座部仏教の出家者もまた、社会と関わらないわけではない。スリランカや東南アジア大陸部の上座部仏教徒社会に関する人類学的研究は、出家者が伝統的に多様な社会的役割を果たしていることを明らかにしてきた。特に重要なのが、在家者（一般信徒）が功徳を積むための機会を提供するという役割である。上座部仏教の究極的な理想は輪廻転生からの解脱（涅槃）にある。しかし現実には、善行によって功徳を積み、輪廻転生のなかでよい生まれ変わりを果たすことも重要な目標となっている。そこで在家者にとって最も一般的な善行が布施、つまり自分のもっているヒト（労力）・モノ・カネを、他者に提供するという行為である。布施の対象は誰であってもよいが、布施によって得られる功徳の大きさは、布施の受け手の清浄性によって異なるとされる。この点において、世俗から離れ清浄な生活を送る出家者は、在家者に功徳をもたらす装置、つまり「福田」として、布施の最上の受け手であるとされる。在家者が出家者に対して惜しみない布施を行う理由はここにある。

こうした「福田」としての宗教的役割を基礎として、先行研究では出家者を以下のような三つのタイプに区分している。一つ目は、「村・町の僧」という役割である。これは村落や町など在家者の近くに居住し、仏典学習を中心とした生活をして、儀礼・教育・説法などの社会的サービスを行うような出家者である。たとえばタイ仏教研究者の石井米雄は、村落における僧院の機能として次の一一項目を挙げている。すなわち、①学校、②貧困者福祉施設、③病院、④旅行者の宿泊所、⑤社交機関、⑥娯楽場（祭りなど）、⑦簡易裁判所、⑧芸術的創造と保存の場、⑨共有財産の倉庫、⑩行政機関の補助施設、⑪儀礼執行の場である（石井 1975: 52）。このように「村・町の僧」は、地域社会の結節点として、地域社会の存立を支える存在である。

二つ目は、「森の僧」という役割である。これは「村・町の僧」とは対照的に、在家者の居住空間から数キロ以上離れた「森（阿蘭若）」に住み、瞑想や頭陀行に代表される体験的修行に専念する出家者である。タイ仏教研究者のタンバイア（S. Tambiah）によれば、「森の僧」の社会的役割とは、「聖人」としての役割である。つまり、厳しい仏道修行に専念する「森の僧」は、それゆえに聖なるパワーを体現した「聖人」であると在家者にみなされ、そのパワーを分け与えることが期待される（Tambiah 1984）。

三つ目は、「政治僧」という役割である。在家者と草の根レベルでつながっている出家者は、潜在的に在家者を動員する政治力をもっている。それゆえに王朝期において、世俗権力（王権）はサンガ（出家者集団）を財政的に支援することによって、自らの支配の正統性を担保するという形で国家建設を行ってきた（石井 1975; Tambiah 1976）。一方、王朝期から近代国民国家への政治体制の変化に伴い、より直接的な形で政治に関与する出家者が現れる。たとえばミャンマーでは二〇世紀以降、イギリス植民地支配に対抗する形で具現化し、仏教を基礎としたナショナリズム運動を牽引することとなる（cf. Smith 1965）。

また、宗教社会学においては一九九〇年代以降、出家者を中心とした仏教徒の社会活動を積極的に評価する形で、「社会参加仏教（Engaged Buddhism）」論が活性化している。これについて日本の日蓮系仏教団体の福祉事業や町づくり運動を分析したムコパディヤーヤ（R. Mukhopadhyaya）は、以下のように定義している。

「社会参加仏教」は、仏教者が布教・教化などいわゆる宗教活動にとどまらず、様々な社会活動も行い、それを仏教教義の実践とみなし、その活動の影響が仏教界に限らず、一般社会にも及ぶという仏教の対社会的姿勢を示す用語である。（ムコパディヤーヤ 2005: 28）

たとえば「社会参加仏教」論の先駆的な業績である論集『社会参加仏教――アジアにおける仏教解放運動（*Engaged Buddhism: Buddhist Liberation Movements in Asia*）』（Queen & King eds. 1996）においては、仏教への集団改宗によって反カースト運動を展開したインドのアンベードカル、ダライラマを中心とするチベットの政治的・宗教的解放運動、ベトナムのティック・ナット・ハンの平和活動、日本の創価学会の政治活動や平和活動と並んで、上座部仏教圏の事例としてスリランカのサルボダヤ農村開発運動、タイのブッダダーサ長老やスラック・シラワックのボランティア活動や宗教間対話が取り上げられている。

ただし上述したような上座部仏教研究と比べると、既存の「社会参加仏教」論には偏りがある。この点について宗教社会学者の櫻井義秀は、「社会参加仏教」論には、①文化的バイアスと、②政治的志向性への着目という傾向性があると指摘している。前者は、「仏教者はそもそも社会と積極的に関わるものではない」という西洋的な仏教観に基づき、社会に関わろうとする動きを新しく特殊な現象として捉えようとする傾向性である。後者は、その事例として特に政治に関与する仏教運動に注目が集まりやすいという傾向性である（櫻井2008）。

ここでは櫻井の議論を敷衍して、二つの偏りとして整理したい。第一に、既存の「社会参加仏教」論には対象の偏り、つまり社会に積極的に関与しようとする動きに注目する傾向がある。あるいは先述した上座部仏教と大乗仏教の対照を踏まえるならば、「他者と積極的に関わる」大乗仏教的な立場を肯定的に評価する傾向にある。しかしこうした視点では、社会に積極的に関与しようとしない「森の僧」の社会的役割、あるいはそこにみられる開発実践の論理を過小評価することになるだろう。

第二に、評価軸の偏りがある。具体的には仏教者の開発実践を、世俗的な価値基準――貧困問題、人権問題、環境問題などの政治・経済・社会的な諸問題の解決に貢献しているか否か――に基づいて評価する傾向である。しかし仏教に限らず、キリスト教やイスラームといった制度宗教は、「世俗的（現世的）な幸せ」を超えた「宗教的（来世的）な幸せ」を志向する特徴をもつ。したがって世俗的な価値基準だけでは宗教の開発実践の重要な側面を見落としてしまう危険性がある。

こうした問題点を克服するために本稿では、社会と積極的に関わろうとしない「森の僧」の開発実践にも焦点を当て、「宗教的な幸せ」という価値基準も導入することを方針とする。具体的には、図一のように、社会への態度（関与的／逃避的）、受容のされ方（宗教的な幸せ／世俗的な幸せ）という二つの軸を設けたうえで、出家者の開発実践を、①（「村・町の僧」の現代的展開としての）「都市の僧」、

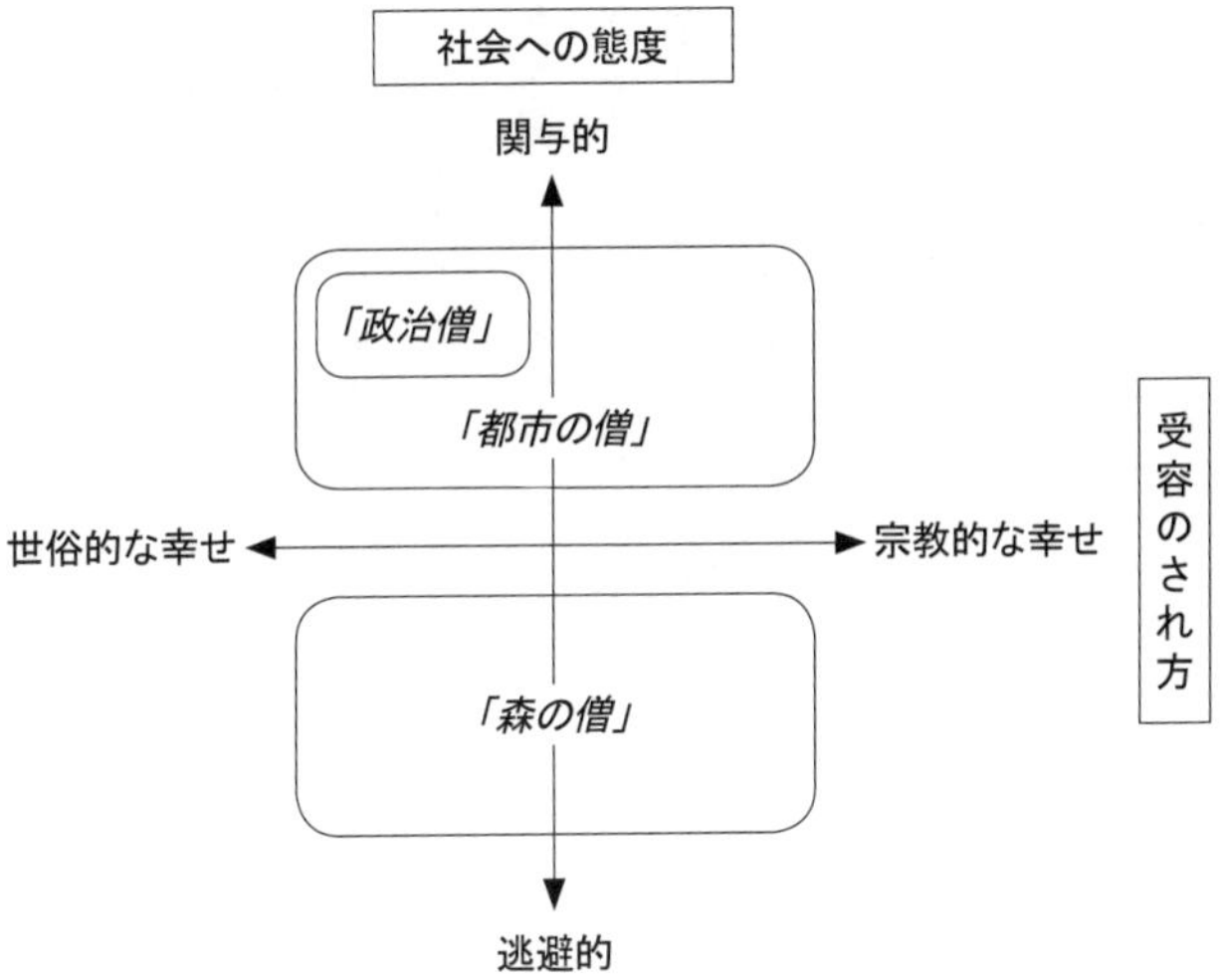

図1　本稿の射程

②（「都市の僧」の一形態としての）「政治僧」、③「森の僧」という三つのカテゴリーに分け、それぞれの特徴を分析するという方法をとる。こうした作業を通じて、現代ミャンマーにおける出家者の開発実践の展開・変遷を総体的に捉えることが本稿の目的である。なお、本稿の議論は、ミャンマーの最大都市ヤンゴンを中心として、二〇〇六年から現在に至るまで断続的に行っている現地調査で得られたデータを基にしている。

2　「都市の僧」の開発実践

一九九〇年代以降、ミャンマーでは急激な市場経済化・都市化が進展している。そのなかで、都市部を中心として、出家者による新たな在家者向けサービスが活性化している。本節ではこうした出家者を、「村・町の僧」の現代的展開としての「都市の僧」と名付けたうえで、その実態（仏教的サービス、世俗的サービス）を、最大都市ヤンゴンを中心として紹介してみたい。

仏教的サービス

「都市の僧」による仏教的サービスとして指摘できるのが、瞑想指導と教義解説という二つのサービスである。まず瞑想指導とは、仏教の瞑想方法、具体的には「ヴィパッサナー（観察）瞑想」――心と体のありのままの姿を観察することによって、無常・苦・無我といった真理を体験的に理解するという瞑想――の指導を指す。出家者がこうしたサービスを行うに至った背景には、「瞑想センター（イェイッターー）」という新しい宗教組織の登場がある。瞑想センターとは、出家者・在家者問わず、希望者がより気軽に瞑想を体験できる機会を提供することを目的とした組織である。伝統的な瞑想僧院が、少数の出家者たちが瞑想修行に専念する場所であり、通常は人里離れた森にあることが多いのに対し、瞑想センターの特徴はその開放性と簡便性にある。つまり瞑想センターは通常は町中にあり、修行期間も数日からせいぜい数週間程度のものであることが多い。

こうした瞑想センターの原型は、植民地期からみられる。しかしそれが広範に普及するようになったのは、独立後、ウー・ヌ政権による国家的な仏教振興プロジェクトの一環として、一九四九年にミャンマー初の瞑想センターであるマハースィー瞑想センターが設立されてからのことである。その後、都市部を中心に数多くの瞑想センターが登場しており、ヴィパッサナー瞑想を基本としながら、独自の方法で瞑想指導を行っている。なかでも二大勢力であるマハースィー瞑想センターとモーゴウッ瞑想センターは、それぞれ国内に四九四か所／四八二か所の分院を構えている（いずれも二〇〇六年時点）。

その他、専門的な瞑想センターではなくとも、年に一回、新年（四月）の長期休暇などの機会に在家者向けの短期瞑想コースを開催する僧院も増えている。これらすべてを合わせると、相当数の出家者が都市部を中心に瞑想指導者として活躍している様子がうかがえる。瞑想指導者には出家者だけではなく、在家者も存在しているが、指導者となるためには仏典用語であるパーリ語を含む教義についての知識も必要であり、瞑想指導者の圧倒的多数は在家者ではなく出家者となっている。このような瞑想センターの発展を背景として、ミャンマーでは「大衆瞑想運動」（Jordt 2007）と評される状況がもたらされている。

写真1　瞑想センター（2018年、ヤンゴン郊外）

次に教義解説とは、瞑想方法を含む仏教教義をわかりやすく解説するというサービスである。もちろん、出家者が在家者に教義を説明することは新しいことではない。しかし伝統的な「説法（タヤーホー）」が僧院や在家者の家で行われていたのに対し、新しい説法は、様々なメディアを駆使してより大規模に行われる点に特徴がある。たとえば二〇〇〇年代以降には大衆向けの「説法会（タヤーブエ）」――特設ステージを組み、数日間にわたって日替わりで長老を招致し、公衆の面前で説法をしてもらう会のこと――が都市部でブームとなっている。

さらにこうした説法は、単に説法会だけでなく、各種の仏教メディアの発展に伴いより広範に展開している。たとえば説法会の様子は録音・録画され、テープ／CD／VCD／DVDなどの形で大量に複製されて、きわめて安価に出回っている。二〇〇〇年代後半からは国営テレビで毎日録画放映されるようにもなった。また出版物というメディアを通じて教義解説を行う出家者も増加している。たとえば二〇〇〇年代以降、平易なミャンマー語で教義やヴィパッサナー瞑想について解説する数十ページの説法本の出版も増加している。こうした説法本もまた安価で、ベストセラーの上位を独占している。さらに近年は、僧院のみならず、在家仏教徒組織や宗教省が、在家者向けの仏典講座や子供向けの仏教文化講座を開催することも増えており、多くの学僧がこうした講座において講師を務めている。

このように各種の仏教メディアが普及した結果、教義解説の巧みな出家者たちは、文字通りアイドル的な人気を博するようになっている。たとえばトップクラスの説法僧は国で年間二〇〇以上の説法会をこなし、毎回数百人から数千人の聴衆を集める。説法会会場には大型のプロジェクターが準備され、さながらコンサート会場のような様相を呈している。

以上、「都市の僧」による仏教的サービスを概観した。都市化や教育水準の向上といった変化に伴い、都市住民がより主体的な仏教実践（瞑想実践・教義学習）への関心を強めていく傾向は、上座部仏教徒社会全般にみられる動向である。それはある意味で、「宗教的な幸せ」を追求する動きである。こうしたニーズを吸収する形で、「都市の僧」による仏教的サービスは発展しているといえよう。

世俗的サービス

「都市の僧」による世俗的サービスとして指摘できるのが、現世利益的サービスと社会福祉的サービスである。まず現世利益的サービスについてみてみよう。ミャンマーでは伝統的に、出家者は「仏教的な知識（ロウコッタラ・ピンニャー）」と並び、「世俗的な知識（ローキー・ピンニャー）」の伝承・行使に関わってきた。世俗的な知識とは具体的には、①予言、前兆、夢などの解釈、②お守りの術、③占星術、④錬金術、⑤民間医療といった民俗的な諸術を意味する（土佐 2000）。こうしたサービスは、急激な市場経済化が進む都市部において多くの都市住民に求められているという側面がある。そのため「世俗的な知識」の行使、特に各種の占いに長けた出家者のもとには、宗教の枠を超えて熱狂的な信者たちが集っている。こうした信者には事業を営む裕福な都市住民が多く、出家者の助言によって事業がうまくいった際には、莫大な額の返礼を行うことも珍しくない。したがって「最も裕福なのは占いをやっている僧院だ」などといわれる。

次に社会福祉的サービスについてみてみよう。急速な都市化・市場経済化の進展は、様々な社会問題をもたらしている。その一方でミャンマーでは行政による福祉サービスは不十分である場合が多く、また行政セクターに代わってこれらの活動を担いうる市民セクターも未成熟である。さらに軍政下では海外のＮＧＯ・ＮＰＯの活動も大幅に制限されてきた。したがって社会福祉的なニーズは膨大に存在している。そこで都市部においてはこうしたニーズに対応しようとする動きもみられる。

ミャンマーにおいては、社会福祉活動を行う僧院は一般に「社会福祉僧院（パラヒタ・チャウン）」と呼ばれており、特に教育分野での「僧院学校（ポンドージーティン・ピンニャーイェー・チャウン）」の活動が目立つ。ミャンマーの僧院は通常、出家者に対する仏典の教育に特化しており、世俗科目は教えない。それに対し僧院学校とは世俗教育を行う特殊な僧院のことで、一九九二年以降に正式な学位として認定されるようになったことで増加傾向にある（二〇〇六年時点で全国に一三一三校、約一九万人の学生）。伝統的な寺子屋との違いは、①英語・数学・地理・歴史といった世俗科目を教える、②女子や非仏教徒も通える、③教師は在家者もいる、といった点にある。こうした僧院学校は都市部・村落部を問わずにみられるが、特に都市部においては、①貧しくて公立学校に通えない子供たちに教育を与える機能、②全国の孤児や貧しい子供たちを保護する機能、③外国語やパソコンを教えるカルチャーセンター的な機能を有するものとなっている。

さらに二〇一一年の民政移管後は、これまでのような個々の僧院レベルの活動だけでなく、僧院を超えた出家者組織が形成され、各種の社会福祉事業をより大規模に展開している。ここではその事例として三つの組織を紹介しておこう。一つ目は二〇一二年にヤンゴンで設立された「仏法学校財団（Dhamma School Foundation）」である。仏法学校とは、上述した僧院学校とは異なり、平日は普通学校に通う青少年を対象とし、毎週日曜日に仏教の基礎や慣習を教える学校である。スリランカの日曜学校にヒントを得たとされ、教育プログラム、教科書、教師育成講座（教師はほとんどが在家者）などを自前で作成している。本部でのインタビューによれば、二〇一五年二月時点で、全国でのべ四千を超える学校・講座を開設しているとのことだった。

二つ目は二〇一二年にミャンマー第二の都市マンダレーにあるウーミンスエ仏教大学で設立された「黄色い世代の波（Yellow Generation Wave）」である。当初は定期的な献血（血液の布施）活動として始まったが、現在では献血のほかに、①仏教文化講座（教師はすべて出家者、教科書等も自前）、②孤児院の経営（二〇一七年二月時点で一一、孤児数約二二〇〇人）、③老人ホームの経営（同二、老人数約七〇人）、④瞑想センターの経営（同二）、⑤教学僧院の経営（同一）といった事業を行っている。また、洪水など自然災害（ミャンマーでは二〇一五年、二〇一六年と、全国的に大きな洪水被害が出ている）に際しては、復興支援のために布施も行っている。主要な事業は約四万人の出家者によって担われているが、賛助会員として定期的に布施する在家者が数十万人いるという。

写真2　社会福祉僧院（2018年、ヤンゴン郊外）

三つ目は二〇一三年にヤンゴンで設立された「民族・宗教保護

協会（通称マバタMaBaTha）」である。マバタは二〇一五年以降、洪水の被災地域に対して多くの布施を行っており、その規模は他の民間諸団体のものを凌駕している。たとえばマバタの機関紙である『仏弟子の血（Thar Ki Thywe）』（二〇一六年九月号）には、二〇一六年八月に出家者（長老）たちが全国の被災地をまわり、連日三〇〇～一〇〇〇万チャット（約三〇～一〇〇万円）および米などの支援物資の布施を行っている様子が描かれている。また布施先は仏教徒だけに限らず、たとえば「チン州ではキリスト教の一六村にも布施した」とされる。こうした大規模な支援を可能にしているのは、全国三〇〇余りの支所との連携である。

以上、「都市の僧」による世俗的サービスを概観した。こうした活動は、「世俗的な幸せ」を提供することを目的としており、また、そのように都市住民からも受け入れられているといえる。ただしここで注意したいのは、特に出家者による組織的な社会福祉事業には政治的な背景があるということである。つまり「都市の僧」の一部は、「政治僧」として活動しているという側面がある。次節ではこの点について、マバタを事例として検討してみたい。

3 「政治僧」の開発実践

上述したように上座部仏教徒が多数を占める国家・社会においては、出家者の政治的影響力の大きさを看過できない。それゆえに形を変えながら二〇一一年まで続いた軍事政権は、出家者を管理し、その政治的影響力を封じ込めることに腐心してきた。一九八〇年に成立した中央集権的な国家サンガ組織（サンガは出家者集団の意味）はその一つの成果である（小島 2009）。その結果、全国の出家者たちは、軍政と密接な関係をもつ国家サンガ大長老委員会の管轄下に入ることになる。

しかしその後も出家者による政治力の発揮はいたるところでみられる。一九九〇年以降に頻発している出家者を中心とする反政府的なデモ活動はその一例である。たとえば一九九〇年と二〇〇七年のデモにおいては、民主化運動の弾圧や経済的困窮などで大きな不満を抱える民衆の声を出家者たちが代弁する形で大規模なデモが生じた。そしてこれに軍が暴力的に対応したことから、デモに参加した出家者は全国で数万人規模まで拡大し、「覆鉢」と呼ばれる宗教的なボイコットにまで発展した。これは軍政関係者からの布施を拒否すること、つまり「軍政不支持」を表明することであり、軍政の支配の正統性を大きく揺るがすものとなった（守屋編訳 2010）。

一方、二〇一一年に民政移管が実現し、長年にわたる軍政が終わりを告げたことで、出家者の政治活動は新たな展開をみせている。つまり二〇一二年以降、仏教徒による反ムスリム運動が激化しているが、この運動を煽動しているのは一部の出家者たちである。たとえばその中心人物の一人であるウィラトゥー師（一九六八－）は、説法によってムスリム商店での不買運動を呼びかけたり、仏教徒とムスリムの結婚を制限する法案の制定を求めたりするなど、積極的に宗教対立を煽っている。そして特に後者の目的を実現しようとする動きは、マバタの設立（二〇一三年）へと連なっている。

ここではマバタの活動とそれに対する社会の反応を事例として、現代ミャンマーの「政治僧」の開発実践の特徴について分析してみたい。

マバタは出家者によって構成される団体で、民族・宗教保護法案の草案作成および法案可決にむけたロビー運動を主な目的としている。また二〇一四年にはマバタ本部に在家者の組織が結成され、マバタの広報活動（ジャーナルの出版など）を担っている。マバタ設立以降、出家者による仏教ナショナリズムは、この民族・宗教保護法案の可決に向けた政治運動として顕著に現れ、全国で一〇〇万人以上（マバタ本部の主張では五〇〇万人以上）の署名を集めて議会に法案成立の圧力をかけている。法案は一部修正が加えられたものの、二〇一五年八月末までにすべてが可決されている（cf. 藏本 2016）。

マバタの特徴は以下の二点に整理できる。第一に、彼らの活動の根幹にあるのは、「仏教および仏教徒を守りたい」という素朴な使命感である。たとえばマバタの機関紙『仏弟子の血』には毎号、会長であるインセイン・ユワマ長老の巻頭言が載せられているが、そこで繰り返し述べられているのは、「自分たちの民族・宗教（つまりミャンマーに住む仏教徒のこと）を守りたいだけであって、他宗教を攻撃したり禁止したりするつもりは一切ない」という趣旨の内容である。こうした思想は、同ジャーナルの連載記事「自分の家に塀をつくることがなぜ悪いのか」というタイトルにも顕著に表れている。つまり暴力の行使を否定しているという点で、反ムスリム「暴動」を奨励しているわけではない。あくまでもムスリムからの仏教守護・自己防衛を目的とした反ムスリム「運動」という位置づけである。しかしこうした出家者の活動が、ムスリムに対する仏教徒の差別意識や反感を増幅しているのは明らかである。あるいは、仏教徒とムスリムの分離・住み分けを生活レベルで推奨、そして制度化しようとしている点において、単発的な暴動よりも共生社会の実現に暗雲を投げかけるものであるといえるだろう。

第二に、これらの出家者運動を率いているのは、ミャンマー・サンガ（サンガは出家者集団の意味）の中枢を担う高僧たちであることが挙げられる。マバタ会長のインセイン・ユワマ長老はミャンマー有数の学僧として著名であるし、上記ジャーナルの記事執筆者をみても、多くの著名な学僧が参加していることがわかる。つまりこの運動を、一部の「異端」的な出家者の蛮行と理解するのは適切ではない。さらに先述したように、五〇年間にわたる軍政期において、出家者は民衆（特に在家仏教徒）の代弁者たる地位を築いてきた。こうした土壌のうえにおいて、マバタの活動は一般社会に拡大したといえよう。

しかしながら、こうしたマバタの活動は順調に推移しているわけではない。その重要な転換点となったのが、二〇一五年一一月に実施された総選挙である。二〇一一年の民政移管後初めての総選挙となった今回の選挙では、軍事政権の流れを組む与党の「連邦団結発展党（ＵＳＤＰ）」と、アウンサンスーチー率いる最大野党の「国民民主連盟（ＮＬＤ）」の一騎打ちになった。そのなかで明確になったのは、〈ＵＳＤＰ＋マバタ⇕ＮＬＤ〉という構図である。ＮＬＤは非仏教徒を含む普遍的な人権保護の立場から「民族・宗教保護法案」に反対している。実際、ＮＬＤの党員にはムスリムや少数民族も多くいる。しかし政府（ＵＳＤＰ）は、この点を突いて「ＮＬＤが政権をとればミャンマーはムスリムの国になる」といったネガティブ・キャンペーンを行った。これに呼応する形で、マバタの出家者たちもミャンマー各地でＮＬＤに投票しないように呼びかけた。その意味で二〇一五年の総選挙はUSDPかNLDかという政権選択だけでなく、マバタを中心とした出家者の政治活動に対する民意を問うものにもなったのである。

こうしたなかで、各種のジャーナルやウェブ上において、著名な出家者や在家作家たちによるマバタ批判が活性化し、その一部は論集としてまとめられている。マバタの活動はどのような観点から批判されているのかを、以下、『もし慈悲の国の仲間が仲違いしたら』[1]（二〇一五年一月発行、以下文献①）と『いろいろな批判』[2]（二〇一五年三月発行、文献②）を参照して四点に整理してみたい。

第一に、マバタの活動はミャンマーという国家のまとまりを損ねる、いいかえれば、共生社会の実現を妨げるという批判がある。たとえば

マバタが守ろうとしている民族とは、ビルマ族仏教徒のこと。ミャンマーという国がビルマ族仏教徒の権利だけを求めると、国が不安定になってしまう。（文献①、ザワナ長老）

第二に、マバタの活動は、ミャンマーおよびミャンマー仏教の国際的なイメージを悪化させており、仏教徒女性をとりまく問題を解決するどころか、かえって悪化させているという批判がある。[3]

仏教は平和な宗教として世界的に認められてきた。しかしマバタの活動が広がるにつれて、そういう印象が薄くなってきた。このままでは出家者は悪人と言われてしまう。マバタの出家者

たちが、民族・宗教保護法を認めない人たちを敵として表現するのはとてもよくない。いつもお布施していた在家者たちの敵なのか。本当につらいことだ。(文献①、コテティータグー長老)

第三に、マバタの活動は人権侵害であるという批判がある。

結婚と宗教は関係があるのか。宗教者が結婚に口を出すのはよくない。結婚しようとする人々の権利を奪ってしまうからである。結婚法案を推進する宗教者(マバタのこと——引用者註)は、信徒を人間と思わないで『宗教の労働者』としてみているかのようだ(人間のために宗教があるのではなく、宗教のために人間があるような本末転倒のような状態にある——引用者註)。(文献②、ザティパティ長老)

第四に、マバタの活動は政治活動であり、これは律(出家者が守らなければならないルールのこと)に違反している、あるいは出家者のなすべき役割から外れているという批判がある。

マバタ側の出家者は、仏教徒女性の安全を守り、保護するために民族・宗教保護法案をつくったと述べている。しかしなぜ出家者が在家者の結婚の問題に口を出すのか。なぜ出家者が女性を守るのか。なぜ出家者が法律をつくるのか。これらすべては律に合致しているのか。

（文献②、在家作家ナウンチョー）

以上のようなマバタ批判は、二〇一五年一一月の総選挙が近づくにつれて活性化していく。そして総選挙でＮＬＤが圧勝し、二〇一六年三月にＮＬＤ政権が誕生した現在、マバタの旗色は完全に悪くなっている。つまりＮＬＤ政権発足に湧くミャンマーでは、ＮＬＤ政権への期待が高い反面、選挙戦を通じて反ＮＬＤというイメージが定着してしまったマバタはなにをしても否定的にしか評価されない状況にある。それに対抗するための一つの手段としてマバタが打ち出しているのが、上述したような社会福祉事業、特に洪水被害地域への支援活動である。ただしこうした活動がマスメディアによって取り上げられることは少なく、「マバタ＝反ムスリム運動の拠点」というイメージを払拭するにいたっていない。その意味でマバタの活動はその役割を終えようとしているのかもしれない。

そしてこのことは、ミャンマーにおける「政治僧」の終焉をも予感させるものでもある。本節のはじめにみたように、約五〇年に及んだ軍政期をとおして、〈軍政・国家サンガ大長老委員会⇕一般の出家者・民衆〉という構図が構築されてきた。軍事政権が政治を専有し、それに対して出家者が抵抗する。さらにそれを抑えるべく、軍事政権が国家サンガ組織を整備する。こうした軍政と出家者という二大勢力を前にして、政治的なアクターとしての民衆の役割はごく小さいものに過ぎなかった。

しかし二〇一一年以降、こうした状況は大きく変化しつつある。つまりこれまで沈黙を強いられてきた民衆が、議会制民主主義という新たな制度のもとで選挙権・被選挙権を有する市民となり、諸メディアを通じて積極的に自らの、そして多様な意見を述べるようになった。そこで重要なのは、こうした動きが、長期にわたって培われてきた〈出家者＝民衆の代弁者〉という構図を掘り崩しつつあるということである。これは単に、出家者と民衆が政治的なアクターとして分離したことのみを意味するわけではない。そもそも出家者は政治という営みにどのように関わりうるのかということ自体が問題化しているのである。そして現在のところ、この問いに対する説得的な議論は提示しえていない。むしろ、こうした議論において常に引き合いに出され、「本物の出家者」として尊敬を集めているのが、「森の僧」と呼ばれる出家者たちである。次に、その社会的影響力についてみてみよう。

4 「森の僧」の開発実践

ここまで、「都市の僧」およびその一形態としての「政治僧」の開発実践について検討した。そのうえで指摘しておくべきなのは、こうした活動に積極的に従事している出家者・僧院は、全体からみるとごく少数ということである。つまり大多数の出家者たちは、「出家」という名前のとおり、社会との関わりを制限し、出家者としての修行（仏典学習や瞑想など）を中心とした生活を送っている。この点においてミャンマーの出家者たちは、たとえば大乗仏教が上座部仏教を「小乗」と批判したように、自己の救いにのみ専心した利己的な存在であるようにもみえる。その一方で、こうした出家生活は決して自己完結的なものではない。なぜなら出家者が自己の修行に励むことが、在家者からも求められているという側面があるからである。そしてこうした出家者の役割は、「森の僧」に顕著に現れている。では「森の僧」の開発実践とはいかなるものか。以下、対照的な二つの事例をもとに検討してみたい。

聖人としての「森の僧」

一つ目は、「聖人（阿羅漢）」という役割である。ここではターマニャ（平凡山）長老（一九一二–二〇〇三）というカリスマ的な出家者を事例としてその特徴をみてみよう（土佐 2000）。カレン州パアン郡の村に生まれたターマニャ長老は、長らく故郷近くの村の僧院で住職として活躍した。しかし一九八〇年、六八歳のときにパアン郡にある平凡山にこもり、小さな庵に止住しながら瞑想修行に専念する。その結果、長老は悟りを開いた「阿羅漢」になったのではないかという噂が広がり始める。

長老の評判は、まず周辺のカレン州で高まった。そして長老を慕う信者が平凡山へと集まり、居住域を形成するようになる。その後一九九〇年代以降、ヤンゴンをはじめとする都市部からの巡礼者が爆発的に増加する。その背景には、第一に宗教雑誌の興隆がある。規制緩和によって一九九〇年代に登場した宗教雑誌には、厳しい修行の結果、悟りを開いたと噂される長老の特集記事が組まれた。そしてそうした長老の悟りに由来するティディと呼ばれる超自然的なパワーが、商売繁盛や試験合格といった様々な現世利益をもたらすことが喧伝された。その筆頭がターマニャ長老であり、長老のパワーの恩恵を受けたいと考える都市住民が増えたのである。

第二に、こうしたニーズに応える形で、一九九〇年代以降に新しく設立された観光会社が巡礼バスツアーを運行するようになる。ヤンゴンから平凡山行きの巡礼バスは、多いときには一日に二〇本以上出ていたという。こうした巡礼者の目当ては現世利益をもたらすとされる長老のパワーであり、長老のパワーが転化されたとされる護符・ブロマイド・手形などを購入したり、持参した物品を聖別化してもらったりするという巡礼形態が一般化する。

写真3　ターマニャ長老のブロマイド

巡礼者の増加は、平凡山に莫大な布施をもたらした。こうした資金を元手に、ターマニャ長老は居住域のインフラ整備、教育や医療といった福祉事業を展開し、一九九〇年代末には居住域は五〇〇〇戸を超える規模となった。また、こうした大事業の実現は、長老のパワーを証明するものであるとみなされ、さらに巡礼者が増える要因となった。このようにターマニャ長老は、都市住民の現世利益への願いを受け止める聖人としての役割を担うこととなった。

模範としての「森の僧」

二つ目は、在家者にとってのある種の模範としての役割である。ここでは筆者自身が出家修行したヤンゴン郊外にあるT僧院（一九八六年設立）を事例としてみてみよう。[4] T僧院を設立したT長老（一九一八―二〇〇二）は、エーヤーワディ管区ミャウンミャ町の大僧院で長らく住職を務めていたが、都市の喧噪は律を守る出家修行に相応しくないと考え、一九八六年にヤンゴンから車で一時間ほどの「森（阿蘭若）」に新たにT僧院を設立する。以来、T僧院は律堅持を掲げ、在家者との接触も最小限に留める生活スタイルを貫いている。

この点だけに注目すると、T僧院は自分たちの救いにのみ専心している利己的な存在にもみえる。しかしT僧院には、社会に対する布教、つまり社会貢献という意識も強くみられる。つまり「出家」を実現することこそが、出家者自身のみならず、在家者をも利するという考えである。このパズルを解くためには、彼らのいう二つの幸福の違いを理解する必要がある。T僧院の幹部僧で筆者の出家時の師僧によれば、幸福には「世俗的な幸福（ローキー・チャンター）」と「仏教的な幸福（ロウコッタラ・チャンター）」という二つがある。「世俗的な幸福」とは、欲望が満たされることによって得られる満足を意味する。それに対し「仏教的な幸福」とは、欲望から離れること、いいかえれば無執着を実現することによって得られる心の平安（涅槃）を指す。そこで問題なのは、「仏教的な幸福」は、欲望に反するがゆえに在家者にとって魅力的ではないという点である。つまり「仏教的な幸福」は目指すべき目標になることは少なく、また、そもそも幸福として認識されにくい。

そこで重要なのが、出家者の存在である。前出の幹部僧によれば、出家者の役割は在家者に「世俗的な幸福」とは別の「仏教的な幸福」があることを予感させ、それに向けて自ら修行（＝布施行）するように促すことにある。現実の出家者たちは、未だ修行の身であるという点で、涅槃の境地を実現した阿羅漢には及ばない存在である。しかしそれでもなお現実の出家者は、在家者にとっては最も身近な阿羅漢への接点である。つまり在家者は、修行に励む出家者の姿をとおして、その先にある阿羅漢を思うことができる。阿羅漢を思うことができれば、彼らを涅槃へと導いたダンマ（仏法）、そしてそのダンマを説いたブッダの存在をも思うことができる。こうした仏法僧という三宝こそが、仏教的幸福が存在することの証となり、在家者自身の修行への意欲を育む。そのためには社会に参加して在家者一人一人に寄り添うのではなく、在家者から離れ、理想的な出家者、つまり僧宝を予感させる存在として接しなければならないとされる。「在家者と接するときは、個人として接するな。サンガ（僧宝）として接しろ」。これが、筆者が師僧からたびたび注意されたことだった。

このようなT僧院の「出家」の試みは、ヤンゴンをはじめとする一部の都市住民から熱烈な支持を受けて発展している。T僧院を積極的に訪れているのは比較的若い世代（三〇〜四〇代）の都市住民で、なおかつ自家用車を持っているような裕福な世帯が多い。また、仏教についての知識が豊富であり、自らも瞑想など積極的に修行に励む傾向がある。彼／彼女らの仏教についての関心を支えているのは、一九九〇年代以降に急速に興隆した各種の仏教メディアである。説法会、それをＣＤやＶＣＤに記録したもの、テレビでの説法放送、平易なミャンマー語で教義を説く安価な小冊子、高僧の伝記本、宗教雑誌、各種の仏教講座や瞑想コースなどの発達は、都市住民が自ら仏教を学び実践する機会を大幅に増大させている。

こうした主体的に仏教と関わる経験は、「出家者とはどのような存在であるべきか」という問いをも先鋭化させ、律を遵守してこそ本物の出家者であるという認識が普及しつつある。その一方で、都市部にいる出家者の多くはこうした「本物」志向に合致しない。つまり理想としての出家者像と、現実としての出家者の姿のギャップが、「都市の僧」に対する不満として蓄積されることになる。このような不満が、Ｔ僧院への傾斜を促す要因であると考えられる。つまり都市からの巡礼者は、「本物」の出家者に出会うためのＴ僧院へと赴く。それによって仏教への信仰心を高めると同時に、そうした出家者を模範として自らもまた修行に励もうという意欲を新たにしているのである。

以上、「森の僧」の開発実践として、聖人／模範という二つの役割について検討した。ミャンマー政府は一九九〇年代以降、積極的な対外開放や市場経済化を推し進めており、都市部を中心に急激な社会変動が生じている。それに伴う成功のチャンスへの期待、消費欲望の拡大、災厄や病気への不安といった社会的不確定性の蔓延は、都市住民の新たな宗教的ニーズを喚起することになった。

ここで紹介した「森の僧」の開発実践の活性化はこうした新しい動向の一つとして捉えることができるだろう。

ただし、その受け止められ方は対照的である。ターマニャ長老への信仰は、「他力」を求める信仰であるといえる。そこでは出家者（ターマニャ長老）は、自ら聖性を体現した超越的な存在として表象されている。そしてその超越性ゆえに超自然的なパワーをもつと信じられ、現世利益的な願いの対象となる。それに対し、T僧院への信仰は、「自力」の修行の途上にある。T僧院にやってくる都市住民たちは、自ら聖（悟り）に近づこうという強い意欲をもっている。彼／彼女らにとって出家者たちは、遙かな高みからパワーを与えてくれる超越的な存在ではなく、理想の仏道修行のあり方を開示する模範的な存在として表象されている。

こうした二つの対照的な信仰形態は、都市住民が出家者に求めるものの違いを如実に示している。一方で、社会的不確定性が蔓延する都市生活において、物質的幸福（現世利益）を欲する都市住民は、出家者に現世利益をもたらすカリスマ的パワーを求める。その一方で、同じく都市生活を送りながらも精神的幸福（悟り）を志向する都市住民は、出家者に対してむしろ、理想の生き方へと導く模範的存在としての役割を期待する。このように近年活性化した「森の僧」信仰には、社会変動のなかで生じた都市住民の宗教的ニーズの多様性をみてとることができる。

5　おわりに——出家者の開発実践の行方

以上、本稿では現代ミャンマーにおける出家者の開発実践の特徴について、特に都市的な文脈に焦点を当てて検討した。これをふまえてまず、その行方についての見通しを述べておきたい。

本稿の冒頭でみたように、上座部仏教においては、出家者が社会から離れることそれ自体が社会貢献になるという論理（「福田」という宗教的役割）が存在しており、それが現代ミャンマーでも強く観察される。つまり各種の仏教メディアを通じて仏教について学び、そして機会に応じて瞑想修行に打ち込むことによって仏教への関心を増大させている都市住民は、修行に専念するような「本物の出家者」を求めるようになっている。本稿の議論でいえば、仏教的サービスを行う「都市の僧」や、「森の僧」がそれに該当する。それゆえにこの分野での出家者の役割はさらに重要になっていくと思われる。

一方で、関与型の開発実践——特に世俗的サービスと政治活動——には、ジレンマがつきまとう。なぜならこうした活動は、出家者が本来的にもっている「福田」という機能を掘り崩す危険性を常に孕んでいるからである。もちろん、都市住民の中にも現世利益的・社会福祉的なニーズや、出家者の政治活動への期待がある。しかしこの分野においては、出家者は他のアクターと競合していく必要がある。

たとえば現世利益についていえば、ミャンマーには精霊信仰という伝統がある。精霊信仰とは、精霊のために祭祀を実施し供物を捧げるなど、精霊を慰撫することを根幹とする。慰撫された精霊は、その超自然的な力でもって、人間に対して様々な現世利益をもたらすとされる。近年ヤンゴンでは精霊信仰が活性化し、精霊と信者の間を取り持つ職業的な「霊媒（ナッカドー）」の活躍が目立つようになっている。また、仏塔（パゴダ）をめぐる信仰もこうした文脈に位置づけられよう。

社会福祉活動や政治活動については、同じ仏教徒であっても、在家者の台頭が著しい。集会・結社の自由が大幅に緩和されたポスト軍政期においては、政府が有効な方策を打ち出せない種々の社会問題の解消を目指して、多様な在家仏教徒組織の活動が都市部・村落部の双方において活性化している。また政治活動についても、上述したように、〈出家者＝民衆の代弁者〉という構図は崩れつつある。

それゆえにこれらの分野における開発実践を志向する出家者は、これまで以上に「自分はどのような意味で出家者なのか」という自己定義の問題に直面することになるだろう。同じ理由で、在家者との協働も今後さらに重要になってくると思われる。たとえば一九九八年に、マンダレーのワーキンコン僧院内に設立されたビャンマソー協会は、出家者が関与しながらも実際の活動は在家者が行うという分業体制で、貧しい人のための葬式援助（費用の工面や遺体運搬など）を中心とした活動を行っている（土佐 2012）。いずれの展開においても、関与的な出家者の開発実践は今後、背景に退いていかざるをえないように思われる。また他の上座部仏教徒社会との比較からいえば、この点にミャンマーの大きな特徴があるといえる。

さらに出家者の開発実践という問題については、別の観点からの考察も必要になってくる。それはミャンマー社会において「出家」という制度そのものが担ってきた福祉的機能の変質である。通過儀礼的な一時出家を除けば、ミャンマーにおける出家者の母体は村落部であり、貧困や教育機会の不足といった理由から出家者となる事例が圧倒的に多い。つまり「出家」という制度自体が一定の福祉的機能を担ってきた。しかし近年村落部でも経済発展や教育機会の拡充が進みつつあり、そのため今後は出家者人口が減少することが予想される。実際、一九八〇年に全国的な統計がとられるようになって以降、増加傾向を続けてきた出家者数は二〇一二年の五五万六四九七人をピークに減少に転じ、二〇一六年は五一万九〇四五人となっている。このことは「出家」という制度が果たしてきた福祉的機能の変質のみならず、開発実践の主体となる出家者自体の減少をも意味している。こうしたなかで、出家者の開発実践がどのように展開していくのか、あるいはより俯瞰的にみれば、ミャンマー社会における仏教の役割がどのように変化していくのか、行方を注視したい。

最後に、本書全体における本稿の位置づけを整理しておこう。序章で石森が言及しているように、二〇〇〇年代以降、宗教者・組織が開発に従事する現象が世界各地で顕著になっており、「宗教への転回」（Tomalin 2013）などと評されている。

この点について本稿の事例からいえるのは、第一に、現在のミャンマー都市部にみられる出家者の開発実践は、「村・町の僧」という歴史的に出家者が担ってきた役割の延長上に位置づけられるということである。確かに瞑想センターの登場、説法会の活況、社会福祉僧院の増加、僧院を超えた出家組織の形成といった現象は、一九九〇年代以降のミャンマーの市場経済化・都市化といった変化を背景として生じた新しいものであるといえる。しかしこうした変化は、出家者の開発実践に質的・量的な変化をもたらしているとはいえない。

むしろ、この「宗教への転回」という問題をミャンマーの文脈で考えるのであれば、出家者ではなく、むしろ在家仏教徒の動向に注目する必要がある。たとえばミャンマーでは一九世紀の植民地期以来、仏法僧を支援することを目的とした多様な在家仏教徒組織が誕生している。こうした組織的な仕組みが二〇〇〇年代以降、社会的弱者への福祉活動にも援用されつつある。これは仏教NGOとでも呼びうるもので、仏教と開発の新たな結びつきを示唆する現象であるといえる。この現象についてては別稿で議論したい。

第二に、「政治僧」の事例が示すのは、「宗教への転回」には負の側面がありうるということである。つまり宗教者・宗教組織が優先するのは同じ宗教を信仰する人々であり、その場合、他宗教徒は潜在的な敵になりうるという問題がある。また「政治僧」の事例で興味深いのは、開発実践に携わるなかで「宗教民族保護」から被災地支援に転換していくなど、次第に宗教色を薄めていく傾向がみられるという点である。その背景には、民衆の支持を得たいという戦略的判断があったといえる。

こうした戦略はNGO（世俗組織）にもみられるものである。たとえばバーネット＆ステインは、NGOの資金調達戦略について、私的部門から資金を集めるには宗教的アイデンティティを強調するが、公的部門から資金を集めるには宗教色を薄くし「世俗的」「人道的」なアピールをする傾向にあるとする。そして組織の規模が大きくなるにつれて、私的部門から公的部門へと財政基盤が変容するため、その際に組織が「世俗的」なふるまいをみせるようになると指摘する（Barnett & Stein eds. 2012）。宗教組織もまた、支援対象や自己定義において、「宗教」をどこまで押し出すかは、組織の経営的な戦略に依存するといえよう。

第三に、「森の僧」の事例が示すのは、「開発」とはそもそも何かという問題である。本稿でみたように、出家者の開発実践は、「世俗的な幸福」と「仏教的な幸福」という、対照的な次元において受容されている側面がある。そして一部の「森の僧」と都市住民には、「世俗的な幸福」を度外視した「仏教的な幸福」の追求を志向する傾向もある。しかし両者は本当に相容れないものなのだろうか。「世俗的な幸福」を志向するいわゆる近代的な「開発」に対して、「仏教的な幸福」を志向する「開発」をオルタナティブとして提示するのではなく、両者が接合する契機はないのだろうか。この点を解明するためには、各宗教がもっている固有性およびそれが人々に喚起する様々な感情が、具体的にどのような「開発」として発現しているのか、その実態をミクロな観察に基づいて明らかにする必要がある。そしてこうした作業を経てこそ、開発実践の「宗教への転回」の内実が明らかになるはずである。この問題は、今後の課題としたい。

註

（1）Myittha Nainggyan daw mha let twe phaw dwe thwe kyae yin. Yangon: Eagle.

（2）Wibizza petinthan: Pyae a yae a twe sar su myar. Yangon: Ahlineain media.

（3）こうした意見は、国際世論における批判の高まりを受けている。たとえば969運動の主導者であるウィラトゥー長老について、イギリスの大手一般新聞『Guardian』（二〇一三年四月一八日号）は「ビルマのビンラディン」、またアメリカの『TIME』（二〇一三年七月一日号）は「仏教徒テロ」と評している。

（4）筆者は二〇〇八年九～一〇月の二か月間、T僧院に出家者として滞在した。

参考文献

石井米雄　1975『上座部仏教の政治社会学』創文社。

藏本龍介　2016「ミャンマーにおける宗教対立の行方――上座仏教僧の活動に注目して」『現代宗教 2016』国際宗教研究所、pp.99-117.

小島敬裕　2009「現代ミャンマーにおける仏教の制度化と〈境域〉の実践」林行夫編『〈境域〉の実践宗教――大陸部東南アジア地域と宗教のトポロジー』京都大学学術出版会、pp. 67-130.

櫻井義秀　2008『東北タイの開発僧――宗教と社会貢献』梓出版社。

土佐桂子　2000『ビルマのウェイザー信仰』勁草書房。

2012「ミャンマー軍政下の宗教――サンガ政策と新しい仏教の動き」工藤年博編『ミャンマー政治の実像――軍政二三年の功罪と新政権のゆくえ』アジア経済研究所、pp.201-233.

守屋友江編訳

2010『ビルマ仏教徒――民主化蜂起の背景と弾圧の記録』明石書店。

中村元ほか編
2002 『岩波仏教辞典（第二版）』岩波書店。

ムコパディヤーヤ、ランジャナ
2005 『日本の社会参加仏教——法音寺と立正佼成会の社会活動と社会倫理』東信堂。

Barnett, M. & Stein, J. G. eds.
2012 *Sacred Aid: Faith and Humanitarianism*. New York: Oxford University Press.

Jordt, Ingrid 2007 *Burma's mass lay meditation movement: Buddhism and the Cultural Construction of Power*. Athens, Ohio: Ohio University Press.

Queen, Christopher S. & Sallie B. King eds.
1996 *Engaged Buddhism: Buddhist liberation movements in Asia*. Albany: State University of New York Press.

Smith, Donald Eugene
1965 *Religion and politics in Burma. Princeton*. N. J.: Princeton University Press.

Tambiah, Stanley Jeyaraja
1976 *World conqueror and world renouncer: a study of Buddhism and polity in Thailand against a historical background*. Cambridge: Cambridge University Press.
1984 *The Buddhist saints of the forest and the cult of amulets: a study in charisma, hagiography, sectarianism, and Millennial Buddhism*. Cambridge: Cambridge University Press.

Tomalin, Emma
2013 *Religions and Development*. New York: Routledge.

第3章

社会的想像のなかの教会・首長・政府
――サモア独立国の自殺防止活動を事例とした世俗化をめぐる議論への批判的再検討

倉田誠

1　はじめに

近年、世界的に宗教組織や宗教に基づく組織（FBO: Faith-Based Organizations）が社会開発の重要なパートナーと認識されるにつれ、それらによる活動は、「宗教の社会貢献」、あるいは「宗教による公共領域への参入」といった枠組みで論じられるようになっている（UNFPA 2009; UNDP 2014）。しかし、これらの議論では、「社会」や「公共領域」といった分析枠組みがそれぞれの社会において当事者たちのリアリティといかなる関係にあるのか、また、そのリアリティのなかでそれらの活動はどう位置づけられているのかは十分に議論されていない。本稿では、南太平洋のサモア独立国でカトリック教会を中心として展開されてきた自殺防止活動を事例として、現地の人々のリアリティから問うことで上記のような枠組みを再検討したい。

以下では、次のような順序で議論を展開してゆく。はじめに、このような枠組みの前提となっている世俗化をめぐる議論を批判的に検討する。次に、サモア社会の歴史的経緯をふりかえりながら人々にとって自らの社会に関するリアリティがいかに構成されてきたかを考察する。そのうえで、カトリック教会による自殺防止活動を紹介し、人々がその活動をいかなるものと捉えているのか分析する。このような議論を経て、最終的にサモアの人々のリアリティを軸とした現象理解のあり方から世俗化をめぐる議論の枠組みを批判的に考察したい。

なお、本稿で用いるデータは、典拠や特別な言及がない限り、二〇一四年にサモア独立国において実施した二週間ほどの現地調査で収集したデータに基づいている。

2 世俗化をめぐる議論のなかの「宗教」

二〇世紀前半に近代化と宗教の関係を論じたウェーバーは、いわゆる「脱呪術化（Entzauberung）」のテーゼを提示し、西洋近代では唯一絶対の神による救いのみを認め人間が超越的な諸力に働きかけられるという呪術的な観念を否定する態度が、世界に対する合理的な認識をもたらすとともに生における宗教的な意味を喪失させることにつながったと述べた（ウェーバー 1936, 1989）。その後の議論でも、この過程が近代化を特徴づける現象とみなされたことで、ルックマンに代表されるように、現代に近づくにつれ社会における宗教の意義や力が弱まり、次第に私事化してゆくという世俗化論が広く受け入れられていった（Luckmann 1967）。

ところが、このような見かたに反して、一九八〇年代頃から世界的に市民社会の公共領域で宗教が果たす役割が高まる現象がみられるようになると、現代社会において宗教をどう位置づけるべきかが再び問われるようになった。この問いに対して、カサノヴァは、「公共宗教」という言葉を用いて現代社会における宗教の位置を再定義しようとした。彼は、「内的な自己法則性」に従った諸領域への社会の構造的分化というウェーバーの近代化テーゼを支持しつつも宗教の衰退や私事化といった見解を否定し、現代社会において「公共宗教」は「近代的な普遍的権利の制度化」、「近代的な公共領域の創造」、「民主的体制の確立」などを擁護するために公共領域に入っていけると主張した（Casanova 1994）。また、ハーバーマスも、従来の世俗化論に対して宗教と世俗が共存する状況を「ポスト世俗（postsäkular）」と呼び、宗教が市民社会のリベラルな規範的要求を受容することにより宗教と世俗の「相互補完的な学習過程」が展開されてゆくと論じた（ハーバーマス 2014）。こうして、ポスト世俗時代の「宗教」は、世俗化論の前提となっていた西洋近代やリベラリズムに生じた危機と関連付けられ、「世俗」を構成するこれら諸制度と共存可能な「補完物」（高田 2013）と位置づけられるようになった。

その一方で、「宗教」と「世俗」という枠組み自体の再考を促す指摘も現れた。人類学者のアサドは、「世俗」という概念自体がキリスト教神学に由来するものであり、そもそも「宗教」という概念自体も「世俗」の対応物として創出された点を指摘した（アサド 2006）。彼の言うように、一連の議論の基盤となっている「宗教」／「世俗」という枠組みが西洋社会におけるキリスト教のあり方に深く根ざしたものであるのなら、そのような枠組みを前提として諸社会を分析・評価することには慎重でなければならない[1]。なぜなら、各社会における様々な事象を世俗化という議論の俎上で論じること自体が、当該社会における宗教のあり方やそれを生み出した歴史的文脈を等閑視する危険性を孕んでいるからである。

では、このような窮状を避けるには、いかなるアプローチが考えられるであろうか。本論が注目するのは、同じく世俗化に関する論者の一人であるテイラーの視点である。彼は、一連の著書において、世俗化をただ国家と教会の分離や宗教的儀礼の退潮として捉えるだけでなく、信仰の条件の変化という側面に注目している（Taylor 2007; テイラー 2010）。彼によると、かつての神の存在を信じないことが実質的に不可能であった時代から、信仰をもつことが断固たる信者にとってさえも単なる一つの選択肢に過ぎなくなった社会へと変化したことにより、人々が思い描く「社会」のあり方も、「神や来世に依拠して組み立てられるような社会」から「自らを基盤として創設される社会（le social fonde sur lui-meme）」へと移行したという（テイラー 2010: 270-282）。

重要なのは、彼が「信仰の条件の変化[2]」という主張を述べるにあたり、「宗教」／「世俗」といった枠組みからではなく、それぞれの人々が思い描く「社会」のあり方を検討した点である。彼はこれを「社会的想像（Social Imaginary）」と呼び、「ある時代ある場所にいるごく普通の人々が自らを取り巻く社会的環境」をいかなるものとして「想像（imaginary）」し、そこで「神や来世」といったものがどのように位置づけられているかを問題とした（テイラー 2010: 30-35）。この視点からみるならば、「宗教」を「世俗」や「公共領域」などと対置する世俗化をめぐる議論の枠組みもまた、「ある時代ある場所にいるごく普通の人々」が抱く社会的想像の一様式に過ぎないといえる。

本稿では、サモア社会におけるカトリック教会を中心とした自殺防止活動を主な対象として、そこで垣間見える人々の社会的想像のあり方を描き出してゆく。サモアの人々が自らを取り巻く社会的環境をいかなるものとして想像し、神や教会をいかに位置づけているかを問うことで、このような活動を「宗教の社会貢献」、あるいは「宗教による公共領域への参入」と捉えることの問題点を指摘し、西洋中心主義と批判されがちな世俗化をめぐる議論に変わる新たなアプローチの方法を提示したい。

3　人々によって想像される「社会」

本稿で検討するサモア独立国は、南太平洋に位置する人口一九万人強ほどの島嶼国である（Samoa Bureau of Statistics 2016）。最新の人口調査では、国民の九九％以上がキリスト教やそれに関連した宗教を信じていると答えており、残りの一％未満がバハーイー教、イスラーム、ヒンドゥー教などの信者となっている（Samoa Bureau of Statistics 2011）。さらに内訳をみると、キリスト教やその関連宗教だけでも二〇に及ぶ教派・教会が選択項目として用意されており、サモア会衆派教会（Congregational

Christian Church 31.8%）、カトリック教会（Roman Catholic 19.4%）、モルモン教会（Latterday Saints 15.1%）、メソディスト教会（Methodist 13.7%）の主要四教会だけで全体のほぼ八〇%を占めている。

サモアでは、村落において特定の土地（*fauna*）を占有する共系的な親族集団（通常は数世帯で構成される）であるアーイガ（*'aiga*）が人々の生活の基盤となっている。また、各アーイガは、それぞれいくつかの「マタイ（*matai*）」と呼ばれる首長称号を管理しており、アーイガの成員たちによってこの称号を名乗ることを認められた人物（首長）も同じく「マタイ」と呼ばれる。首長は、自らのアーイガの成員に対して様々な役割や用事を割り振りながらアーイガ全体を運営するとともに、各称号を代表して村落会議（*fono*）に参加し村落としての意思決定を行う。人々は、特定のアーイガをとおして土地や称号を使用することが可能となる。実際には、アーイガが共系的な親族集団である以上、各個人は潜在的に多数のアーイガの成員になれる可能性を持っており、実際にはそのなかの特定のアーイガの成員たちとの関わり方やそのアーイガへの貢献によって土地や称号へのアクセスが次第に認められてゆく。この意味において、アーイガは、人々が村落で生活するうえで生存の基盤を提供し社会的な位置を保障するものであり、どのアーイガからも認められていない状態で村落で生活することはほぼ不可能である。

さらに、それぞれの称号には、称号の由来などに基づいて村落を超えたつながりや序列も存在する。サモアでは、複数の村落で構成される地域（*itu*）にも各村落と同様の合議体（*fono*）があり、各村落の有力な称号を名乗る首長たちが出席して地域としての意思決定を行っている。このような体制は、地域区分のあり方を少しずつ変えながらも西洋との接触以前から存続しており、一九世紀前半にキリスト教が伝えられた頃には、すでに少数の有力首長のもとに称号間のつながりやアーイガ間の親戚関係、あるいは地域単位での合従連衡に基づく勢力圏が形成されていた。

サモアに最初にキリスト教を伝えたのは、一八三〇年にタヒチを経由してサモアに来航したロンドン伝道協会（London Missionary Society 後のサモア会衆派教会）のウイリアムス（John Williams）であった。その後わずか一五年の間にメソディスト教会やカトリック教会といった各教会もサモアでの伝道を始め、それぞれの有力な首長勢力と結びついて「上からの改宗」を進めていった（Garrett 1982）。その過程で、キリスト教の「神」は、改宗以前のサモア社会の信仰において高位の神々を指す「アツア（*atua*）」というサモア語へと置換えられた[3]。改宗以前のサモアでは、アツアを中心とする信仰体系は首長の権威と密接に結びついており、各教会はキリスト教の「神」を「アツア」と訳す一方で、それ以外を「異端」と見なすことで首長勢力との共存共栄を図ったのである。

さらに、各教会は、二〇世紀以降のドイツによる植民地統治やニュージーランドによる委任・信託統治の過程でも首長勢力と結びつき、ニュージーランド統治に対する異議申し立て運動（Mau movement）では、ロンドン伝道協会をはじめとする教会組織が現地パトロンとして運動の継続を支えた（Garrett 1992）。また、各教会が設立した神学校やミッション・スクールは有力首長の子弟たちをすすんで受け入れることで、ニュージーランド統治から一九六二年の独立国家設立に至る過程で彼らを政治的エリートとして近代政治の舞台に登場させるうえで重要な役割を果たした。

独立時に制定された憲法の前文には以下のような宣言がある（Government of Western Samoa 1960）。

万物に対する主権は唯一の神だけに属するものであり、サモアの人々によって神の掟により定められた範囲内で行使される主権は先祖より引き継がれた神聖な遺産である。サモアの指導者たちは、サモアがキリスト教の原理とサモアの慣習や伝統に基づく独立国であることを宣言した……（sovereignty over the Universe belongs to the Omni-present God alone, and the authority to be exercised by the people of Samoa within the limits prescribed by His commandments is a sacred heritage; WHEREAS the Leaders of Samoa have declared that Samoa should be an Independent State based on Christian principles and Samoan custom and tradition;…）

この宣言文は、単なる独立時の建国理念の表明にとどまらず、その後のサモアの（公教育も含めた）公的な場において繰り返し言及され、「『唯一の神』のもとでキリスト教の原理とサモアの慣習や伝統が統合されたわれわれサモア社会」という社会的想像を生み出す強力な基盤となっている。

写真1は、あるカレッジ（ほぼ日本の中高等学校にあたる）の学生が学課活動で制作し、首都アピアの図書館に掲示されていたサモア社会のあり方を現す構図である。この図からも、上記のような歴史的経緯が現代のサモアの人々の社会的想像にいかに大きな影響を与えているかをうかがい知るこ

とができる。この図では、円の中心にキリストが描かれ、そこから放射状に三分割されたそれぞれの領域に「精神的（spiritual）」「文化的（cultural）」「政治的（political）」という言葉が割り当てられている。各領域の中心部にはそれぞれ著名な首長、教会関係者、政治家の写真が、一方、周辺部にはそれぞれ村落、教会、学校での子どもたちの様子を写した写真が配置されている。つまり、この図では、「文化的」「精神的」「政治的」と書かれた各領域がそれぞれ教会（*lotu*）、首長（*matai*）、政府（*malo*）に対応し、それぞれにハイラキカルな構造をもつ各領域がキリストを中心として統合され自らの社会をかたちづくっているという認識が示しされている。[4]

写真1　サモア社会のあり方が描かれた模式図（2014年9月 Nelson Memorial Library, Apia にて撮影、谷口智子氏より提供）

以上のように、サモアでは、西洋との接触以降の歴史において、キリスト教の神と教会を切り分け、キリスト教のみならずサモアの慣習や伝統のうえにも神をおくことで社会的統合を図ってきた。キリスト教神学から「世俗」と、そして「宗教」が想像されるようになったとされる西洋社会とは対照的に、サモア社会では神を頂くことによって、異なる原理やヒエラルキーが支配する教会と首長と政府という各領域を互いに結びつけようとしているのである。

4　サモア社会におけるカトリック教会を中心とした自殺防止活動は、「宗教」と「世俗」といった枠組みよりも、首長、教会、政府というサモアの人々の社会的想像によって様々な期待や制約を負いながら行われている。以下では、具体的な活動内容や社会的想像との関係の検討を行う前に、まずサモアにおいて自殺者の増加が問題となり始めた一九七〇年代以降の社会状況と自殺問題をめぐる議論を簡単に整理しておきたい。

サモアにおいて、自殺は「プレ・イ・レ・オラ（*pule i le ola*）」あるいは「プレ・オラ（*pule ola*）」と言われる。「プレ（*pule*）」とは「人や物を監督し差配する力」であり、「オラ（*ola*）」とは「生きていること」すなわち「命」を指している。つまり、「プレ・イ・レ・オラ」あるいは「プレ・オラ」とは、「自らの命を差配する」と言う意味であり、一般的に「神のみが命を創り与えることができる」とするキリスト教の教義に反する行為と考えられている。

ところが、サモアでは、一九七〇年代後半から一九八〇年代初頭にかけて自殺者が急増し、一九八〇年前後には太平洋地域でもミクロネシア連邦に次ぐきわめて高い自殺率を記録するようになった（図1）。当時のサモアにおいて特に深刻だったのは、一〇代後半から三〇代前半にかけての男性と一〇代後半から二〇代前半にかけての女性の自殺であった（図2）（Booth 1999）。主な自殺の方法は、除草剤パラコート（Paraquat）の大量服用と首吊りであり、銃を使用した事例も見られた（Bourke

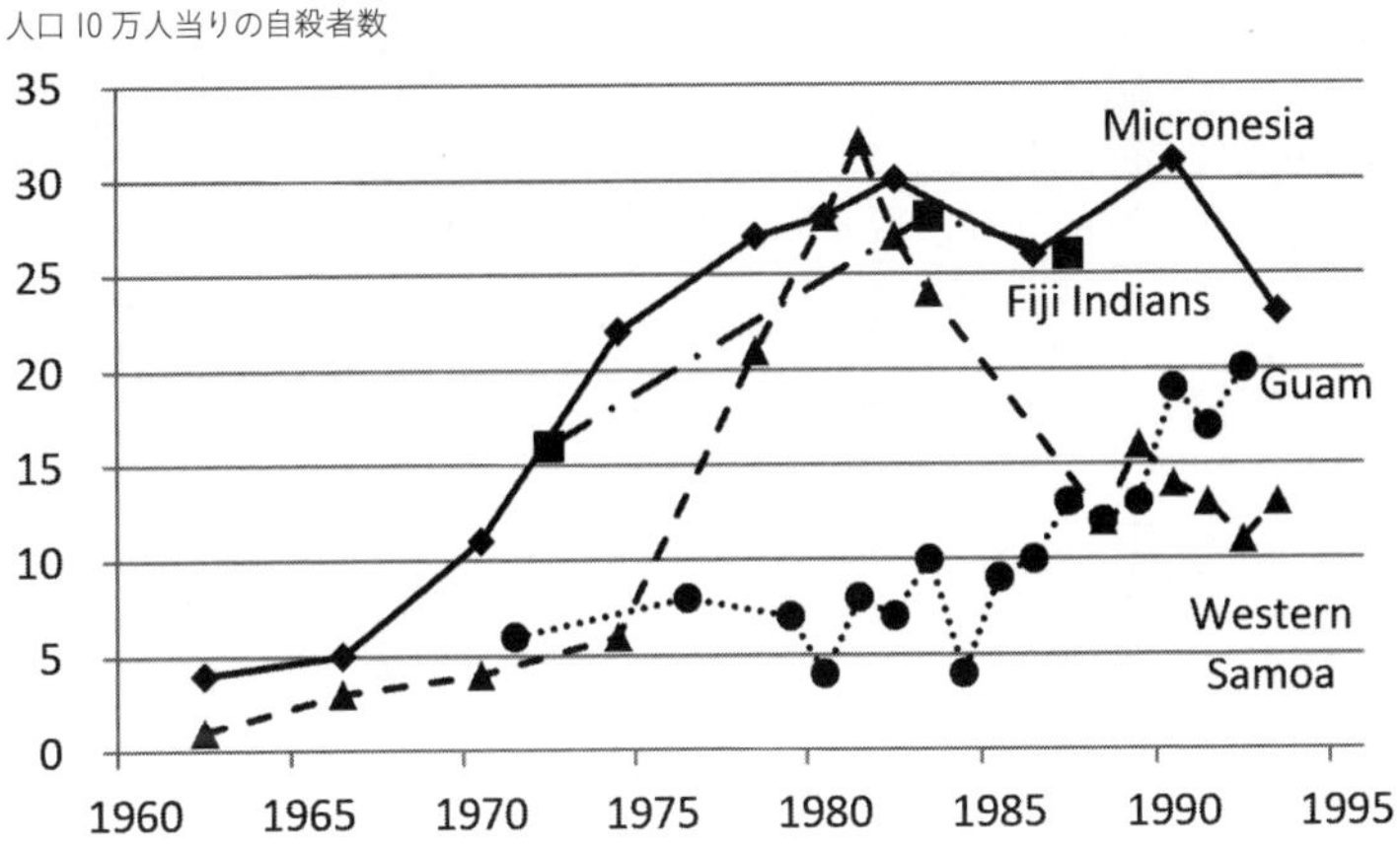

図1　太平洋諸社会における自殺率の推移（1960-1995）（Booth 1999 より一部改変）

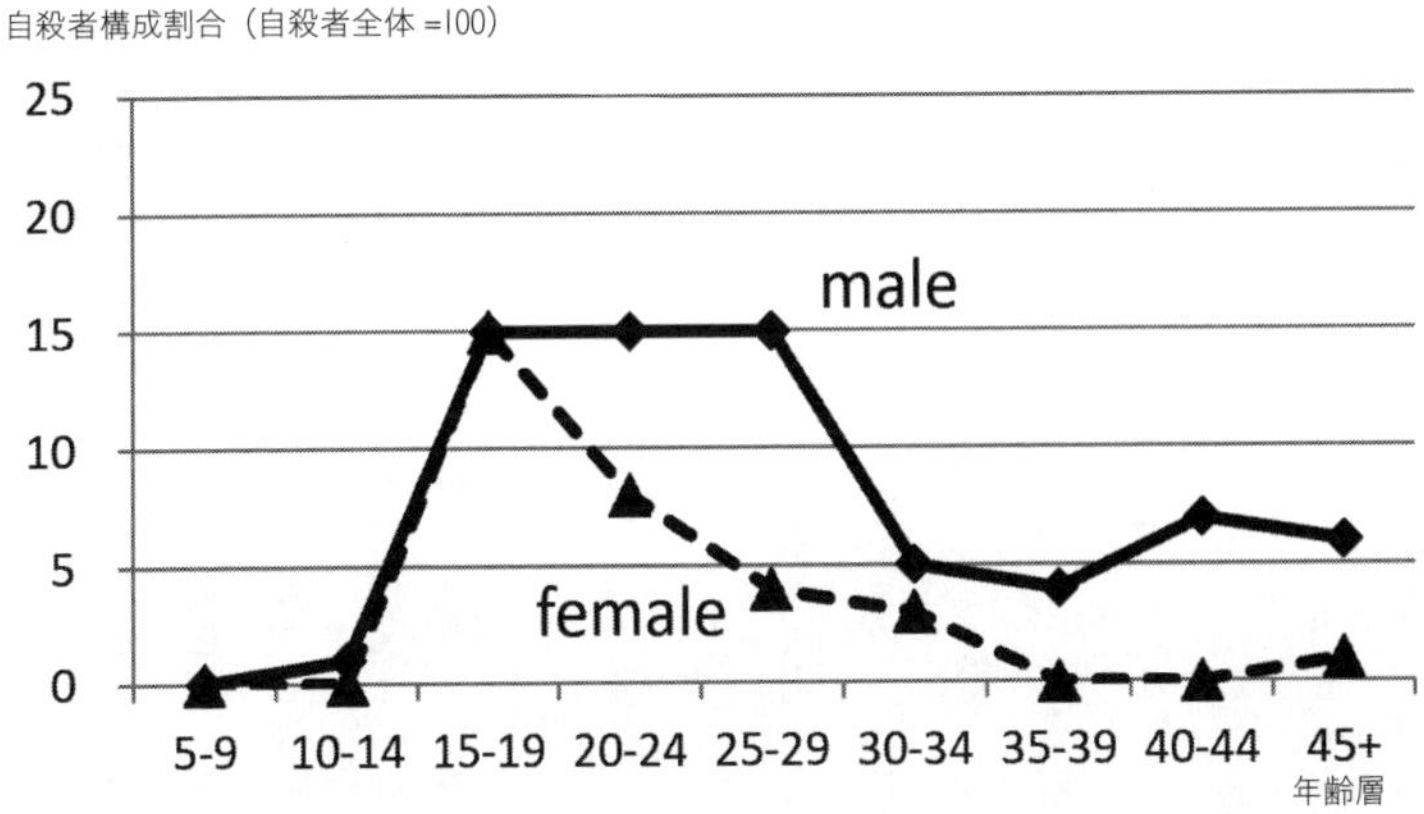

図2　サモア社会における自殺者の構成割合（1988-1992）（Booth 1999 より一部改変）

2001)。

一九七〇年代のサモアでは、ニュージーランドへの出稼ぎや移民の増加とカカオやコプラを中心とした換金作物の輸出拡大により、貨幣経済の浸透や人口の流動化が急激に進展した。それに伴って、出稼ぎや移民による若年層の大量流出に加えてアーイガの各分枝が世帯のように各戸に分かれて居住する生活様式が広がり始め、アーイガに構造的な変化が生じた（Yamamoto 1994）。ところが、一九七〇年代後半に入ると石油危機に伴う不況の影響からニュージーランドへの移民に制限がかかるとともに、換金作物の輸出も停滞した。

サモアを研究対象としていた社会学者のマクファーソンは、デュルケームの『自殺論』に倣いながら、サモアにおける自殺を「集団本位的自殺（le suicide alutruiste）」と「アノミー的自殺（le suicide anomique）」に分け、上記のような社会変容との関係を取り込んで自殺者の急増を説明しようとした（Macpherson and Macpherson 1987）。彼は、まず「あらゆる者は称号と土地に縛られている（*O e uma e tau i le suafa ma le fanua.*）」ということわざを挙げて、称号と土地を占有する特定のアーイガとの関係をとおして各個人が村落や地域社会に位置づけられるサモア社会の仕組みを示した。そのうえで、個人の逸脱行為はアーイガとしての不名誉に直結し、「アーイガを貶めた（*Toso i lalo le aiga.*）」という事実が個人にとっても拭いがたい恥（*ma*）となり、「集団本位的自殺」へとつながると指摘した。

しかし、一方で、彼は、このような構造は以前からあったものであり一九八〇年前後に生じた青年による自殺の急増を説明しきれないとして、デュルケームの「アノミー的自殺」に類するもう一つのモデルを示した。彼自身が「塞がれた機会モデル（blocked-opportunity model）」と呼ぶこのモデルでは、一九七〇年代の社会の変化と教育やメディアの普及により人々の願望が増大する一方で、人口的経済的要因や移民規制から次第に現実の機会が制限されるようになった社会状況の変化に注目している。このような状況では、青年たちは教育機会の獲得やライフスタイルの追求といった事柄に関して、首長をはじめとするアーイガの成員たちの要求との間で葛藤することが多くなり、ときに怒り絶望して自殺に至るというのである。

この仮説に対して、ミクロネシア連邦との比較研究を行ったルービンシュテインは、マクファーソンが論文の付録において記載した六件の自殺の具体例のうち、この「塞がれた機会モデル」に明らかに該当するものは二件しかなく、マクロな構造的要因と個別の状況の関連が提示されていないと批判した[5]（Rubinstein 1992: 63）。つまり、「集団本位的自殺」では数年間のうちに青年の自殺が急増したメカニズムを十分に説明できない一方で、「アノミー的自殺」に類する説明では個別の事例においてより広汎な社会変化がいかに影響しているのかを実証することは困難なのである。

ただし、このような仮説と事例提示との間の齟齬を分析者の問題とのみ捉えることは正当ではない。なぜなら、当のサモアの人々もまた、ほとんどの場合、実際に起こった自殺を「集団本位的自殺」であったように捉えようとするからである。前述のマクファーソンの説明にもあるように、サモアの人々にとってアーイガは自らの生存の基盤であり、アーイガに何らかの問題がない限り自殺はにわかには理解できない行為と映る。そのため、人々が他のアーイガで起きた自殺の事例を語るとき、まず「アーイガでの問題」というようにアーイガが焦点化され、（現実の事例の多くはアーイガ内に留まらない複雑な問題を含みこんでいるはずだが）おおっぴらにそれ以上詮索されることはない。一方、自らのアーイガ内で起きた自殺はあまり語られず、語られるとしてもたとえば「事故であった」というように自殺という解釈自体を否定することも少なくない。

自殺をまず何よりアーイガでの問題と捉える人々の認識は、カトリック教会がこの問題に関わっていくうえでも重要な意味を持っている。そして、自殺がアーイガでの問題と見なされるがゆえに、自殺問題はアーイガを基盤とする首長、家族のあり方を重視する教会、社会事業としての関与を求められる政府の三者が複雑にもつれ合う場となるのである。

5　サモアにおける自殺防止活動の展開

サモア独立国における自殺防止に向けた取り組みは、一九七〇年代末にまずカトリック教会によって始められた。この直接的な契機となったのは、一九六二年から一九六五年にかけて開かれた第二ヴァチカン公会議によるカトリック教会全体の方針転換であった。第二ヴァチカン公会議では、教会はそれまでの近代思想と対峙する姿勢を転換し、現代世界との対話をすすめるとともに、各地の教会の現地化を促進することで教皇庁による中央集権的体制を是正する方針が打ち出された。この転換を受け、サモアのカトリック教会でも一九六八年にタオフィヌッウ（Pio Taofinu'u）が初のサモア人司祭（Priest）に任命され、一九七四年にはサモア－アピア教区（Diocese of Samoa-Apia）の司祭枢機卿（Cardinal-Priest）に就任した。彼のもとで、サモアの現代的な問題に関与する方針が打ち出され、老人のための生活施設[7]や自殺防止活動のための組織が設立されていった（Heslin 1995）。

カトリック教会による自殺防止活動は、一九七六年にカトリック教会の家族奉仕団（Catholic Family Ministry）のなかに設置された「自然家族計画センター（Natural Family Planning Centre）」が母体となっている。当初、「自然家族計画センター」は、教会関係者に向けた「適切な婚姻関係」に関するワークショップ（Family Life Education）の開催やそれによる「自然な家族計画（Natural Family Planning）」の推進を目的としていた。ところが、一九七〇年代後半の自殺者の急激な増加を受けて、一九八〇年になると同センターにバーバラ修道女（Sister Barbara）を中心としてあらゆる心の問題を対象としたカウンセリング・サービス「フィアオラ・クリニック（*Fiaola* clinic 救命クリニック）」が設置され、自殺問題への対応が「自然な家族計画」のなかに組み込まれるようになった。さらに、翌一九八一年には、フィアオラ・クリニックがサモア国内のＹＭＣＡ、教会フェローシップ（The Fellowship of Churches）、赤十字、政府の保健省や警察と連携して「自殺問題認知のための委員会（Suicide Awareness Committee）」を組織し、バーバラ修道女がその議長に就いた。こうして、サモア独立国における自殺防止活動は、政府ではなく教会の家族問題に関わる部門が主導する形で組織化されていった（Bourke 2001）。

この委員会は、新聞広告やラジオ番組をとおして積極的に自殺問題を取り上げるとともに、一九八三年にはそのキャンペーンの一環として公開セミナーを開催し、主な自殺手段となっている除草剤パラコートの流通を取り上げ、サモア政府に対応を訴えた。その結果、製造元であるニュージーランド企業シンジェンタ社（Syngenta AG）によって、サモア国内における流通機構の管理・改善や安全利用に向けた対策が講じられた。一九八一年には年間四九名（未遂者を含めると九四名）だった自殺者数は一九八四年には一五名（未遂者を含めると三三名）まで減少し、「フィアオラ・クリニック」や協会の活動も活発ではなくなっていった。ところが、一九八五年から再び自殺者数が増加に転じたため、一九八七年には、再びカトリック教会の支援のもとでＮＧＯ「フィアオラ・クライシス・センター（Fiaola Crisis Centre）」が設立され、フィアオラ・クリニックと協会の活動の一部を引き継いだ。やがて、二〇〇〇年になると年間の自殺者数が八名（未遂者を含めると一四名）まで減少したことによりフィアオラ・クライシス・センターの活動は再び衰退していった（Faʾataua le Ola 2014a; Government of Samoa 2008）。

その一方で、二〇〇〇年にはサモア保健省の呼びかけにより自殺防止に関する公開集会が行われ、そこに集ったボランティアたちによって自殺防止に取り組むＮＧＯ「ファッアタウア・レ・オラ（*Faʾataua le ola* 命の価値）」が設立された。実質的には、カトリック教会の公会問答教師（catechist）であったイオセフォ（Ioane Iosefo）らが中心となっていたが、形式上はカトリック教会からは独立した組織という位置づけであった。二〇〇二年に事務所を開設した際も、カトリック教会内ではなく、首都アピアの中心部に位置しメソディスト教会が運営するウエズレイ・アーケード（Wesley Arcade）の一角を賃貸する形がとられた。こうして、教会から独立したＮＧＯという形式をとることで、二〇〇二年にはライフライン・インターナショナル（Lifeline International）に加盟して二四時間対応の電話相談サービス「ライフライン・サモア（Lifeline Samoa）」を立ち上げた。翌二〇〇三年にはオーストラリア企業AESOPのボランティアとニュージーランド政府援助NZAIDの顧問も招いて独自の「アクション・プラン」を作成し、サモアNGO統括組織であるSUNGOに登録することでNGOとしての形式を整備していった。これにより、NZAID以外にも、EUとカナダ政府からも草の根レベル（grassroots level）で自殺問題の認知活動を行う団体として支援を受け、サモア国内の企業や個人からも寄付を集うようになった。

写真2　教会敷地内のファッアタウ・レ・オラ事務所（2014年8月 The Shrine of the Three Hearts, Apia にて撮影）

しかし、二〇一二年に入ると、運営上の問題からウエズレイ・アーケードの事務所は閉鎖を余儀なくされた。同年九月に一旦再開したものの財務状況は改善せず、結局、翌二〇一三年にはカトリック教会からの申し出により無償提供されたアピア郊外の教会（The Shrine of the Three Hearts）内の建物（St. Joseph's Building）に事務所を移転し活動を再開した（写真2）。また、組織運営でも、カトリック教会関係者のチャン（Papali'i Carol Ah Chong）が議長となり、そこにアメリカ出身の元サモア国立大学教員でメンタルヘルスを専門とするネルソン（Karen Nelson）が理事として参与する形となった。現在では、自殺防止活動にとどまらず、サモア政府や他のＮＧＯと連携しながら家庭内暴力や性問題（性的虐待、望まない妊娠、夫婦関係）にも関与し、虐待の被害者や家族へのカウンセリングも行うようになっている。

以上のような経緯から、サモアにおける自殺防止活動に関して次の二点を指摘することができる。まず一つは、一連の活動が、カトリック教会の主導や支援を核としつつ断続的に展開されてきたという点である。特に、二〇〇〇年までは、実質的には教会関係者が中心となって教会の活動の一環として行われていたため、自殺者数が減少すると活動も停滞するという状況が生じた。二〇〇〇年以降は、国際的な連携や援助に対応するために、教会から独立したＮＧＯを設立して活動を開始したが、結局、「事務所開設と活動継続のための財務基盤を確立できなかった」（Fa'ataua le ola 2011）ためにカトリック教会の支援によって活動を継続するようになった。そして、もう一つは、そのような活動のなかで自殺は「家族（family）」つまりはアーイガでの問題として位置づけられてきたという点である。このことは、活動がカトリック教会の「家族計画」のなかから生じ、現在の活動も家庭内暴力や性問題へと展開していることからも明らかである。しかし、その一方で、一連の活動が、問題のあるアーイガに直接踏み込むのではなく、カウンセリングやセミナーやライフラインにとどまっている点にも留意しておかなければならない。これらのことは、サモアにおいて自殺がアーイガでの問題と考えられるがゆえに、カトリック教会を中心とした活動が進められ、またそのために制約も生じたことを示している。

6　自殺防止活動からみた首長・教会・政府

サモアにおける自殺は、個に対する公共福祉の問題というよりも、教会関係者が中心となってアーイガの問題と位置づけられてきた。現在も活動しているファッアタウア・レ・オラのパンフレット（Faʻataua le Ola 2014b(?)）には、人々に注意をうながすために「自殺の理由」として次のような項目が列挙されている。

・苦痛暴力による身体的苦痛・軽率な表現によるこころの苦痛・アーイガの規範を貶め汚したことによる人としての苦痛（*O le sauaina o tatou tino e ala i le fasi, ole sauaina o tatou lagona e ala i faàmatalaga sòona lafo, ma le sauaina o tatou tagata e ala i faiga-aiga tufanua ma matagaI*）
・アーイガ内の不和（*O faàfitauli i totonu o aiga*）
・両親や友人との不和（*O faàfitauli i le va ma matua ma uo*）
・配偶者との不和（*O faàfitauli i le va o ulugali'i*）
・職無し（*O le leai ose galuega*）／文無し（*O le leai oni tupe*）

このような見かたは、カトリック教会関係者だけでなく人々や政府にも広く受け入れられる。ただし、現地の認識は、同じく自殺の原因をアーイガの名誉やアーイガでの葛藤と結びつけて解釈する学術的議論とはある点において根本的に異なっている。それは、学術的な議論ではいずれも「マタイ（首長制）やアーイガの強固さ」が自殺を引き起こすとされていたのに対し、サモアの一般的な人々の間ではむしろそれらの「弱体化」を問題視する方がはるかに多いという点である。たとえば、前出のファッアタウア・レ・オラで活動していた公会問答教師イオセフォは、ファッアタウア・レ・オラからカトリック教会の青少年保護施設に移った理由を語るなかで次のように述べた。

どちらも（自殺も孤児も）問題は同じだ。かつては同じ家屋（*fale*）で食事をしていた。しかし、マタイ（首長制）が弱くなり、マスメディアから悪い情報が溢れるにつれ、アーイガでの虐待や村落での違反が増え、子どもが街を徘徊するようになった……

サモア社会において、アーイガのあり方は首長制の根幹に関わる問題であり、首長を支え、首長のもとにあるべきものとしてのアーイガという認識は、教会や政府の関係者の間でも広く共有されている。政府や教会にとって首長制と密接に結びついたアーイガのあり方は安直に立ち入れない領域であり、それゆえ自殺は首長制の「弊害」としてではなく「危機」として語られるのである。

また、地方村落の五〇歳代の首長は、筆者からカトリック教会関係者のＮＧＯがアーイガでの問題から生じる自殺の防止に尽力していることを聞くと、不快そうな表情をして次のように述べた。

彼らは正しいことを言うだろう。だが、それは彼らの仕事（*feau*）ではない。サモア語で、「フェッアウ（*feau*）」とは、一般的な「用事」や「仕事」にとどまらず「（神から授かった）用事」も含むため、牧師（pastor）や司祭（priest）は「ファイ・フェッアウ（*faifeau* フェッアウを行う者）」と呼ばれる。つまり、上記の言葉には、NGOがアーイガでの問題に踏み込むことに対する反発や皮肉が込められている。

一方、NGO側のスタッフも、「アーイガでの問題にどう関わるのか」と尋ねた筆者に対して、「（多くのケースにはアーイガでの問題が関わっているが）他者がアーイガでの問題に何か言うのはとても難しい」と認めたうえで、次のような言葉で自らの姿勢を説明した。

……しかし、これは命（*ola*）の問題です。サモアの人々はみんな、誰が命を差配（*pule*）すべきか知っています。

ここでは、アーイガでの問題が「命」の問題へと置き換えられたうえで、本来、命を差配するのは自殺者本人や首長ではなく神であるべきだということが暗示されている。こうすることで、首長制のあり方と密接に結びついた「アーイガでの問題」という文脈を転換して、教会を中心とした自殺防止活動の正当性を主張しているのである。

以上のような自殺防止活動をめぐる人々の姿勢からは、首長・教会・政府の三者の関係に関して、次のようなことが言えるのではないだろうか。まず、序盤で述べたように、サモアの人々の社会的想像において、神は教会だけでなく首長や政府の正統性をも裏付ける位置にある。そのため、サモア社会では教会のみが神についての語りを占有するわけではなく、政府における政治演説や首長による村落会議などでも神の存在や意思について頻繁に言及される。自殺問題でも、教会や政府は「アーイガでの問題」に焦点をあてつつも首長のあり方に直接干渉する姿勢をとることなく、自殺防止活動の当事者は神についての語りを持ち出すことで相互の反目や葛藤を回避しようとしていた。これは、前述の憲法前文や模式図でも示されていた「神のもとでの統合」とも言える理念の内実を具体的に示すものといえる。

7　おわりに

西洋社会の近代化に対する説明から派生した世俗化をめぐる議論では、「宗教」を「内的な自己法則性」に従った一領域とみなして「世俗」と対置することで、世界各地で展開されている宗教組織やＦＢＯによる新たな活動を「公共領域」への参入やその「補完物」として捉えようとしてきた。現代世界において、西洋近代をモデルとしたこの理念型は、各社会が実際に社会制度を構築していくうえで、すでに社会的想像の一様式と言うにとどまらないグローバルな影響力を持っている。

それに対して、サモア社会におけるカトリック教会を中心とした自殺防止活動から見えたのは、このような理念型とは大きく異なる社会的想像のあり方である。サモアでは、首長制のうえにキリスト教や近代的な政体が重ね合わされるようにして社会が形成されてきた。このような歴史的経緯は、たとえば、キリスト教から「世俗」を切り分けた西洋社会とも西洋から到来したキリスト教に対抗する形で自身の「伝統」を創造していったメラネシアの諸社会とも大きく異なっている。この結果、サモア社会では、神から切り離された「世俗」や「公共」といったものは想像しがたく、首長・教会・政府といった諸領域がそれぞれに独自の人間のハイラキカルな序列として想像され、それらが神のもとで統合されると想像されている。

したがって、サモア社会の人々にとって、「教会がいかに『公共領域』の問題に切り込んでゆくか？」といった問いは意味をなさない。サモア社会では、自殺が「アーイガの問題」と位置づけられたことで、首長・教会・政府がともに関与し、ときに相克を生むような状況が生じた。そこで問われたのは、「神のもとにある首長・教会・政府が、自殺という深刻な問題をめぐっていかなる関係を取り結んでゆくのか？」ということであった。そして、実際の自殺防止活動においても、首長・教会・政府の各領域が異なる原理・習慣やヒエラルキーを保ったまま互いに直接干渉することを避け、神への言及を介して互いの関係を調整しようとする様子がみられた。

現代世界では、国際的な承認や協力を受けるにあたって、政教分離に基づく近代的な政体や、「宗教」から独立した民間組織といった、いわばグローバル・スタンダードに基づいた社会形態が前提とされるようになっている。その結果、多くの社会で、あたかも「宗教」と「世俗」といった社会領域が併存するかのような擬制が生み出されている。本論で検討したサモア社会もこの例外ではない。このような状況において、当該社会で現実に展開される社会事象を理解するためには、このような擬制の背後にある当該社会の歴史的文脈を掘り出し、そこに生きる人々の社会的想像のあり方をつぶさに検証してゆくことがより重要になる。西洋中心主義と批判されがちな世俗化をめぐる議論から踏み出す手がかりは、このような諸社会における社会的想像のあり方を比較検討してゆくなかから見出されるであろう。

註

（1）後にカサノヴァ自身も、「公共宗教」に関する自身の議論を振り返って、西洋中心主義的であり議論を市民社会に限定していると批判している（Casanova 2008）。

（2）実際には、彼のこの見解は西洋中心主義的という批判は免れないと思われる。しかし、その一方で、タイラーは「ヨーロッパを地方化する」と題して、「単一の近代」という幻想から離れ、「多種多様な近代」というものを想定することの重要性も説いている（テイラー 2010: 283-285）。

（3）一八三二年にサモアを訪れたステアによると、サモアの神話において「アツア」とは創造神アツア・タンガロア（*Le Atua Tagaloa*）をはじめとする高位の神々であり、その下には「それら神々から生じた精霊（*aitu*）」や「神格化された首長の霊（*tapua*）」や「亡霊（*sau-ali'i*）」といった概念があったと述べている（Stair 1896）。

（4）サモアの人々が自らを取り巻く社会的環境を説明するときに、英語の「社会（Society）」の借用語である「ソシエテ（*sosiete*）」という言葉を用いることはほとんどない。サモア語において「ソシエテ」は、「具体的な組織や団体」のみを指すものとなっている。調査時のインタビューなどで、人々は、アーイガ（*'aiga*）―村落（*nu'u*）―（地域（*itu*））―サモア（*Samoa*）（または国（*atunu'u*））という入れ子状の構造のもとに様々な説明を行うことが多い。この構造は、首長制における代表選出の段階とも対応している。人々にとって、アーイガは自らの存在をより広い社会的環境に位置づけるうえでの基盤と見なされているといえよう。

（5）この二つの事例とは、一つが「二人の兄弟が作物の販売をめぐって首長である父親と争って自殺に至った事例」であり、もう一つは「求婚を拒絶された青年が自殺した事例」であった。

（6）現サモア独立国、アメリカ領サモア（American Samoa）、ニュージーランド領トケラウ諸島（Tokelau Islands）も含む教区（Diocese）。もともとはフィジー―スヴァ大司教区（Archdeocese of Suva）の属司教区（Suffragan）であったが、一九七四年に独立した教区（Diocese）となり、一九八二年には大司教区（Archdeocese）に昇格した。それに合わせてピオ・タオフィヌッウも同教区の大司教（Archbishop）に就任した。

（7）「マプイファガレレ（*Mapuifagalele* ファガレレの休息所）」と呼ばれるこの施設は、一九七五年に首都アピアの近郊に開設され、現在もカトリック教会の貧民救済修道女会（The Little Sisters of the Poor）によって運営されている（Rhoads & Holmes 1981）。当初は、引退した教会関係者のための施設として計画されていたが、一九七〇年代以降の都市化の進展や海外での出稼ぎ・移住の増加による扶養介助者のいない老人の出現を受けて、カトリック信者以外の老人も無料で受け入れることになった。

参考文献

アサド、タラル

2006 『世俗の形成――キリスト教、イスラム、近代』中村圭志訳、みすず書房。

ウェーバー、マックス

1936 『職業としての学問』尾高邦雄訳、岩波書店。

1989 『プロテスタンティズムの倫理と資本主義の精神』大塚久雄訳、岩波書店。

ハーバーマス、ユルゲン

2014 『自然主義と宗教の間――哲学論集』庄司信・日暮雅夫・池田成一・福山隆夫訳、法政大学出版局。

高田宏史 2013 「公共宗教と世俗主義の限界――ホセ・カサノヴァとチャールズ・テイラーの議論を中心に」『年報政治学』木鐸社、2013 (1): 38-59.

テイラー、チャールズ

2010 『近代――想像された社会の系譜』上野成利訳、岩波書店。

Booth, H. 1999 Pacific Island Suicide in Comparative Perspective (Working Papers in Demograpy No.76). The Australian National University.

Bourke, T. 2001 Suicide in Samoa. *Pacific Health Dialog* 8(1): 213-219.

Casanova, J. 1994 *Public Religions in the Modern World*. University of Chicago Press.（『近代世界の公共宗教』津城寛文訳、玉川大学出版部、一九九七年）

2008 Public Religion Revisited. *Religion: Beyond a Concept* (*The Future of the Religious Past*). De Vries, H. (ed.), Fordham University Press.（「公共宗教を論じなおす」藤本龍児訳、磯前順一・山本達也編『宗教概念の彼方へ』法藏館、二〇一一年）

Fa'ataua le Ola

2011 *Strategic Plan, July 2011-June 2013*

2014a Fa'ataua le Ola/Samoa Lifeline (Official Report)

2014b (?) Working Together to Value Life in Samoa (Pamphlets for Promotion)

Garrett, J. 1982 *To Live among the Stars : Christian Origins in Oceania*. Consul Oecumenique.

1992 *Footsteps in the Sea : Christianity in Oceania to World War II*. World Council of Church / Institute of Pacific Sudies.

1997 *Where Nets Were Cast : Christianity in Oceania since World War II*. Institute of Pacific Sudies.

Government of Samoa

2008 *Reported Suicide 1999-2008*. Government of Samoa.

Government of Western Samoa

1960 *Constitution of the Independent State of Western Samoa 1960*. Government of Western Samoa.

Heslin, J. 1995 *A History of the Roman Catholic Church in Samoa*.

Luckmann, T. 1967 *The Invisible Religion: The Problem of Religion in Modern Society*. MacMillan Publishing Company.

Macpherson, C. and Macpherson, L.

1987 Towards an Explanation of Recent Trends in Suicide in Western Samoa. *Man* (*New Series*) 22-2.

Rhoads, E. C. & Holmes, L. D.

1981 Mapuifagalele, Western Samoa's Home for the Aged : A Cultural Enigma. *International Journal of Aging and Human Development* 13-2.

Rubinstein, D. H.

1992 Suicide in Micronesia and Samoa : A Critique of Explanations. *Pacific Studies* 15-1.

Samoa Bureau of Statistics

2011 *Population and Housing Census 2011*. Government of Samoa.

2016 *Census 2016 Preliminary Count Report*. Government of Samoa.

Stair, J. B. 1896 Jottings on the Mythology and Spirit-lore of Old Samoa. *The Journal of the Polynesian Society*. Vol. 5, No. 1 (17): 33-57.

Taylor, C. 2007 *The Secular Age*. Harvard University Press.

UNFPA 2009 Global Forum of Faith-based Organisations for Population and Development. UNFPA.

UNDP 2014 UNDP Guidelines on Engaging with Faith-based Organisations and Religious Leaders, UNDP.

Yamamoto, M.

1994 Urbanisation of the Chiefly System: Multiplication and Role Differentiation of Tiles in Western Samoa. The *Journal of the Polynesian Society* 103-2: 171-202.

第4章　マングローブ岸の回心とコミットメント
——フィジーにおけるダク村落事業からみたオセアニア神学

丹羽典生

1　はじめに

オセアニアとキリスト教

本稿では、宗教的な観念と社会的実践との関係についてオセアニアのキリスト教宗派の事例から考察する。キリスト教はヨーロッパから伝来したものであるが、その後の受容と定着を経て、いまではオセアニア発とする独自の神学も形成されている。具体的には、先住系フィジー人（以下、フィジー人）の生み出したローカルな神学と、社会開発や社会改革などの実践との関係を、最大宗派であるメソディズムへの深い帰依から生み出された宗教的社会運動の事例を取り上げて検討する。

オセアニアは文化的に多様な社会であるが、文化的差異を越えた「キリスト教的文化」が広く存在する地域でもある。キリスト教化の歴史は、一八世紀後半のプロテスタント系のロンドン伝道協会（London Missionary Society）による宣教を嚆矢とする。当時の最先端の知識や技術を携えたキリスト教宣教団は、オセアニア各地を布教する手段として、ローカル社会のなかに積極的に入り込んでいった。土着の首長やヘッドマンなど社会の中心的人物の実利的な関心をひいたり、あるいは彼らの敵対する勢力に接近するなどさまざまな戦略をとりながら、彼らはオセアニアのキリスト教化をすすめていった。

先にオセアニアに共通するキリスト教的文化と述べたのは、キリスト教化の過程において、オセアニア的と形容できるようなローカル化されたキリスト教の形態が生み出されたという事実を指している。複数の宗派が競合しながらではあったがキリスト教という点では同じ外来宗教の布教が、オセアニア諸社会の人々を広く巻き込んで展開することで、そうした土壌が形成された。オセアニアの土着の文化的実践に即した形で接合するという、現地人による実践的で主体的な関与を介在して現在のローカル化したキリスト教文化が生み出されたのである。象徴的な例として、ロトゥ（*lotu*）という言葉がある。トンガ語語源と思われるこの言葉は、ポリネシアからメラネシアの一部においてキリスト教を指す言葉として流通している、オセアニアの言語である（Thornley 2000: 184）。

オセアニアへのキリスト教の浸透具合は現在の状況からも確認できる。オセアニアの島嶼国では、いずれの国や地域もキリスト教の信者が大多数を占めている（Ernst 1994: 4）。かつて人類学において、人々が伝統をどのように認識しているかという伝統言説について盛んに議論されたことがあった。その際オセアニアの文脈で特に着目されたのは、明らかに外来のものであるキリスト教が一部の地域で土着の産物とカテゴリー化されている事例であった。この例が傍証しているとおり、オセアニアの現地住民のアイデンティティにもキリスト教徒であることは深く根づいている。

文化的な活動のさまざまな側面においてもキリスト教からの影響はみてとれる。教会活動の一部にほかの地域では見受けられないような土着の儀礼的実践が流用されている側面は、人類学者の耳目を引き、数多くの研究が積み重ねられている（e.g. 橋本 1996）。オセアニアにおける宗教とその実践に関する研究は、いまでも人類学・地域研究者の注目を集める話題なのだ。

憲法という近代国家の根本に関わる制度の文言にもキリスト教の影響はある。政治体制としてはイギリスやフランスといった植民地宗主国の近代的な枠組みが移植されている一方で、憲法の前文には、キリスト教がそれぞれの社会に果たした役割について言及されている例がみつけられるのである。フィジーは多民族・多宗教国家であるにもかかわらず、「イエス・キリストの御名の力を通じて、先住民を野蛮からキリスト教へと改宗した」と一九九七年憲法前文にわざわざ刻み込まれていた（Tomlinson 2009: 9）。憲法前文への書き込みだけでは不十分と考えるフィジー人が存在するようで、クーデタなど政治的混乱が生じる折々に、フィジーはキリスト教国家になるべきだという議論が起きている（Niukula 1997）。

キリスト教の影響という点で最後に付け加えたいのは、いまではオセアニア地域独自のキリスト教思想・神学が生み出されていることである。いつ頃、誰によってこうしたローカル神学が作り出され、普及していったのか分からないことが多い。しかし筆者が目にした範囲では、パプアニューギニア、ソロモン諸島、フィジーなどのメラネシアから、サモア、トンガなどのポリネシアにまで広がっていることが確認できる（e.g. Finau 2008; Gibbs 2005, 2007, 2010; Neumann 1992; Niukula 1994, 1997; Tuwere 2002a, 2002b; サモアとソロモン諸島は本書第3章、第5章参照）。そのためオセアニア発祥の土着的思想として高く評価する現地人の研究者もいる（e.g. Huffer and Qalo 2004）。

土着の神学の教義については、人類学よりは宗教学や神学の分野でとくに注目されており、文脈神学（contextual theology）とか土着神学（indigenous theology）などとさまざまな名称で呼ばれている。いずれにせよ、これらは、「オセアニア地域の（中略）土着の人々の文化、歴史、経験から生まれた神学」（Gibbs 2010: 34）を最大公約数的に意味している。別言すると、オセアニアの神学とは、土着に自生的に生み出されたキリスト教神学であり、それなりの体系性を備えた教義をもっている。古典的西洋の神学がしばしば理性的言説を用いるのに対して、オセアニアの土着神学は、意味への重要な手掛かりとして生命（そこには生活という意味までも包含している）と結びつけられているという特徴が指摘されることもある（Gibbs 2010: 35）。

こうしたローカルな神学に依拠する活動のなかで近年注目されているものには、ウィーバーズ（WEAVERS）がある。一九八九年に女性に対する神学教育の普及を目的として設立されたこの団体は、オセアニアの女性にとっての「織仕事」の重要性からこの名称が冠され、教会と社会における女性の役割の文化的違いに配慮しつつも、暴力や貧困の被害者となりがちな女性の地位向上を活動のテーマに掲げているという（Gibbs 2010: 41, 44; Ryle 2010: 32-34）。神学が社会改善運動と連動し、現代のＮＧＯ活動の形で実現した一例といえよう。

フィジーにおける宗教事情

個別の事例に踏み込む前に、本稿で取り上げるフィジーの宗教事情について整理したい。一九八六年の統計によると、フィジー人の約七四パーセントはメソディストで、約一四パーセントはカトリックである（Government of Fiji 1989: 17）。これらのキリスト教会は、フィジーとの歴史的関係が相対的に古く、首長層などと密接な関係を築いていることから主流派（mainline churches）と呼ばれている。村落部においては主流派が特に定着しており、宗教的実践も村落の土着の慣習と融合している。それ以外に、比較的近年普及し始めたキリスト教諸宗派を新宗教（new religious groups）と呼ぶ。セブンスデイアドベンティスト（Seventh Day Adventist）、アッセンブリーズオブゴッド（Assemblies of God）を代表として、それ以外にもさまざまなペンテコスト系の諸宗派が後者の範疇に該当し、ことに都市部において近年信者の数を急速に増大させている（Ernst 1994）。

主流派に属し、フィジーにおける宗教的最大派閥であるメソディストから、比較的新規の宗派である新宗教系は人々の分断をもたらすため好ましくないとされることがある。一方で、新宗教系からすれば、主流派キリスト教は伝統文化の要素を取り込みすぎており聖書の教えから離れているように見える側面がある（丹羽 2009）。

フィジーの場合、他のオセアニア島嶼部と異なり、宗派的な多様性だけでなく宗教的な多様性も大きい。植民地時代に同じイギリス領であったインド本国から多くのインド人契約労働者が導入されたからである。彼らは、一九五〇年から一九八〇年代半ばにかけて植民地における総人口の半数以上に達するほどの人口的多数派を占めていた。その後、少子化政策の成功に、一九八〇年代からのクーデタ[1]が巻き起こした反インド人的感情の興隆がインド人の国外流出を後押しするなかで、彼らの人口減少に歯止めがかからない状況にある。

宗教的な属性からインド人をみると、一九八六年統計では約七九パーセントがヒンドゥー教徒で、約一六パーセントはイスラム教徒である（Government of Fiji 1989: 17）。一九八〇年代からの政治的対立とそれに伴う民族間関係の悪化によって、いわばフィジー人からみた「異教徒」との宗教間対話や相互理解はより重要な課題となっている（Mackenzie 2008: 99-101）。そうしたフィジー人とインド人の相互の潜在的な反発はあるが、宗教対立が大きな事件の焦点になることはいまのところない[2]。むしろ、信仰（*vakabauta*）が異なるだけで同じ宗教（*lotu*）だという言い回しにみられるようなロジックで、彼らは日々の生活のなかで折り合いをつけている。

フィジー人にとって、キリスト教徒であることはアイデンティティとも密接に関わっている。都市部であれ村落部であれ、日曜日の礼拝は現在でも熱心に行われるし、それ以外の散発的な宗派ごとの集まりにも事欠かない。同じ教会のメンバーが病気になればお見舞いをし（*veisiko*）、亡くなれば葬式に参加する（*somate*）。バザーや募金は定期的に行われ、日常的な教会活動から教会の改修・新築のための資金源などにされる。さらに各村落では、メソディスト教会の牧師（*talatala*）や教会活動を補助する者（*vakatawa*）が常に滞在し、村での宗教活動を補佐している。[3] 彼らにも若干の金銭が支払われている。宗派の別を越えて村落や地域単位のキリスト教徒の集まり（*lotu ni vanua*）が定期的に催されることもある。信仰に関わる仕事はこのように数多く、多岐にわたる宗教的な義務や活動の負担こそがフィジー人の経済的生活水準の向上を妨げていると、熱心な信者であるフィジー人自身から――公然と口にされることは必ずしもないが――批判されることがあるほどである。

さらにフィジー人とキリスト教の関係では、教会活動における使用言語は無視できない。フィジー人の日常生活は、各地の方言的差異はあれフィジー語で営まれている。しかし、学校（ことに高等教育）やメディアにおいて、さらにほかの民族との交渉の文脈では、英語の存在感が圧倒的に高い。どれほどフィジー語に通じた人物であっても、政治や経済から教育の領域においてフィジー語だけで話をすることには困難を感じるほどである。そうしたなかで宗教は、一貫してフィジー語で会話を進めることができるのみならず、文章化することを通じて複雑な思考を進めることができる数少ない領域なのである。フィジー語の出版物がいい例であろう。フィジー語の新聞は週に一回発行されているが、日刊の英字新聞に比べると質量ともに見劣りしている。フィジー語で刊行された書物も、子供向けの絵本がほとんどである。例外は教会関係の書籍で、それらはかなりの数にのぼる。神学の領域においてこそ土着の思索が花開いていることは、理由のないことではない。

以上、フィジーにおけるキリスト教の位置づけについて概況を述べてきた。次節では、フィジーの事例から、オセアニアにおいて生み出されてきたキリスト教神学と、人々のキリスト教と開発に関する言説を整理する。それを通じて、フィジー人が宗教と開発との関係をどのように捉えているのか整理する。ついで、3節において宗教的社会運動の事例からそうした概念がどのように展開しているのか検討する。そして最後に、宗教と社会実践の関係について、本稿から何が見えてくるのかに言及して稿を閉じたい。

2 フィジーにおけるキリスト教神学とキリスト教に関する言説

オセアニア神学の展開

これまで漠然とオセアニアにみられる神学という言葉で記述してきた。ここでいう神学とは、具体的には、オセアニアの土着神学である。共通する特徴は、宗教・伝統・政府にそれぞれ相当する三本柱によって成り立つ世界観の存在に集約できる。先に述べたように、その起源やなぜこうした枠組みがオセアニア諸社会に広がっているかはよくわかっていない。オセアニア神学の特徴を例示するため、本節では、具体例としてのフィジーにおいて生み出された三本柱の考え方について、本稿の議論に必要な範囲で整理していきたい。

フィジーの三本柱は、ヴァヌア（*vanua* 伝統、土地）、ロトゥ（*lotu* 宗教）、マタニトゥ（*matanitu* 政府）という三つの言葉が表す領域の関係性として表現されている。オセアニアの他の地域の土着神学同様いつ生まれたのか定説はなく、それに関して系統的な研究がなされてもいない。しかし、このフィジー土着の宗教思想を「ヴァヌアの神学」として体系化して書物にまとめた最初の人物ははっきりしている。フィジー人のメソディス派牧師であり宗教学者でもあるイライティア・トゥウェレ (Ilaitia Tuwere) である。

イライティア・トゥウェレは、フィジーにおける宗教の最大派閥であるメソディストの牧師であり、同教会の書記長、理事長など要職を歴任している。一九八二年から八八年までフィジーの太平洋神学校 (Pacific Theological College) の校長、一九九六年から九八年までフィジーメソディスト教会の長、オークランド大学の神学部の名誉講師なども務めた。教育的背景としては、オーストラリアのメルボルン神学校で博士 (神学) の学位を一九九二年に取得するなど、教会出身の知的なエリートとしても認知されている。そのためメディア等から、メソディスト教会を代表した意見が求められることがある中心的人物でもあった (Tomlinson and Bigitibau 2016: 247-248)。彼の学位論文をもとに著作として公刊されたのが、『ヴァヌア——場所のフィジー的な神学にむけて』である (Tuwere 2002a)。この書物のなかで体系化された神学の中心的な要素は、すでにフィジー語版で刊行されていた (Tuwere 1998)。

彼は、著作のなかでフィジーにみられる三本柱的な枠組みを体系立てて整理している。彼によると、フィジー人がこうした組み合わせに重要な価値を見出すようになるのは、一八六〇年代頃——トゥウェレはヨーロッパ人との接触が頻繁になり、フィジー人社会に大きな変化が起きた時期を念頭に置いていると思われる――に起源があるという。それが、植民地化を経て現在みられる形にまとまったというわけである。その過程には三つの段階があったという。まず植民地化以前のフィジー社会である。そこでは、首長を中心とする共同的生活の場であるヴァヌアのみが存在していた。ついで、そうした社会にキリスト教（ロトゥ）が到来した。ヴァヌアの首長に帰属していた宗教的権威はロトゥの側に委譲されることになった。そして最後に、植民地政府（マタニトゥ）の登場である。ヴァヌアは、マタニトゥを受け入れ、やはり首長に委託されていた政治的権力までもそれに委譲する歴史をたどったとされるのである（Tuwere 2002a: 52-75）。

以上の転換を経た結果、植民地期以降は、ヴァヌア、ロトゥ、マタニトゥの三者がお互いを支え合うことでフィジー人社会を構成するという、現在まで続く三者関係に関する観念や、さらに三者の調和的な関係に価値観を見出すフィジー人の考え方が生まれたという（cf. Niukula 1997: 63-64; Tuwere 2002a: 52）。

この三本柱の神学の確立を考えるうえで、欠かすことができない人物がいる。フィジー人のメソディスト教会の牧師パウラ・ニウクラ（Paula Niukula）である。彼は、さまざまな宗派で構成されるフィジー教会会議（Fiji Council of Churches）[4]の調査部門の中心人物として活躍し、社会的公正や人権、そして政治と宗教の問題をめぐって、宗教人としての立場から積極的な提言をした人物である（Niukula 1994, 1997）。

彼はフィジー人の宗教的観念の特徴として「三本の柱」を指摘し、次のように整理している。当初はフィジー人だけのコミュニティが存在しており、キリスト教や植民地政府の到来を迎えることで、段階的に人々を一つに束ねていたものが分断されていき、こうした三本柱がフィジー人社会を構成するものとなったという（Niukula 1994: 14-16）。そして彼も、フィジー語で同じ内容の論考を刊行している（Niukula 1992a, 1992b, 1992c）。

宗教思想として整理した代表的人物として取り上げたフィジー人の二人がいずれもメソディスト派の牧師であるように、三本柱としての宗教観念は、メソディズムによって中心的に担われている。しかし興味深いのは、ある程度宗派を超えて、フィジーにおけるキリスト教徒、ことに先住系の間に共通する傾向があることである。

こうしたフィジーにおける宗教的観念は日常生活に根付いていることもあり、後続するフィジーの研究者からも一定の関心を引き寄せている。宗教的研究に限定しても、代表的なものとしては、以下が挙げられる。英国国教会派の神父でもある社会学者ウィンストン・ハラプア（Winston Halapua）は、フィジーの宗教とミリタリズムとの関係の関係から三本柱の概念に注意を払っている（Halapua 2003）。三本柱はメソディズム系（Tomlinson 2009）、新宗教系（Ryle 2010）を問わず、フィジー人の宗教観念に関する研究書では必ず触れられている概念である。

こうした三本柱に関する学術的研究が一定数存在すること自体が、フィジーの宗教神学の特徴といえるかもしれない。別言すると、三本柱の神学的表象がオセアニアに広くみられるものであることは触れたが、フィジーにおいてそれがことに言語化され体系化されているといえるのだ。背景には、現在の整備されたフィジー語の書記のシステムは、布教活動における必要性から宣教師によって案出されたものだという歴史的関係が指摘できる。そのため宗教という領域は、フィジー語を通じて知的な作業が可能となる数少ない分野として比較的早時期に確立している。現地語で出版されている書物の大半はキリスト教関係であることはすでに指摘した。

それ以外に、フィジー社会における宗教の位置づけも関係していよう。フィジーは、一九八〇年代からクーデタが連続する政治不安の絶えない国家である。そのなかで主流派であるメソディスト教会は、一九八〇年代から二〇〇〇年まで、教会内部の意見対立や個々の反対者を生み出しながらも、体制としてはクーデタを事実上容認するかのようなスタンスをとり続けていた。そうしたスタンスは、カトリック教会やそれ以外の宗教的ＮＧＯ、大学のアカデミシャンを中心に大いに問題視されてきた（Niukula 1997）。つまり宗教と政治の関係を根本から考え直さざるを得ない状況にあったし、実際、両者の関係をめぐって神学的論争が起きてもいた（Niukula 1997; Ryle 2010: 53-54, 57-59, 61-63）。フィジー土着の伝統的文化とキリスト教の関係について、その教義を含めて根底から問い直さざるを得ない反省的な契機が存在していたのである。

宗教言説から見た神学の位置づけ

神学という表現からは知的階級の構築物という印象を受けるかもしれないが、少なくとも三本柱の概念は一般にも広く浸透している。例としてフィジーのクーデタ時の人々の動きがあげられる。

フィジーは一九八七年以降クーデタの連鎖が続く政治的問題を抱えた国家である（丹羽 2013: 123-149, 2016: 205-238）。クーデタに付随して大衆レベルで掲げられたスローガンの一つが、「私の神、私のヴァヌア（*noqu kalou, noqu vanua*）」――神が「宗教」、ヴァヌアが「伝統」に相当する――であった（Ryle 2010: xxxi; Niukula 1994: 13）[5]。

こうした土着主義と宗教が混交した主張が生み出されたのは、総人口の半分を占めたインド系が中心となった政府（マタニトゥ）の誕生に対する、フィジー人側の危機意識がある。このスローガンは、その後ことあるごとに定型句として繰り返し引用されていくこととなった。宗教的観念が人を動機づけるのか、人々の危機意識が宗教的なベールをかぶって表明されているのかは、議論が分かれよう。本稿のなかで指摘できるのは、三本柱の考え方がその妥当性を問われることなく、一般人へ自然に浸透して流通しているという点である。

3　ローカルな宗教的社会運動からみえる三本柱

ダク運動とは何か

ここで取り上げたいのが、フィジーのタイレヴ地方（Taileva Province）ダク（Daku）村落で起きたダク運動という宗教的社会運動である[6]。ダク運動は、一九三七年一月一二日に、ラトゥ・エモシ・サウララ（Ratu Emosi Saurara）によって開始された。彼は、ダク村落において様々なプロジェクトに着手した。マングローブに囲まれた汽水域に位置するダクは、天候によっては水没するような土地であった。彼は、村落民を動員して埋め立てを敢行し、地質の改善を図った。併せて農耕地を拡大させ、川沿いの近隣に衛星村を設立してもいる（丹羽 2009: 254-256, 261-262）。

先に宗教的社会運動を形容したように、ダク運動の射程は宗教面にも及んでいた。指導者は村落民から宗教的指導者として尊敬されており、彼の考えのすべては聖書の言葉に基づいているとされていた。村落整備事業ではまっさきにキリスト教教会が建設された。その位置も、主要交通路であった船着き場の正面に置かれた。メソディズムがダク村落において唯一正統な宗教とされ、カトリック教徒を追放する事件を起こしたほどである。フィジー全体でも彼らの活動は認知されていたと思しく、メソディズムのフィジー伝来一〇〇周年にバウ（Bau）島の教会の改修工事が行われた際も、ラトゥ・エモシを中心とするダクの村落民が担っていた（丹羽 2009: 258-259）。[7]

こうした一大変革の影響は現在の村落生活にも残されている。指導者と行動を共にしており、ダク運動に一意専心してきた村落の老人の中には、いまだに指導者とその運動について、「奇跡の出現を見た」と語る人がいる。通常であればキリストの肖像画や家族の写真が掲示される家屋の梁の中央に、指導者の写真が掲げられていることも稀ではない。そもそも村落の講堂は、指導者の存命時に使用していた住居である。壁面内部には、かつての指導者の姿や事業の折々に撮影されたおびただしい数の写真が掲示されている。

こうしたダク運動は、フィジーの一小村の事業という水準を超えて、フィジー全体で相当な関心を集めていた。かつて筆者はダク運動がフィジーにおいて着目されたのは、その活動の特徴がフィ

写真1　ダクの指導者のタイプライター（2008年、アンティオキ・フィジー）

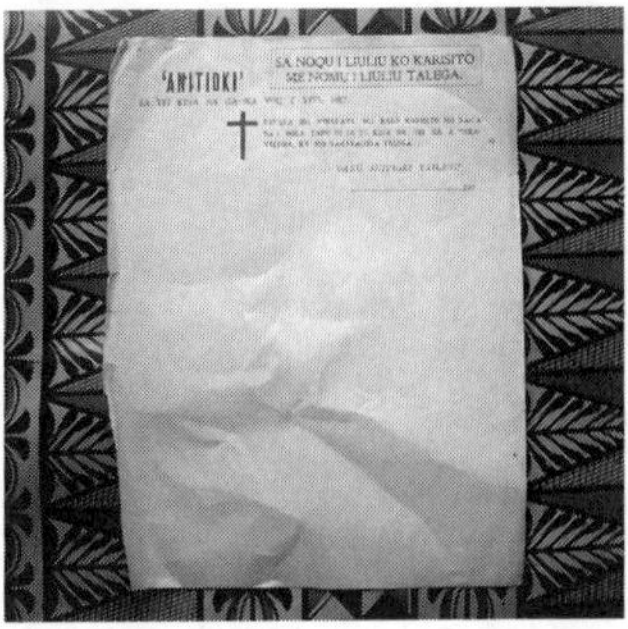

写真2　ダク運動のレターヘッド（2008年、アンティオキ・フィジー）

ジー人に選好される三本柱と価値観の点で重なっているためであると指摘したことがある（丹羽 2009）。すなわちダク運動という宗教的な刷新を通じて、ヴァヌアとマタニトゥの再生を図る企図があったというわけである。

指導者の日記からみた三本柱

ダク運動がフィジーのなかで広がり評価された背景に、三本柱の考え方と共振するものがあると考えられる。それではそもそも指導者エモシは、三本柱をどの程度認識していたのであろうか。本節では彼が残した日記の記述を手掛かりにその点を検討してみたい。

これまでの研究では知られていなかったことであるが、指導者はかなりの量の文字記録を残している。彼の甥によると、指導者は、空いた時間が少しでもあればタイプライターでもの書きをしていたという。筆者が入手できた範囲でも、タイプされた膨大な手紙類やメモのほか、後述する日記が関係縁者に残されている。手紙を作成する機会はよほど多かったのか、ダク村落事業のためのレターヘッドまでが作られていた。

彼が残したノート類は、彼自身子供がいなかったこともあり、遺族である彼の甥の手元に分散して残されている。そうした多様な資料のなかでもここでは日記を参照したい。日記はフィジー語で手書きされており、筆者が見つけた限りで三冊存在している。それぞれ、①一九四九年一月三日から一九四九年八月二八日までの記述、②一九五二年から一九六一年三月までの記述（また②では途中から甥が文章を書いている）。そして③一九五七年から一九六五年一月の記述である。なお、一九五二年と一九五七年の日記の開始月を書いていないのは、一部時期の確定しづらい記述があるためである。

日記の内容は、いずれも日常の出来事がとびとびながら記載されている。しかし記述の多くは、指導者が日々重ねていた思索やあるいはその時々に思い付いた宗教的な着想の展開に割かれている。たとえば、彼が夢で見たこと、神の言葉を聞いた体験などが宗教的思索の形でつづられている。そのためアーメン（*emeni*）という祈りの言葉が頻出したり、「預言者ラトゥ・エモシ」――彼は、預言者（*parofita*）を自称していた――というサインが出てくるなどの様式上の特徴がある。また公開を前提にした書き物ではなく、個人的な思索メモとしての性格もあってか、同じような内容の繰り返しが非常に多く見受けられる。

ここの主題である三本柱と関わる彼の記述を、日記の中から検討していきたい。明確に三本柱が言及されているのは、日記①の一九四九年六月二八日である。植民地化以前のフィジーがキリスト教を受容した際、バウのマタニトゥ（伝統的政体）がロトゥ（宗教。ここではキリスト教）を受け入れたことで、フィジーというヴァヌア（土地）に教えが広がったという文脈で言及されている。これと意味が少しずれるが、日記②の一九五二年二月二六日でも三本柱の要素に言及している。そこには、「ダクの働きこそが、フィジーというヴァヌア（土地）において、神のマタニトゥの大いなる礎となる。それが、フィジーにおいて、イエスとそのロトゥ、権限、ヴァヌア、マタニトゥをお披露目することになる」という文言が書き込まれている。ここではマタニトゥは「キリスト教王国」の意味で使用されている。

三つの要素がすべて揃うわけではないが、そのうちの二つについて言及する箇所は数多くある。ヴァヌアとロトゥについては、たとえば日記①の一九四九年六月一三日のなかで、アフリカ人が奴隷にされている話をサモア人より聞いたことに触発された彼の考えが開陳されている。土地所有者と宗教との関係の重要性という文脈である。さらに、日記①一九四九年六月二六日では、ヴァヌアは先住民のものであることが主張され、それ以外のフィジー生まれの民族は、日曜日に敬意を払い、その日に働かないことなどに留意する必要があると言及している。つまりは、ロトゥという宗教的規範に強く従うことの必要性を述べている。

ついてマタニトゥとロトゥについてみていきたい。代表的なのは日記①の一九四九年六月五日の記述で、フィジーにおけるキリスト教への改宗の歴史を念頭に置きつつ、マタニトゥとロトゥとの関係が言及されている。こうした文脈では、キリスト教（ロトゥ）の王国（マタニトゥ）という用例となっている。同じような意味の文言は日記を通じていたるところに目にすることができる。
日記①一九四九年七月一日では、フィジーにおけるヴァヌア（土地）にロトゥの信者を広める役割としてのマタニトゥについて述べている。先住系を代表するカリスマ的な政治家ラトゥ・スクナ（Ratu Sukuna）が、同時代的にそうした責務を負っていたが、彼ではもう担いきれないとの考えを表明している。同じ用法は日記②一九五三年一月三一日でも出てくる。ロトゥ、マタニトゥとの相互の関係がフィジーには存在しており、バウの首長であったラトゥ・セル・ザコンバウ（Ratu Seru Cakobau）[8]が担っていたというわけである。

最後に残されるのは、ヴァヌアとマタニトゥとの組み合わせであるが、筆者が確認した限りで、双方の関係のみを扱っている箇所は見受けられなかった。

以上、日記の記述は以下のようにまとめることができる。三本柱に相当する概念は、フィジーのマングローブ脇にある一農村で開始された宗教的社会運動のリーダーの頭のなかにまで存在するほど、一九四〇年代から六〇年代のフィジーにおいて浸透していたと推測できる。したがってかつて筆者が論じた社会運動の展開と三本柱との関係の背景には、当時の社会各層に相当程度根を張った考え方があったと考えられる。

4　神学とコミットメント

フィジーにおける三本柱の広がりと諸相

これまで本稿では、オセアニアの宗教的思想のなかに伝統、宗教、政府の三本柱が、ヴァリエイションを伴いながらも、一定の広がりをもって受け継がれていることを確認してきた。そしてフィジーにおける事例をもとに、この宗教的思想が胚胎された背景として、フィジー語という言語を媒介とした思索が可能であるという条件について触れた。トゥウェレの思想的著作は、オセアニアで育まれた宗教思想を準備したのではなく、むしろそれらの帰結である。彼の著作は、一般の層にも相当程度広がっていた考え方を、体系だてて論述したものであると思われるのだ。

そのうえで、ダクという特定の社会運動とその指導者の日記を手掛かりに、三本柱の宗教的な考え方は都市部に限定された現象ではなく、農村部にも見受けられた現象であるということを明らかにした。別言すると、これは三本柱の考え方が、フィジーのローカル社会でいかに普及、展開していたのかを検討する作業でもあった。

以上の記述分析からいえることは、三本柱の考え方が、少なくとも二〇世紀後半の時点においては、一般の人々の間にもそれなりに浸透していたということである。また、ダク運動の事例で述べたように、フィジーの一般の人々を行動に駆り立てる力すらもっていた。人々はダク運動を通じた生活環境の急激な改善に、宗教的な言辞から説明を施している。そして別稿でこの点については論じたことがあるが、そうした宗教的な語りは奇跡の語りへと転嫁し、近隣村落に拡散して、さらには国レベルのメディアから研究者、政府の高官にまでの注目——経済的生活水準の成功譚から、宗教的な奇跡までの幅がありながら、いずれもほかならぬフィジー人が成し遂げたというエスノナショナリズム的な契機を含みつつ——を招き寄せることとなった節もある（丹羽 2009: 252-254）。
注意が必要なのは、三本柱の神学は、一九八七年以降のフィジーのクーデタを正当化する言辞として繰り返し使用されていたことからもわかるように、政治的対立の文脈でも一般の人々の感情を刺激する思考の枠組みであるということである。

一九八〇年代以降のグローバル化に伴い、国民国家の基盤がリシャッフルされることで、政治体制がいっそう不安定となり、エスニックな単位での紛争が起きていることがしばしば指摘される。本稿の対象であるフィジーにおいても、一九八七年のクーデタを始点として政治的混乱が終わりをみない国家となっている。そして実際に、先住民の権利の拡張を唱える人々が回顧的に熱い視線を送り、ある種の理想郷的、あるいはメシア的な参照点とするのも、ダクも一例として含まれるような、先住民の手による先住民のためのプロジェクトとしての宗教的社会運動の系譜なのである（cf. 春日 2001: 345-348）。

こうした背景には、一九四〇年代のフィジーの貧しい一農村の片隅において、初等教育を受けた程度の人物にも計画を立案できるほどの思索を可能としたフィジー語という言語媒体の成熟がある。またフィジー語は宗教的な対象に傾斜した形で言語として整備されていったがゆえに、ダク運動のような偏りが生まれたともいえよう。現代の指導者であれば、英語による教育やメディア影響の浸透により、宗教体系に依拠しないさまざまなデータや国内外の事例から研究の成果にまで接することが日常的になっている。ダク運動の指導者にはフィジー語を通じて思索をすすめたがゆえの限界があったのである。ただしそのおかげでフィジー人を中心に広範で大衆的影響力をもつことが可能になったといえる。現在のエスノナショナリズムという文脈における再評価は、その残照といえるかもしれない。

三本柱に孕まれる曖昧性

三本柱の神学がもつフィジーの一般の人々への訴求力について記述してきた。そしてそれは、ダク運動が人々を巻き込んでいった展開においても、また、政治的文脈でダク運動などの宗教的社会運動がもっていた着想の源泉としても確認することができた。ところで逆説的に響くかもしれないが、そもそも事例として取り上げたダク運動の指導者であるラトゥ・エモシ自身は、三本柱の神学にどれほど肩入れしていたのであろうか。最後にこの点をみていきたい。

ラトゥ・エモシがオセアニア神学を認知していたことは、まずまちがいない。これまでに分析した通り、ヴァヌア、ロトゥ、マタニトゥに関する記述は彼の日記にも出てくる。また宗教学校で教育を受けたという彼の知的背景や村落行動の写真――彼はメソディスト系宗教指導者とともに写されている――が傍証しているように、当時のフィジーにおける宗教的な知識のサークルに何らかの形で組み込まれていたことは疑いえない。

そうした明白な事実の一方で興味深いのは、指導者の日記から読み取れる曖昧さである。彼の日記において三つの構成要素がはっきり記述されているのは、むしろ一部なのである。これはこの日記が彼の宗教的思索のメモという色彩が強いものである以上、筆者には奇異に感じられた点である。

ことに特徴的なのは、三本のなかにおけるマタニトゥの文脈に応じた意味の多義性である。フィジー語の原義ではマタニトゥは政体を意味している。そのため、伝統的な政体から、植民地政府や独立後であれば時の政府を意味することもある（Ryle 2010: 42）。宗教的文脈にまで敷衍すれば、この語にはキリスト教王国も含まれる。さらに、単に多義的というだけでなく、三本柱のなかではマタニトゥの位置づけは曖昧であり、たとえばフィジーの特定の地域ではこの表現が不在の場合もあるとされている（Ryle 2010: 55; Tomlinson 2002: 239）。

指導者の日記の使用例からも似た傾向を看取できる。そこでは、キリスト教王国という意味が比較的多く散見されたものの、植民地政府を指すマタニトゥの用例も拾うことができた。日記の内容を整理すると、彼の着手したロトゥに基づく社会運動としてのダク運動が基盤にあり、その運動を通じてヴァヌアが再生され、その到達点あるいは論理的展開の帰結としてマタニトゥの再生も意味されていたと思われるのである。こうした流れにおいて、ロトゥ、ヴァヌアとマタニトゥが一体となって論理的に整理することが可能となる。

このようにまとめてみると、フィジーの政治的混乱の渦中において、先住系に「我が神、我がヴァヌア」が唱えられたことは、クーデタ派の政治的スローガンとして気軽に看過すべきではないかもしれない。そこにマタニトゥが欠落していることは、これまで議論してきたキリスト教ローカル神学の一般普及版の特徴と見事に平仄を合わせている。ロトゥの活動を通じた目指すべき到達点として、マタニトゥは語られざる前提として認識されているのかもしれない。

5　おわりに

本稿の出発点は、オセアニアにおいて発達したローカルな神学と人々の社会的実践のコミットメントを考えることであった。事例として扱ったダク運動の素描から見えてくるのは、一九六〇年代のフィジーという発展途上国のマングローブ脇において、思索を可能にした唯一の言語的媒体はキリスト教によって準備されていたという事実である。オセアニア神学はそうした辺縁においても浸透していたことが指導者の日記からも確認できた。また土着言語による体系化を経ていたため、そうした思索は神学へと昇華されたのみならず、教育とは縁遠かった村落部の人々までを巻き込んで運動を駆動する力となりえたということである。そしてダク運動がローカル社会のくびきを脱し、村落社会を横断してフィジー全体で着目されるような一大イベントとなった要因もそこに見出すことができた。

ダク運動にみられたような、宗教と開発といった社会的側面の混交した活動においては、信仰が実践への関与を引き出したといえるだろうか。参加者が通常のフィジー人の生活様式から過度に離れて活動に打ち込んだ背景には、間違いなく信仰への帰依があったといえよう。そして活動の目指す目的の一つに世俗的な生活改善に相当する領域が含まれていたことも事実である。ただし三本柱に代表されるような信仰の枠組みを、一般の人々が行為に踏み切る原因にまで結びつけるのは行き過ぎであろう。人々の行動の方向性を大まかに枠づけていた可能性はあるが、そこまで明確な関係性が指摘できるのは指導者など一部の人々に限られると思われる。指導者エモシが三本柱を知っていた可能性が高いことについては議論したが、そこから神学が人々の行為を使嗾したとまでは言い切れない。むしろ、こうした枠組みがある程度人々の間に普及していたのが事実であるにしても、一般の人々の行為のレベルでは、別稿で詳細に触れているように、指導者のカリスマにひかれたという要因の方が強力だったと考えられる。

本稿では過去の事実の分析に比重が置かれているが、ダク運動もその系譜に連なることになる宗教的社会運動は、独立期以降の紛争の折々においても、先住民のための先住民によって起こされた先駆的取り組みとして再帰的に称揚されている。それは、運動の関係者や観察者の間にも階層的な差異がみられるとはいえ、この地域の誰もが三本柱的な価値観とどこかで関わり、その理念とされるべき方向性と交わる箇所がこうした社会運動のなかに見出されているからであろう。別言すると、社会的混乱期や民族としてのアイデンティティが問われるような現実的な諸問題と対峙する局面において、宗教と世俗のはざまに位置するような社会運動が、三本柱を実現化する可能性を秘めた亡霊のように、ユートピア的な参照点として呼び出されることを示唆している。

現状を批判的に吟味する構想力の源になっているという意味で、太平洋のマングローブ脇で起こされた運動は、未来にもなにがしかの影響を及ぼすであろう。宗教とコミットメントの関係を考えるとき、ダク運動のような事例は、三本柱という神学的思考の回路を通じてこうした社会的想像力や構想力を刺激する枠組みとして、依然として強い影響力を持っているといえる。

註

（1）フィジーは一九八七年以降、クーデタの連鎖する国となっている。背景には、移民の末裔であるインド人の人口的増大と先住系の内部における経済的な格差が複合する状況がある。フィジーのクーデタの展開とその諸問題については、別稿を参照のこと（丹羽 2013, 2016）。

（2）ただし一九八〇年代のクーデタに伴う暴動に際して、インド人の宗教的施設が破壊される事件が起きている。こうした例にみられるような他宗教に対する非寛容の問題は、クーデタ以降しばしばクローズアップされる。

（3）この制度はメソディスト教会の形式である。しかし他の宗派でも多かれ少なかれ同じような仕組みをもっている。

（4）フィジー教会会議は、一九六四年にメソディズム、英国国教会派、長老教会派、サモア会衆派教会によって結成されたエキュメニズムのための団体。以降、ローマンカトリック（一九六八年）、救世軍（一九七七年）、フィジー・バプティスト団（一九八四年）が参加している。会議の憲法を受け入れるという条件のもと、キリスト教諸宗派に開かれている（Ernst 1994: 218-219）。

（5）このスローガンのもとになった言葉を生み出したのは、ラトゥ・スクナという説がある（Ryle 2010: xxxi）

（6）ダク運動の展開について別稿で詳細に論じてある（丹羽 2009: 252-297）。本節では、本稿に関わる範囲で、それを整理している。

（7）バウ島は、植民地化以前の伝統的な政治的権力の中心地であり、キリスト教をフィジーで最初に受け入れた首長の島でもあった。
（8）註7で言及している首長は、このザコンバウのことである。

参考文献

春日直樹　2001　『太平洋のラスプーチン――ヴィチ・カンバニ運動の歴史人類学』世界思想社。
丹羽典生　2009　『脱伝統としての開発――フィジー・ラミ運動の歴史人類学』明石書店。
丹羽典生編　2016　『〈紛争〉の比較民族誌――グローバル化におけるオセアニアの暴力・民族対立・政治的混乱』春風社。
丹羽典生・石森大知編
　2013　『現代オセアニアの〈紛争〉――脱植民地期以降のフィールドから』昭和堂。
橋本和也　1996　『キリスト教と植民地経験――フィジーにおける多元的世界観』人文書院。
Palu, Ma'afu 2012 Dr Sione 'Amanaki Havea of Tonga' the Architect of Pacific Theology. *Melanesian Journal of Theology* 28(2): 67-81.
Ernst, Manfred
　1994 *Winds of Change: Rapidly Growing Religious Groups in the Pacific Islands*. Suva, Fiji: Pacific Conference of Churches.
Finau, Salesi 2008 Jesus the Haua: Diaspora Theology of a Tongan. *Pasifika Occasional Series* 1 (2).
Gibbs, Philip 2005 Grass Roots in Paradise: Contextual Theology for Papua New Guinea. *Melanesian Journal of Theology* 21(1): 37-62.

2007 Narrative and Context in a Practical Theology for Papua New Guinea *Australian eJournal of Theology* 9: 1-13.

2010 Emerging Indigenous Theologies in Oceania. In Gira, D., Irarrázaval, D., and Elaine Wainwright (eds.), *Oceania and indigenous theologies.* London: SCM Press. pp.34-44.

Giesecke, Annette and Naomi Jacobs

2015 *The Good Gardener?: Nature, Humanity and the Garden*. London: Artifice Books on Architecture.

Goverment of Fiji

1989 *Report on Fiji Population Census 1986*. Suva: Bureau of Statistic.

Halapua, Winston

2003 *Tradition, Lotu and Militarism in Fiji*. Lautoka, Fiji: Fiji Institute of Applied Sciences.

2006 Moana Waves: Oceania and Homosexuality. in Brown, Terry (ed.), *Other Voices, Other Worlds: The Global Church Speaks out on Homosexuality*. London: Darton Longman and Todd.

Huffer, Elise and Ropate Qalo

2004 Have We Been Thinking Upside-Down?: The Contemporary Emergence of Pacific Theoretical Thought. *The Contemporary Pacific* 16(1): 87-116.

Mackenzie, Tessa

2008 The Story of the Inter-faith Search. in Lal, Brij V, Chand, Ganesh and Vijay Naidu (eds.), *1987-Fiji Twenty Years on*. Lautoka, Fiji: Fiji Institute of Applied Studies. pp.99-101.

Morrison, Glenn

2013 Grapes, Olives and Yams: Towards a Theology of the Garden in Oceania. *Australian eJournal of Theology* 20(3): 171-184.

Neumann, Klaus

1992 *Not the Way it Really was: Constructing the Tolai Past*. Honolulu: University of Hawaii Press.

Niukula, Paula

1992a *O keda na vanua*. Suva, Fiji: Lotu Pasifika Productions.

1992b *O keda na lotu*. Suva, Fiji: Lotu Pasifika Productions.

1992c *O keda na matanitu*. Suva, Fiji: Lotu Pasifika Productions.

1994 *The Three Pillars: The Triple Aspect of Fijian Society*. Suva, Fiji: Christian Writing Project.

1997 Religion and the State. In Brij Lal and T. Vakatora (eds.), *Fiji Constitution Review Commission Research Papers: Volume 1 Fiji in Transition*. Suva: School of Social and Economic Development. University of the South Pacific.

Ryle, Jacqueline

2010 *My God, my Land: Interwoven Paths of Christianity and Tradition in Fiji*. Farnham, England; Burlington, VT: Ashgate.

Thomas, Nicholas

1997 *in Oceania: Visions, Artifacts, Histories*. Durham, N. C.: Duke University Press.

Thornley, Andrew

2000 Lotu. in Lal, Brij and Kate Fortune (eds.), *The Pacific Islands: An Encyclopedia*. Honolulu: University of Hawai'i Press.

Tomlinson, Matt

2002 Sacred Soil in Kadavu, Fiji. *Oceania* 72(4): 237-257.

2009 *In God's Image: The Metaculture of Fijian Christianity*. Berkeley: University of California Press.

Tomlinson, Matt and Sekove Bigitibau

2016 Theologies of *Mana* and *Sau* in Fiji in Tomlinson, Matt and Kāwika Tengan (eds.), *New Mana: Transformations of a Classic Concept in Pacific Languages and Cultures*. Canberra: ANU Press.

Tuwere, Ilaitia

1987 Thinking Theology aloud in Fiji. in G. W. Trompf (ed.), *The Gospel is not Western : Black Theologies from the Southwest Pacific*. Maryknoll, New York: Orbis Books.

1998 *Na Were-Kalou kei na tamata*. Suva, Fiji: Lotu Pasifika Productions.

2002a *Vanua: Towards a Fijian Theology of Place.* Suva, Fiji: Institute of Pacific Studies, University of the South Pacific.

2002b What is Contextual Theology. *The Pacific Journal of Theology* 27: 7-20.

第Ⅱ部　ソーシャル・キャピタルとしての宗教

第5章　宗教とソーシャル・キャピタル論の再検討
――ソロモン諸島における教会主導の植林プロジェクトの顛末

石森大知

1　はじめに

二〇〇〇年代以降、国際的な開発援助において宗教（宗教者、宗教組織）による開発への積極的な参加が認められる。このような宗教と開発の結びつきは、人間の基本的ニーズや人間開発などが提唱され、物質的なものにとどまらず、精神的な豊かさの重要性が認識されたことに由来する（ハインズ 2007; Barnett and Stein eds. 2012; Tomalin 2013）。開発方針の転換は、社会開発および住民参加型開発を生み出すとともに、本稿との関連でいえば、宗教組織に属することで獲得されるソーシャル・キャピタル（social capital 以下、ＳＣ）の注目につながった。というのも、宗教は人々の精神生活の奥深くに入り込み、信頼関係や互酬性に基づく社会関係・人的ネットワークの形成に寄与しているとみなされるからである。その背景として、個人主義・自己責任・経済至上主義の風潮が強まるなか、宗教はそれらとは異なる価値観や生き方を提示しつつ、市民社会を構成する有力なアクターとなり得るとする、ポスト世俗主義的ともいえる昨今の状況が指摘できる（Smidt ed. 2003; Hearn 2008; Haar ed. 2011; 稲場 2011; 櫻井・濱田編 2012）。本稿では、このように社会関係・人的ネットワークに着目して宗教による開発実践を読み解こうとする議論、すなわち「宗教とSC論」を取り上げる。

宗教とSC論は、開発援助研究におけるSCの位置づけと同様に、SCとしての宗教が生み出す諸関係やネットワークに基づいて開発を導入・実践し、その経験をとおして人々の社会参加を促し市民社会の構築に寄与するというストーリーを描いている。たしかにある種の宗教は助け合い・支え合い・思いやりといった利他主義的な理念を有しており（cf. 稲場 2011）、それに基づいて困窮する人々を支援すること、その輪が広がっていくことは十分に考えられる。しかし、近年に数多く刊行された先行研究は、宗教の肯定的な側面やその可能性を強調しつつ、固有の信仰を共有する人々の紐帯を、あらかじめ信頼関係や互酬性・協調性の規範に基づくものとみなす傾向がある。加えて、開発の導入に至る経緯やその成果は論じられても、開発そのものの展開過程への視点は希薄であったといえよう。その結果、宗教内部にみられる複雑な諸関係が隠蔽されるとともに、「誰にとっての何がSCなのか」という点も曖昧なままとなっている。[1] そう考えれば、固有の信仰が開発実践とどのように関係しているのか、あるいはいないのかを含め、とくに一般の人々の視点から、宗教的紐帯および開発の実態に迫る必要がある。

　宗教と開発の結びつき、そしてSCへの注目は、筆者の調査地であるソロモン諸島でも生じている。おもに二〇〇〇年以降、上述した国際的な援助方針の転換と軌を一にする形で、キリスト教会がこれまで以上に重要な役割を開発援助の現場において担ってきた。ソロモン諸島の総人口五七万人の九七パーセントはキリスト教徒であり、教会は「ソロモン諸島を覆う唯一の公的なトランスローカルの市民社会組織」と位置づけられる（Douglas 2007）。同諸島では一九九八年から大規模な民族紛争を経験した後、二〇〇三年から豪州中心の平和維持部隊の活動が開始され、二〇一七年六月まで続いた。現在はポスト紛争期・ポスト平和維持部隊期などと呼ばれ、教会主導による平和構築と社会開発、そして市民参加の促進を目指す活動が盛んである（Hegarty et. al. 2004; White 2006; Bird 2007; Joseph and Beu 2008; McDougall 2008）。なかでも、本稿で取り上げるニュージョージア島のクリスチャン・フェローシップ教会（Christian Fellowship Church 以下、CFC）による社会林業プロジェクトは、その広範囲に及ぶ規模と持続力から大きな注目を集めた。

　CFCはニュージョージア島を中心に活動する土着発生的な独立教会であり、豪州の資金・技術援助を受けて大規模な植林プロジェクトを実施してきた。同教会の宗教的指導者が「地域社会における宗教と開発に対する貢献」としてイギリス王室からナイト爵（KBE）を得たこともあり、CFCの「成功」は研究者や各種メディアから盛んに取り上げられた(2)。その際、宗教的指導者の強力なリーダーシップのもと、特定の親族集団を超える人々が一致団結して広範囲の慣習地で開発を実施していることが評価の対象となった(3)(国際協力事業団 2000; Hviding 2011; Racelis and Aswani 2011; Solomon Star 2014)。地域社会に根差したボトムアップ型の開発の取り組みとして、その規模の大きさはたしかに特筆すべきである。ソロモン諸島では、国の総面積の八七パーセントを占める慣習地の所有形態が親族集団単位に細分化されていることが、近代的な経済開発を阻害する最大の要因とされてきたからである。すなわち、先行研究に従えば、CFCはSCを生み出すことで集団間に潜在する競争主義や嫉妬心などの「しがらみ」を乗り越え、大規模な開発を実現したことになる。

しかし、宗教とSC論のご多分に漏れず、植林プロジェクトがCFCの一般信徒の間でいかに受容され、実践されてきたのかを明らかにする研究は限られている。そのため、固有の信仰がプロジェクトのなかでどのような形で反映されているのか、またその展開過程でどのような諸問題が生じたのかも未報告のままである。そこで本稿では、一般信徒の視点に寄り添いながら、CFCの植林プロジェクトの実態を明らかにすることにしたい。

以下、第2節においてSC概念に関する議論を検討した後で、第3節ではCFCの概要と植林プロジェクトの導入経緯を明らかにする。さらに、第4節ではプロジェクトがどのように一般信徒に受容され、いかなる問題をはらみつつ実践されたのかを概観する。また、二〇一一年以降、CFCは二つのグループに分裂するが、それがプロジェクト全体に与えた影響についても考察する。第5節では、それまでの事例を踏まえてCFC信徒のネットワークについて分析しながら、あわせて宗教とSC論の批判的な検討を行うものである。

2　宗教とSC論の批判的検討

SCという語が、今日のように世に広まるきっかけをつくったのは、社会学者のピエール・ブルデューである。ブルデューにとってSCとは、文化資本と相補的に関係づけられるものであり、両者ともに象徴資本を構成するものである。象徴資本とは、金銭などの経済資本以外のものであり、学歴をはじめ絵画や骨董品といった文化的財のほか、慣習行動や振る舞いなど個人的な文化的素養を指す。そして象徴資本の蓄積は、その所有者の権力や社会的地位の獲得・向上につながるという。この位置づけからもうかがえるように、SCとは、個人が権力や資源配分の場にアクセスするために用いる人的ネットワークやコネクションを意味しており、階級格差や搾取の構造を読み解くための概念である（Bourdieu 1986）。すなわちブルデューは、現在のSCの一般的用法とは異なり、社会を分化させる仕組みを説明するためにSCを導入したのである。

しかしその後、SC概念はブルデューの議論とは逆に、むしろ人々の結びつきを強める機能を有するものとして論じられるようになる。そのような方向づけを行ったのが、ジェームズ・コールマンであり、ロバート・パットナムである。

社会学者のコールマンは、SCを「個人に協調行動を起こさせる社会の構造や制度」（Coleman 1990: 304）と位置づける。それは親族関係のみならず、コミュニティの地縁的なネットワークや、その存立・維持の前提となる規範までを範疇に含むものであった。そして彼は、合理的選択理論や人的資本論を踏襲しつつ、個人が協調行動を起こすメカニズムを、人的ネットワークの存在や信頼関係、互酬性・協調性などの規範、すなわちＳＣの存在から説明を試みた。これに対して、政治学者のパットナムは、ＳＣ概念に基づいて南北イタリアにおける地方政府の制度パフォーマンスの比較検討を行い、市民社会が民主主義にとって重要な役割を担っていることを証明しようとした。その際、彼は、コールマンの議論を発展的に継承する形で、ＳＣを「人々の協調行動を促すことにより、その社会の効率を高める働きをする社会制度」と定義し、それが信頼関係、互酬性の規範、市民参加のネットワークなどの要素から構成されることを主張した（パットナム 2001: 206-207）。このようなパットナムの議論の背景には、個人は協調行動をとおして市民社会の構築に関与し、よりよい社会の実現に貢献するという前提が認められる。

コールマンとパットナムは、ＳＣをとおして社会の分化や権力関係を論じたブルデューの視点から離れ、信頼・規範・ネットワークなどに注目しつつ、人々の協調行動に焦点をあてる点では共通する。ただし、両者の議論を比較すれば、コールマンは基本的にＳＣを個人に帰属するものと捉えるのに対して、パットナムはＳＣを集合的行動の帰結としての「市民らしさ（civicness）」という、社会の在り様の尺度と捉える点が異なっている（佐藤 2001: 13-15）。現在のＳＣ論はパットナムの視点を色濃く反映しているが、それは市民社会および民主主義の衰退が叫ばれ、政治の観客となった市民に再び社会参加を促すことで社会の活力を得ようとする現在の時代状況とも無関係ではないといえる（櫻井 2012: 24-27）。

こうしてＳＣは、人文学・社会科学において広く影響力をもつ概念となった。ここではこの概念において信頼関係や互酬性・協調性の規範に基づく社会関係・人的ネットワークという「ネットワーク的側面」と、それをとおして社会参加を達成し、市民社会の構築に至るという「市民論的側面」の二つの側面が重要であることを確認しておく。

さて、二〇〇〇年以降に登場する宗教とＳＣ論は、それに先立って展開した開発援助研究におけるＳＣの議論を汲むものである。開発援助研究では、近代化論に基づくトップダウン型の開発が批判された後、社会開発への転換がみられた。それは、社会に直接的に働きかける開発を重視するとともに、当該社会の文化・歴史・自然などを踏まえたボトムアップ型の取り組みであり、いわゆるオルタナティブな開発および住民参加型開発を目指すものである。その後、社会にもともと存在する信頼関係や互酬性・協調性の規範に基づく人的ネットワークを開発の現場で活用するという流れのなかで、ＳＣ概念に注目が集まった（佐藤 2002: 3-7）。ここで上述のＳＣの「ネットワーク的側面」と「市民論的側面」を踏まえれば、在来のＳＣを開発プロジェクトの受け皿組織として活用（あるいはプロジェクトが効率的に実施されるよう既存のＳＣを操作）し、人々の社会参加を促して市民社会の構築に向かうという説明が可能である。

その後、冒頭で述べた国際的な開発方針の転換、そして宗教が脱私事化し市民社会の未分化な公的領域に参入するとみなすポスト世俗主義的な考え方（カサノヴァ 1997）が浸透するなか、宗教が開発実施主体の一つとして組み込まれたことで、宗教とＳＣ（論）という捉え方が形成されることとなる。それは宗教によって歴史的に形成されてきた既存の社会関係や社会集団（櫻井 2016: 35）をSCの一種とみなすこととほぼ同義でもあった。

宗教とSC論を牽引する宗教社会学者の櫻井義秀によれば、この議論は「宗教の制度・組織に関わることにより互恵性・信頼が醸成され、社会参加や（民主主義・経済発展の基礎となる）市民社会の形成が進展する」という視点を有しており、宗教もしくは宗教が生み出すSCによって現代社会の諸問題の克服を指向するものである（櫻井 2011: 27）。さらに、櫻井は「宗教では、互恵性の倫理や相互の信頼の構築を究極的実在や超越的倫理を想定することによって可能にしてきた」とし、「宗教がソーシャル・キャピタルを醸成し、人々の関係性を取り戻すこと、信頼感の回復や互恵性の醸成に役立つこと」を現実態として分析・説明できることを論じている（櫻井 2011: 31）。このような主張からは、宗教の「ネットワーク的側面」と「市民論的側面」という、パットナム流のSC概念が基本的な枠組みとして継承されていることを確認できる。以下では、これらの二つの点にも留意しつつ、ソロモン諸島のCFCの事例について考察を行う。

3　CFCと植林プロジェクトの概要

CFCが主導する植林プロジェクトの事例に立ち入る前に、CFCの歴史的背景とプロジェクトの導入経緯などについて概観しておく。

ソロモン諸島は一九七八年にイギリスの植民地支配から独立した島嶼国家であり、メラネシア系住民が総人口の九〇パーセント以上を占めている。一九世紀後半から西洋列強によるキリスト教の宣教活動が行われた結果、国民の九七パーセントはキリスト教徒となり、現在ではクリスチャン・カントリーと呼ばれるほどである。宗派的な内訳としてアングリカン系メラネシア教会が三三・六パーセント、南洋福音教会が一八・二パーセント、メソディスト系ユナイテッド教会が一〇・二パーセント、安息日再臨派教会が一〇・二パーセントである。本稿で取り上げるCFCは信徒数一万五〇〇〇人〜二万人と推定され、これらのミッション系の主流派教会に次ぐ六番目の規模を有している（Ernst 1994: 115-126; 石森 2011: 2, 33）。

CFCは、メソディスト教会の現地人説教師であったサイラス・エト（以下、エト）というニュージョージア島北部出身の人物の指導のもと、メソディスト教会から分離して一九六〇年代に創設された。エトはキリスト教の神への熱心な祈りをとおして聖霊憑依（*takamoa magomago hope*）を経験し、その際にニュージョージア島の人々を「新しい生活（*tinoa vaqura*）」に導くという神の啓示を受けるとともに、聖霊を授かったと信じられている。そしてエトは病気治療をはじめとするさまざまな奇跡を行う一方で、彼に従う人々によって三位一体の位格に並ぶ存在として位置づけられ、やがて信仰の対象となった。エトを媒介として人々の間にも聖霊が到来し、熱狂的な憑依現象が頻繁に起こったとされ、最終的にはその解釈をめぐってメソディスト教会と袂を分かった。その後、エトは一九八二年に死去するものの、彼の次男であるイカン・ロヴェ（以下、イカン）が、かつてエトが神から授かったとされるものを継承してスピリチュアル・オーソリティと名乗り、CFCを率いる宗教的指導者となった。CFC信徒は彼のことを「生ける神（*baŋara tona*）」と表現し、エトと同様に超越的な存在と考えている（石森 2011）。

CFCの意思決定および指令系統は、イカンを頂点としてトップダウンで行われる。CFCには教会評議会、開発・財務計画評議会、教育評議会という三つの評議会が設けられており、これらがCFCに所属するすべての村落（以下、CFC村落）における教会、開発、教育に関する事柄をつかさどっている。各評議会の議長は、それぞれエトの次男（イカンのこと）、三男、四男が（彼らが亡くなるまで）議長をつとめた。CFC村落で実施されるすべての案件は通常年に一回開催される「総会（General Conference）」で決定される。総会は、各評議会で個別に検討されてきた案件が最終的に承認される場となる。承認を受けた案件は、イカンの祈りによって祝福された後、総会に出席している各村落の代表者を介して人々に伝えられ、実行に移される（石森 2011: 129-134）。なお、植林プロジェクトは、手続き的には開発・財務計画評議会から発議されたものであるが、イカン自身の強い意向によるものである。

つぎに、植林プロジェクトの導入経緯をみよう。多くのCFC信徒が居住するニュージョージア島は火山島に特有の傾斜面と低地に豊かな熱帯雨林を有しており、一九七〇年代から外国企業による商業森林伐採が盛んに行われてきた。一九九〇年代には森林資源の破壊が深刻な状況となり、持続可能なレベルの二倍以上の丸太が伐採・出荷されていると国際機関や環境保護団体から警告されるほどであった（石森 2010: 37-39）。イカンは一九九〇年代末から伐採跡地を対象とする植林の可能性の検討を始めていた。彼は、伐採業者からコミュニティ・コンサルタントとして雇われていた豪州人と懇意になり、この人物をとおして植林や土壌に関する情報や知識を得るとともに、資金調達の方法についても助言を受けた（石森 2012: 25）。やがてイカンは、植林プロジェクトを管理・運営するために「ルーラル・ディブロップメント・トラストボード（Rural Development Trust Board 以下、トラストボード）」というNGO団体を設立し、「ローカル・コミュニティと外部の国際的なパートナーシップとの仲介役となる中立的な組織」（Rural Development Trust Board 1999: 2）とした。その後、豪州のクイーンズランド大学陸域食物科学科に籍をおく研究者とのコンタクトを続け、最終的には豪州の国際援助機関・オースエイド（AusAID）、クイーンズランド州政府、クロフォード基金（農業関連の支援を専門とする豪州のNGO）の三者から資金援助を受け、クイーンズランド大学の技術協力のもとで植林プロジェクトが立ち上がった。

こうして一九九〇年代末から「北ニュージョージアにおける持続可能な社会林業・農村開発プロジェクト（North New Georgia Sustainable Social Forestry and Rural Development Project）」が本格的に始動した[4]。同プロジェクトは政府の介入を必要とせず、地域社会に根付いている教会がNGO団体を設立し、国際的な援助機関や研究機関と結びつくというユニークな取り組みであった。なお、プロジェクトの中核に担うトラストボートのディレクターの座には、イカン本人ではなく、彼の甥でCFCの牧師でもある人物が就くこととなったが、実質的にはイカンの影響力が大きいことはいうまでもない[5]。

それでは、イカンの強い意向で開始された植林プロジェクトは、CFCの信仰とどのような関係にあるのだろうか。そして、それがどのように一般信徒に受け入れられ具体的に実践されてきたのか、次節でみていくことにする。

4　植林プロジェクトの実践とその顚末

神の声としてのプロジェクト

まず、植林プロジェクトが一般信徒にどのように説明され、導入されたのかを概観する。イカンは総会をはじめ、さまざまな機会に植林プロジェクトに言及しており、筆者も何度となくそのような場に居合わせてきた。彼による一般信徒に対するプロジェクト導入の説明は、つぎの二点に集約できる。

一つは、森林資源の持続的な利用である。イカンは、伐採跡地で新たに商業的価値のある樹種を育てることで、とくに子どもたち世代を含め、森林から継続して利益を得ることが可能になることの大切さを語っていた。この点について、彼はソロモン諸島で活動する環境保護団体の主張やエコ・ティンバーの考え方からヒントを得たという。もう一つは、現金獲得である。村落部での生活は自給自足的に営まれているとはいえ、子どもの中高等以上の教育費をはじめ、米・缶詰・ビスケットなどの食品、紅茶やタバコなどの嗜好品、衣類ほか日用品の購入のために、現金獲得の欲求は確実に高まっている。しかし、CFC信徒の大多数が居住する村落部において、現金獲得の手段はきわめて限られている。(6)イカンは、教祖エトの時代はコプラ(7)の生産に精を出したが、自らの時代は植林に集中すべきことを繰り返し語る。そして、これらの二点は環境保護と現金獲得を両立させた、持続可能な開発を実現する素晴らしいアイデアである、というのである。

イカンがCFC信徒に伝えたこれらの二点はいわば「世俗的」な内容であり、NGO団体が主張するであろう環境保護や開発の言説と大差はない。付言すれば、植林プロジェクトの遂行に関して、いわばCFCの「宗教的」な内容を含むイカンの言葉が聞かれることは、少なくとも筆者が知る限りはない。たしかに、イカンは「エトの時代も、さらにその前のメソディスト教会の時代も、開発は大切だった」とし、上述のように「かつてはコプラの生産だったが、今の時代は植林だ」などと語ることはある。しかし、これはCFCについて語ってはいるものの、その固有の信仰を主張するものではない。

一方でCFC信徒はイカンによる植林プロジェクトの言葉について、とくに現金獲得への興味を示さないわけではないが、それよりも、ほかならないイカンの言葉であることに価値をおく傾向がみられる（石森 2011: 282）。たとえばイカンによる植林プロジェクトについて、あるCFC信徒はつぎのように受け止めている。


オーソリティ（イカンのこと）は霊的な力をもっており、彼のいうことにも力がある。オーソリティが考案したすべての計画は、神からの声であり、われわれはそれに従わないといけない。それがわれわれ普通の人間の考えよりも正しいのは当然のことである。オーソリティに従って労働を行うことによって、われわれは彼から祝福を受けることができるのである。（丸括弧内は筆者による註）（男性、一九三四年生まれ）（石森 2011: 282）

このような語りに共通するのは、イカンの言葉を「神からの声（もしくは神の声）」として受容するという点である。ただし、このことはCFCにおけるイカンの宗教的位置づけを考えれば当然であり、植林プロジェクトに限らず、CFCのほぼすべての活動に共通してみられることである（石森 2011: 278-284）。

ところで、植林プロジェクトはキネケ（*kineke*）に基づいて実施されなければならない、と人々はいう。CFCにおいて、キネケとは英語の fellowship に相当し、「連帯」とでも訳出できる（以下、連帯に統一）。この意味での連帯とは「すべてのCFC信徒は、一つの仕事（*keke tinavete*）、一つの望み（*keke hiniva*）、一つの教え（*keke vinalabala*）をもち、一つになって生活する（*ko keke*）こと」を意味しており、その信仰において重要な位置を占めている。礼拝時の説教においても「一つ」という語が頻繁に登場し、「何事を行うにも一つになること」、「共通の目的のために一つにまとまること」が強調される。教祖エトが教会の名称（Christian Fellowship Church）にフェローシップという語を用いたことからも、連帯を重要視していることがわかる（石森 2011: 170）。CFC信徒にとって連帯とは宗教的な意味合いを帯びており、毎週日曜日の主日礼拝時にはそれが身体的に表現される（石森 2011: 252-255）。なお、この連帯はたんに人々が一つになることを指すというより、エトおよび彼の死後はその正統な継承者のもとで一つになるという意味合いが強いことを確認しておく。このことは、ＣＦＣの讃美歌において「エトの望みに従ってわれわれは一つにまとまろう」などの表現が多用されることからもうかがえる。

そして、この連帯の観念を日常的な活動として具現化したのが、共同労働（*tinavete butubutu*）である。共同労働は、連帯に基づいて「全員が同じときに同じ場所で同じように働く」ことであり、エトの時代からＣＦＣの経済活動を支えてきた制度である。具体的には、コプラの生産に代表される現金獲得を目指す労働のほか、教会の修理、家屋の建設、村落の掃除、農作業などが実施されてきた。このように、連帯とは個人に協調行動を起こさせる固有の信仰あるいは制度の一種であり、ソーシャル・キャピタルとしても捉えることが可能であろう。ただし、プロジェクトの開始以降、植林は共同労働に組み込まれたものと、そうではない個人用のものに分けられ、それが以下で述べるように社会的・宗教的な混乱を生む原因となっていく。

写真１　連帯を表す祈り。互いの杖を連結させている（2002 年、ニュージョージア島）

連帯の表れとしてのプロジェクト

つぎに、植林プロジェクトとその過程で生じた諸問題をみていく。同プロジェクトではパイロットエリアとしてモデル村を設定し、その村に集中的にスタッフと物資を投入するとともに講習会を定期的に開催するなどして、ほかのＣＦＣ村落にも技術的な浸透をはかるというトリクルダウン方式を採用している。モデル村となったのは、イカンが居住するドゥヴァハ村（Duvaha 以下、Ｄ村）である。Ｄ村には豪州から研究者や技術スタッフが頻繁に往来し、豪州から植林関連のさまざまな物資が運びこまれ、また自動散水システムをもつ大規模な育苗床も建設されるなど、この村は開発プロジェクトの中心となった（石森 2012: 26-27）。ＣＦＣ信徒は各々の村から講習会への参加や植林地の見学などの目的でＤ村を訪れ、場合によっては実際に短期間Ｄ村で植林活動に従事する。その後、Ｄ村での経験を踏まえて自らの村に戻り、講習会の内容や植林の手法などを人々に伝えることになる。

一方で、豪州から人と物資が到来したＤ村とは異なり、そのほかのＣＦＣ村落では種子や苗木ほか基本的な資材の提供は受けたものの、それが量的に不足したこともあり、自分たちの手持ちの材料で活動せざるを得ないことが多々あった(8)。筆者が二〇〇一年から調査を行ってきたパラダイス村（Paradise 以下、Ｐ村）は、エトの時代にはＣＦＣの本部が置かれていた国内最大規模の村落であるが、モデル村からの指示に従ってプロジェクトに従事した村落の一つである。以下、Ｐ村の事例に基づいて報告する。

Ｐ村では、開発・財務計画評議会の指示に従い、村落用と個人用という二種類の植林地がもうけられた。村落用の植林地（*hinigara tana komuniti*）とは、Ｐ村に居住するすべての人々（村落全体）の共同労働によって植林される土地である。一方、個人用の植林地とは各世帯を対象にしたものである。

このうち、人々は個人用の植林地をソロモン諸島の共通語であるピジン語で「ボロコ（*boloko*）」と呼ぶ。加えて、この土地で働くこともボロコと表現されることがある。ボロコとは英語の block に由来しており、規格化された植林用の土地区画のことを指す。P村においてボロコは、おもに東南アジア系の伐採業者が過去に伐採を行った跡地につくられた。跡地まではかつてブルドーザーやトラックの通行のために切り開かれたロギングロードと呼ばれる道があり、移動も容易である。伐採跡地とはいえ、伐採業者による最後の伐採からすでに五年以上が経過していたため、はじめにP村の人々は総出で雑木を倒して周辺の土地を開墾した。その後、釣り糸を用いた簡便な手法で測量を行ったのち、一つの世帯に一つのボロコを割り当てた。ボロコの面積はほぼ均等であり、横一二五メートル、縦七五メートルが平均的なサイズである。各世帯は与えられたブロックに責任をもってチーク、ユーカリ、マホガニーなどの外国樹種を植林し、さらに剪定・下刈・枝打・間伐といったメンテナンス作業に従事することとなった（石森 2012: 31）。

ボロコの導入は、教祖エトの時代から続く共同労働のやり方に変更を加えるものであった。「全員が同じときに同じ場所で同じように働く」というこれまでのやり方を踏襲すれば、村落用の植林地だけで十分であり、ボロコすなわち個人用の植林地に分割することはむしろ連帯に基づく共同労働の趣旨に反するはずである。しかし、イカンによれば、従来のやり方は一体感を生み出す効果はあるものの、働く者と働かざる者を生み出す可能性があった。なぜなら、裏を返せば、いくら働いてもあるいは働かなくても、個人が享受できる利益は同じだからである（石森 2011: 138）。そのためイカンは労働の効率性と均等化を目指してボロコを発明し、「ボロコに木を植えよう、お金を稼ごう」などと発破をかけながら、各々が異なる時間・場所に分かれて労働に従事させ、各々の仕事量を明確化しようとしたのである。

なお、ボロコという新しい労働形態をＣＦＣ信徒の多くはイカンの発案として受容しているが、ボロコの基本的な考え方は豪州のドナーの指導方針と合致する。というのもボロコの導入から数年遡った一九九〇年代末以降、ソロモン諸島の各地で農業・林業開発に関わる豪州のドナー群は土地を小土地区画（smallholder）に分割して管理・労働を行い、持続可能な開発を進めるという分益小作的な基本方針を共有していたからである。これは上述したイカンの説明とほぼ同様に、フリーライダーを防ぐとともに失敗の危険の最小化を狙い、人々が日々の生活を送る単位を開発実施主体の最小単位とすることでより効率的で生活に根差した開発を目指すものである（Walters and Lyons 2016: 730-731; cf. 三浦 2017: 93-94）。このことを踏まえれば、ボロコの導入はイカンのオリジナルというよりは競争主義を取り入れ労働の効率性を重視する豪州の方針の反映であることが想定され、いわばＣＦＣのこれまでの労働のあり方を変質させるものであった[9]。

こうして人々は、村落用と世帯用（ボロコ）の双方の植林地で活動をはじめたのであるが、それと共同労働の関係を説明する。Ｐ村では、エトの時代から現在に至るまで、特別な事情がない限り月曜日、水曜日、木曜日には共同労働が実施されてきた。このうち月曜日と水曜日の労働内容は、すべての人々が参加できる村落会議でそのときの状況に応じた労働が決定されてきたが、植林プロジェクトの導入以降、村落用の植林地に関する諸活動（育苗、植林地の開墾、植林作業、植林地のメンテナンスなど）の占める頻度が増加した。(10) 一方で、ボロコでの活動は火曜日、金曜日、土曜日に実施される。これらの日は「人々のための日（*tana nikana*）」あるいは「別々に歩く日（*hope eke aso*）」と呼ばれ、本来的には各世帯が所有する畑で農作業をはじめ漁撈や狩猟などの生業活動にあてる日であるが、ボロコでの活動もこの日に行うよう定められた（石森 2011: 167）。このように、村落用の植林地での活動は共同労働の一環として実施される一方、ボロコでの活動は各世帯の生業活動に費やす時間のなかで各自の裁量で実施されることとなった。

P村の植林プロジェクトは一九九七年から開始され、樹種によっては一五〜二〇年程度経過しなければその成否を語ることはできないが、少なくとも立ち止まることなく進展していた（石森 2012: 31-35）。筆者がP村の人々にプロジェクトの成否や見通しを尋ねたところで、彼らは答えようとしないのが一般的である。というのも、プロジェクトの成否は神（*tamasa*）のみが知るものであり、人間（*nikana hokara*）があれこれ考えたりするものではないとされるからである。彼らは、プロジェクトの具体的な成否に関するコメントを避け、「オーソリティ（イカンのこと）の指示に従い、連帯に基づいて全員で働くことに幸せ（*inedo*）を感じる」などと述べることが多い。すなわち、P村の人々のおもな関心は、プロジェクトがもたらす経済的成果や植林の具体的状況よりも、連帯に基づいて労働がなされているかどうかに向けられていた。

このような連帯の維持・強化という点が植林プロジェクトにおける重要な関心事であったとすれば、このプロジェクトをめぐって問題がなかったわけではない。差し当たって、以下の二つの点が指摘できる。

一つ目は、村落用の植林地での労働をさぼる者が出てきた点である。共同労働の不参加は植林プロジェクト以外でもみられることであり、批判されるべきではあるがそれほど深刻な問題ではない。ただし、共同労働の時間帯にボロコで活動する者があらわれたことで懸念が広がった。以前から共同労働の際に自らの畑で農作業をする者はいたが、目立たぬ形で行われてきた。しかし、村落用の植林地もボロコもともに伐採跡地につくられたこともあり、前者で働くべきときに後者にいると人目に付く。そこで、共同労働のリーダーが不参加者を個別に呼び出して注意するとともに、共同労働への参加確認を強化するなどの対応がなされた。また村落内の会合でもこの問題について何度となく話し合われ、結果的に共同労働の時間帯にボロコに向かう者は減少した。なお、筆者がこうした違反者に話を聞いたところ、「村落用の植林地で働いてもお金にならないが、ボロコでの労働は自らのお金を生む。植林の活動をしていることには変わらないので、ボロコでそれを行った」などという(11)。この問題はかつての共同労働のやり方を変更して植林地を二つに分けたことに起因しており、イカンの思惑が裏目に出たという側面があるといえる。

二つ目の問題は、各世帯に割り当てられたボロコの境界線に関することである。ここではR・Dの話に基づいて報告する。ある日、R・Dが自らのボロコ（ワリカロビ地区）に行くと、隣接する

P・Kのボロコとの境界線上に目印として設置した石と枯木の位置が、R・Dのボロコ内に移動・侵入していた。R・Dは一目見てそのことがわかったが、P・Kと口論になるのも嫌なので黙っていた。しかし、その翌月にもほかの箇所で同様のことが起こっており、それはP・Kが自らのボロコの範囲を広げようとする行為に感じられた。R・Dによれば「(P・Kの仕業であることは確信していたが)最初、なぜこのようなことが生じているのか理解できなかった」という。なぜなら、ボロコは植林用に一時的に割り当てられた土地に過ぎず、土地に関する権利とは無関係だからである。そのためR・Dは、ボロコの境界線のことは考えず、自らが植林した木に触れられない限り放っておくことにしたという。

ニュージョージア島の伝統に従えば、新たに畑を手に入れるためには、その土地に対して権利をもつ伝統的な政治的指導者(ピジン語でいうチーフ〔*jif*〕)から許可を得る必要はあるが、ひとたび許可を得れば、その土地で開墾や農作業を働いた者に占有的な権利が与えられてきた[12]。そのため、P・Kはボロコに関しても伝統的な論理、すなわちピジン語でいうカストム(*kastom*)が適用されると考えたのであろう。ボロコの所有に関する同様の問題はほかにも生じており、そのため共同労働のリーダー[13]からは「ボロコは各世帯に与えられた土地ではない。その土地は教会の活動で木を植えているのだから、教会の土地なのだ」という指示が何度となく出されていた。これはボロコに関して、カストムではなく、教会の論理が適用されることを主張するものである。しかし、イカンおよび教会側がこの点について明確な説明をしなかったこともあり、植林プロジェクトの実施中、ボロコの境界線に関する問題は解消することなく継続した。同様の問題はP村だけではなくCFCのそのほかの村落でも起こっており、植えた木よりもボロコという土地の所有権に興味を示す者が多数存在することがうかがえる[14]（Racelis and Aswani 2011）。

以上に取り上げた二点はいずれもボロコと関わっており、それが既存の共同労働のあり方との齟齬を生んだことを示唆している。そしてP村の人々にとって、これらのことは連帯を脅かす重大な出来事という形で受け止められたという点を強調しておく。

CFCではエトの時代から、自己中心的な言動や個人的利益を追求する動きは「連帯を欠く行為・態度（*nana hahanana kako kineke*）」として大きな批判の対象となってきた。それは「信仰が弱い（*kako ninira sa vinahinokara*）」ことの証であり、場合によってはそれが元となって村落全体に災いをもたらす可能性があるとされる。なぜなら、この行為はCFCという連帯から外れることを指し、「イカンの庇護のもとから外れる」、「イカンの祝福を受けることができない」こととも同義だからである（石森 2011: 171）。そのため、植林プロジェクトに限らず、P村に連帯があるかどうかについては村落内の諸会合において頻繁に自問される。そのような連帯を欠く行為は放置するべきではないため、村落全体でその解決に向けて努力が続けられた。すなわち、プロジェクトは外見的にはそれなりに成功していたものの、いわば社会的・宗教的にはたびたび問題が生じていたのである。

信仰の変化とプロジェクトの行き詰まり[15]

Ｐ村の植林プロジェクトは連帯の観念に照らして活動が行われ、また問題の修正が試みられてきた。あるいは、問題を抱えつつプロジェクトが不安定ながらも継続してきたのは、連帯というＣＦＣに固有の信仰に支えられてのことである。

しかし、こうした状況はイカンの病を契機に一変する。イカンは植林プロジェクトの開始から一〇年ほどが経過した二〇一〇年前後から病床に伏すようになり、教会行事への参加およびＣＦＣ村落の巡回などの回数も激減した。まれにイカンが行事に参加することはあっても、彼は両脇を抱えられながら移動し、会場の中央に鎮座させられ、また言葉を発しても呂律が回らないため人々は聞き取れないという有様であった。植林プロジェクトそのものは、おもに開発・財務評議会の指導で継続されたが、ＣＦＣ信徒の間では快方に向かう気配をみせないイカンの容態が心配事となっていた。こうしたなかで、イカンの病の原因を説明するとともに、彼の神聖性に疑問の声をあげる人物があらわれた。それは教祖エトの五男でイカンの実弟、ジョブ・ダドリー・タウシンガ（以下、タウシンガ）という人物である。

タウシンガは、ソロモン諸島の歴史上最長の国会議員任期を誇る政治家であり、豊富な大臣経験のほか、州知事や副首相など国家の要職を歴任してきた。彼は、イカンがエトの地位を継承して以降、ＣＦＣの宗教的事柄について表立って発言することはなかったが、二〇一一年一〇月にＰ村で開催されたＣＦＣの総会に姿をみせ、人々を驚かせた。タウシンガは総会において「そのほかの議案」の発言を求めて立ち上がり、それまでほぼ何も発せず中央に座っていたイカンを指差しつつ、彼がなぜ病気になったのか説明を試みた。

その内容をまとめれば、つぎのようになる。（1）そこに座っているのは、私の知っているイカンではなく、別人である。というのも、（2）彼には悪い霊が宿っているからだ。そのようになった理由は、（3）イカンは神ではなく人間であるにもかかわらず、（4）人々が彼を崇拝したことで、神がイカンを病気にしたのだ、というものであった（Tausinga 2012）。そしてタウシンガは、実兄であるイカンを助けるために彼を崇拝するのをやめてくれ、と総会の参加者に懇願した。しかし、誰一人としてタウシンガの発言に返答できないまま時間だけが流れ、そのためタウシンガも退席し、総会は中途半端な形で終了した。

その後、タウシンガが中心となりＣＦＣの創設五〇周年を祝う記念式典が首都ホニアラで実施された。式典において、タウシンガが説教壇に立っている際、宗派を問わず参列した多くの人々の間で聖霊憑依の現象が生じたとされる。前節で述べたように聖霊憑依はＣＦＣの草創期に頻繁に生じたとされ、その解釈をめぐってメソディスト教会から袂を分かつなど、ＣＦＣにとっては象徴的な現象である。聖霊憑依がホニアラでの式典で生じたという話を聞きつけたＣＦＣ信徒たちは、この式典を開いたタウシンガの来村と説教を望んだ。そして彼が説教に訪れたニュージョージア島および周辺の島々のすべての村において、聖霊憑依が起こったとされる（石森 2017）。タウシンガに従う人々はこの現象を聖霊の到来およびリバイバル（*Rivaevolo*）と称するのに対して、イカンの子どもたちとその側近たちはこれを真っ向から否定・非難し、タウシンガが行う教会行事に参加しないよう呼びかけた。

こうしてCFCは、イカンおよび彼の息子とその側近たちに従う派閥と、タウシンガに従う派閥に分裂した。前者はいわば現体制維持派であり、後者は教祖エトの時代に戻ろうとする（すなわち、イカンではなく、教祖エトに神聖性を認めようとする）リバイバル派と整理できるが、CFC信徒の間では、前者はグループA、後者はグループBと呼ばれており、以下、それに従って言及する。

写真2　礼拝時の聖霊憑依（2018年、ニュージョージア島）

イカンとタウシンガは互いに融和を望んでいたとされるが、(16)二〇一四年六月八日にイカンが死去したことで、二つのグループの分裂は決定的となった。P村の大多数の人々はタウシンガに従うことを決めたが、それに反対する三〇名ほどが村から出ていった。このときP村では衝突は生じなかったが、CFCのほかの村落ではマジョリティとなった一方のグループが他方のグループを村から暴力的に追い出し、家財を奪ったのちに住居を焼き払うといった暴力事件が多数発生した。また、CFCの分裂によって以前から存在した親族集団間の土地に対する権利をめぐる争いが顕在化する事例もみられ、とくにP村周辺で起こった集団的な衝突は「パラダイスにおける戦い」として全国紙でも取り上げられた（Buni 2016）。これらの事件の多くは近しい親族間で起こっており、深刻な社会的な分断を生んでいる。CFCの対立・衝突はソロモン諸島初の「宗教紛争（religious tension, religious riots）」と表現されることもあるが、一般的にはCFC内外の人々によって「教会のテンション（*Tension long Lotu*）」などと呼ばれている。

イカンの死去、そしてCFCの分裂とともに、すべての村で植林プロジェクトは停止した。植林（植栽）の活動が停止しただけではなく、剪定・下刈・枝打・間伐などのメンテナンス作業もすべて放棄された。筆者は調査地の人々との関係性によりグループA側の調査に入ることは容易ではないため、グループB側による植林プロジェクトの停止理由を挙げることになるが、[17] P村では以下のような意見が聞かれる。

イカンは神ではなく、人間（*nikana hokara*）だ。われわれは騙されていた。（中略）彼のプロジェクトには聖霊はないし、木（プロジェクトで植林した木のこと）にも聖霊はない。そうなのだから、私たちは植林を続ける理由はない。（丸括弧内は筆者による註）（男性、一九七二年生まれ）

このような語りは現在のP村の人々が公然と口にする内容であり、そこではイカンの神聖性や霊的な力が否定されるとともに、彼が開始したプロジェクトの虚偽性が語られる。実際、P村の人々は、植林プロジェクトへの興味を失っただけではなく、植林地に立ち入ることもなくなった。信仰に支えられていた植林プロジェクトは、その信仰内容の変化によって放棄されたのである。

現在、P村の人々は植林地を「忘れられた土地（*vasina bui*）」と呼ぶが、数年にわたって放棄したこの土地に関して奇妙な噂もささやかれ始めている。下刈などのすべてのメンテナンス作業を放棄したにもかかわらず、雑草木がほとんど生えてこないことが確認されている。とくにチークの植林地でこれが顕著であり、「チークはその土地の豊かさをすべて吸収する」、「チークの葉には毒がある。この葉が地表を覆うことで草木を枯らしていくのだ」と述べる者もいれば、[18] なかには「（イカンの指示ではじめた）植林は正統なものではなかった。だから、この土地に悪い霊がきたのだ」などと恐れや憂いを感じる者も少なくない。この点についてP村の人々の間で統一された見解はないものの、植林された木および土地に積極的に近づこうとはしないという点は共通してみられる。加えて、上述の通りかつて問題となっていた、ボロコの土地としての権利意識も急速に失われたようである。植林地は村落用と世帯用（ボロコ）を問わず、たんに忘れられたというよりもむしろ忌避される場所となったのである。

5 宗教とSC論が覆い隠すもの

ここまでCFCの植林プロジェクトを概観してきた。冒頭で述べたように、先行研究ではSCの「ネットワーク的側面」と「市民論的側面」という二つの点が強調されてきたが、CFCの事例を踏まえてどのような考察が可能であろうか。

まず、ネットワーク的側面についてである。CFCの植林プロジェクトはイカンの強い意向で開

写真３　放棄されたチークの植林地。雑草木がほとんどなく開けた空間となっている（2018年、ニュージョージア島）

始されたが、その際に彼が発した言葉は持続可能な開発概念を踏まえた「世俗的」な環境保護および開発の言説であった。一方で、ともすれば一般信徒はそれを「宗教的」な文脈に沿って理解する傾向がみられ、プロジェクトに従事するモチベーションとした。プロジェクトの展開過程で村落用の植林地での労働（共同労働）の軽視、ボロコの境界線をめぐる問題などが生じたものの、人々は連帯を強調することで乗り越えてきた。すなわち、イカンという超越的な存在のもと、ＣＦＣ信仰に基づいてプロジェクトが実施されてきたのであり、このことは同プロジェクトがＣＦＣのそのほかの諸活動と同様に一般信徒に受容され、実践されてきたことを示唆している[19]。ここで先行研究に従えば、ＣＦＣだからこそ既存の親族集団を超える社会的範囲でプロジェクトの実施が可能になったのであり、ＳＣ概念のネットワーク的側面に照らして肯定的に考察されることになる。しかし、それはやや表面的かつ楽観的な評価ではないだろうか。

さらにＣＦＣのネットワーク的側面についての考察を進める。ＣＦＣにおいて、信仰の一部でもある連帯としてのネットワークは、一般信徒間の水平的かつ集団的な信頼関係・協調性を含むものであり、ＳＣに類するものと考えられなくもない。しかし、これは一般信徒間の関係性というよりは、イカンと信徒との垂直的かつ個人的な関係性が基盤になっている点に留意すべきである。なぜなら、論理的にいえば、この関係性はイカンを超越的な存在とみなす信仰の共有から始まっているからである。同じ信仰の共有を踏まえて生成されたＣＦＣのネットワークは、一般信徒にとっての資本であると同時に、イカンにとっての資本でもある。あるいは、かつて人々は聖霊憑依の経験をとおして教祖であるエト、そして彼を継承したイカンに「新しい生活」の実現という自らの願望を投影し、彼らは二人ともそれを引き受ける形で資本を得たともいえる。この資本を主体的・操作的に活用できるのは、一般信徒（個人）ではなく、ほかならぬイカンである。かつてブルデューはＳＣを、権力や資源へのアクセスを可能にする元手とみなし、階級格差や搾取構造を作り出す個人的な資本と位置づけたが（Bourdieu 1986）、こうした側面がＣＦＣにもみられるのである。

　イカンのＳＣとしての連帯。それがゆえに、イカンの超越的な神聖性が疑問視されたとき、この連帯も綻びをみせることになる。ＣＦＣはイカンの病および死を契機にして分裂・衝突し、それと同時に植林プロジェクトは放棄された。同じ信仰の共有という形でつながっていた人々は新たな指導者（Ｐ村の人々にとってのタウシンガ）のもとで新たな信仰をもち、異なるグループに属する者、すなわち信仰を共有しない者に対して暴力的・排他的な態度をとるようになった。換言すれば、ＣＦＣのＳＣは宗教的指導者による操作のあり方次第では暴力的・排他的になり得るのである。

　たしかにＳＣの先行研究では、ＳＣの結束型と橋渡し型という分類がなされ、結束型は閉鎖的な集団、場合によっては反社会性を帯びた集団の形成に至ることが示唆されている[20]（パットナム

2006: 19)。これに対してＣＦＣの事例からは、たんに宗教が閉鎖的な結束型になりやすいという以上に、宗教や信仰の相違が自他の境界の確定・固定に貢献することがうかがえる[21]（cf. 田中 2015: 310）。すなわち、ＣＦＣにおいては、社会学者のウルリッヒ・ベックが宗教の三つの基本特性と呼ぶように、宗教によって（1）ネイションやエスニシティの枠を乗り越え、（2）その普遍主義的性格によって社会的な垣根を取り払い、（3）正しい信仰を持つ者と、誤った信仰を持つ者との間にバリケードが築かれたといえるだろう（ベック 2011: 80-81）。そうであるなら、そのバリケードのなかでの関係性も含めて考察を進めたい。

つぎに、「市民論的側面」についてである。パットナムの議論においては、ＳＣは「市民らしさ」の社会的尺度であり、個人は協調行動をとおして社会参加を達成し、市民社会の構築に寄与するという視点がみられる。そしてそれを継承した宗教とＳＣ論においても、同様の視点が認められることはすでに指摘した通りである。このようなＳＣの捉え方は、ＣＦＣによる植林プロジェクトの事例にも部分的には合致する。彼らは集団的な取り組みを繰り返し実践することで、少なくとも一時的には信頼関係を強化した。また、プロジェクトの過程で連帯の観念に訴えることは、彼らの協調性や互酬性を喚起したであろう。実際にＣＦＣは内外から信徒間の団結力が強い集団と考えられてきたし、それによって植林プロジェクトが推進されてきたといえる。

しかし、ＣＦＣはＳＣの「市民論的側面」とは相容れない。市民社会概念は多義的であり、なかには階級対立を前提とした支配体制とみなすマルクス主義的な視点もあるが、ＳＣ論で想定されているのは、自由な意思に基づく国家や市場から相対的に独立した市民の結合関係・ネットワークである。社会哲学者のユルゲン・ハーバーマスはこのような社会的諸関係を市民社会とみなしたうえで、その特性としての市民的公共性をめぐる議論を展開した（ハーバーマス 1994）。この公共性は、誰もが自由にアクセスでき、異なる価値観をもつ人々の間に生成し、一つのアイデンティティを強制しないオープンな空間などの条件を有するものである（齋藤 2000: 5-6）。これに対して、CFC信徒間のネットワークは特定の信仰の共有がまず前提にあり、それを共有しない人々に開かれたものではない。この意味では、CFCは一つのアイデンティティが半ば強制された均質かつ閉鎖的な空間といえる。筆者は、CFCをカルト教団として危険視するソロモン諸島民に出会ったことがあるし、CFCの独裁的な支配体制を暴こうとする新聞の投書記事[22]（Revara 2014）を目にしたこともある。CFCの宗教的な位置づけはさておき、CFC信徒間のネットワークはSC論で想定されている市民社会的なものではないし、また公共性を持ち得るとは言いがたい。

ところで、本稿に対して、CFCという独立教会は特殊な事例であるという批判も考えられる。加えて、もしイカンが病に倒れていなければ、植林プロジェクトは停止せずに継続して経済的成果をあげた可能性があると指摘されるかもしれない。しかし、そもそもCFCだからこそ個々の親族集団やカストムの論理を超える社会的・地理的範囲での開発が可能となり、それがゆえにプロジェクトが国内外で注目を集め、先行研究の俎上にも載ったことを忘れるべきではない。たとえソロモン諸島最大のキリスト教宗派であるアングリカン教会が主導したところで、複数の親族集団の利害が絡む地域社会の開発プロジェクトは不可能である。なぜなら、アングリカン教会とその聖職者たちはソロモン諸島全土で尊敬と畏怖の対象ではあるが、伝統的権威と関わる土地に対する権利やリーダーシップをめぐる問題について、助言はできたとしても、それらを操作もしくは解決することはできないからである。(23)

宗教とSC論は、宗教に固有の肯定的側面を最大限に評価する一方で、宗教を特殊視せずNGO団体等の世俗組織と同一視する、および市民社会の構築・発展に寄与する存在と位置づけるという、やや矛盾した方向性をもっている。それは宗教をSCとみなすことと同義であるが、まずはSCに付随するネットワーク的側面や市民論的側面に留意しつつ、その妥当性を再検討する必要があると思われる。これらの点について、開発に従事する一般の人々の視点に目配せしながら、その実態を多角的に検証することが求められる。

6 おわりに

本稿では、CFCという宗教組織が主導する植林プロジェクトの実態を明らかにするとともに、宗教とSC論の批判的考察を行った。CFCにみられるネットワークは、一般信徒同士の関係性というよりは、宗教的指導者と一般信徒の垂直的な関係性に依拠する部分が大きい。そのため、宗教的指導者がこのネットワークを操作することで排他的となり、CFCそのものを揺るがす暴力的な衝突も起こったといえる。一方、植林プロジェクトの経済的成果はさておき、第4節で述べたように「イカンの指示に従って連帯に基づいて全員で働く」という状態にあることこそが「幸せ」につながっているという者もいた。このような精神的な幸せや豊かさに関して宗教による貢献は十分にあり得るが、それでもなお本稿で示した通り、公共性との兼ね合いにおいて慎重な検討が必要であろう。

なお、筆者は宗教が主導する開発（とくに本稿で取り上げたのは、外部からの公的資金に基づく開発援助）の有効性を真っ向から否定したいわけではない。そもそも開発という行為は、その実施主体が宗教組織か世俗組織かを問わず、行為主体間にさまざまなずれを内包しており、予期せぬ結果を生むものである。むしろ予期不可能性は開発の本質であり、それがゆえに開発援助研究が存在するといっても過言はない。にもかかわらず、宗教と開発の接近という現代的状況においても、宗教学・宗教社会学と開発援助研究の連携は依然として不十分のままであり、開発の現場における今後の協働が期待される。宗教組織が歴史的に形成してきたその紐帯を活用することで、開発をよりよい方向に導くことも十分に可能であろう。そのためにも宗教が生み出すＳＣを暗黙の前提とするのではなく、同概念を受け入れることで隠蔽されてしまう事象に留意しつつ、その開発実践を批判的に検討することが重要である。

註

（1）宗教学者の小松加代子によれば、宗教とＳＣ概念の関連性を論じる際、ＳＣが誰に帰属するのか、そしてＳＣとは何かを明らかにすることが重要であるという（小松 2014: 71）。また、文化人類学者の田中雅一は、小松の議論にも言及しつつ、「宗教の領域においては、経済資本よりも、超越性や神々との関係こそがソーシャル・キャピタルへのアクセスと統御に重要な役割を果たす」（田中 2015: 315）と述べ、ＳＣがパトロン－クライアント関係に基づく党派政治を生み出すと指摘する。さらに田中は、本稿でいう宗教とＳＣ論がアメリカ中心的な市民社会論を前提にしていることを批判しながらも、ＳＣ概念に拘ってその再定義の必要性を主張している（田中 2015: 330）。本稿はこのような田中の視点を継承し、ソロモン諸島の事例を踏まえてＳＣ概念の批判的な検討を進めるものである。

（2）たとえば、文化人類学者のエドヴァード・ヴィーディングは、ＣＦＣの社会的・経済的な開発を評価するとともに、ＣＦＣは、民族紛争によって「破綻国家」となった中央政府を尻目に、国家（state）に代わり得る土着の統治機構であると主張している（Hviding 2011）。ＣＦＣの動向を中央政府批判として位置づける彼の視点は興味深い。しかし、このような肯定的評価をＣＦＣに与えることは、宗教的指導者が有する権力性や、ＣＦＣの内部にみられる亀裂を隠蔽しているといわざるを得ない。

（3）日本の国際協力機構（当時は国際協力事業団）もＣＦＣの植林プロジェクトに興味をもったとみられ、二〇〇〇年三月～四月にニュージョージア島に視察団を派遣してプロジェクトを統括するＣＦＣの中心人物と話し合い、援助の可能性を探るとともに、報告書を作成している（国際協力事業団 2000）。

（4）植林プロジェクトの目的は、トラストボード発行の計画書によれば「すでに伐採が行われたか現在進行中の総面積四万ヘクタールの慣習地」において「一年間に一〇平方キロメートルの土地への植林、そして最終的に一〇〇万本の丸太の産出」し、「慣習地における開発を通じて、伐採から得られる資金の有効利用と環境保全をべースとしたコミュニティ開発のモデルを構築すること」であった（Rural Development Trust Board 2002）。

（5）トラストボードのディレクターにはCFCの牧師であるO・K（イカンの甥）、そしてイカンと個人的交流をもちプロジェクトの立ち上げに尽力した豪州人はジェネラル・マネージャーとなった。O・Kは豪州の大学で会計学の修士号を得ており、イカンからの信頼も厚い人物である。なお、トラストボードは、オースエイドから五万豪ドル、クロフォード基金から九〇〇〇豪ドルの資金援助を得た。

（6）一九九八年末から首都ホニアラで生じた民族紛争はソロモン諸島全体を社会的・経済的に大混乱に陥れたが、定職をもたず都市で徘徊する数多くの若者が紛争に関与していたとされている。イカンはこのことを憂慮し、「村落で仕事があれば、若者も都市に出ていかずに済む」などと述べていた。

（7）コプラとはココヤシの胚乳を乾燥させたものであり、現在に至るまでニュージョージア島の人々の貴重な現金収入源の一つである。

（8）D村の講習会では、おもに豪州から持ち込まれた物資を用いた植林技術が教えられたが、自らの村落に戻った人々はそれを模範にしつつも、独自のローカルなやり方をブリコラージュ的に編み出していった。その詳細については別稿に詳しい（石森 2012）。

（9）この点について、筆者はイカン本人から説明を受けたわけではない。ただし、とくに植林プロジェクトの技術的側面に関しては豪州のドナー群の指導のもとで実施されたことを考えれば、ボロコは（CFCの一般信徒がいうように）「イカンの発案」というよりは、何らかの形で豪州人スタッフからの影響を受けたものと考えるべきであろう。

（10）なお、木曜日は「大きな畑（*hinigara lavata*）」と称される村落共有の畑で働くことと決まっており、サツマイモやキャッサバといった根菜類の収穫や手入れを行う。

（11）ただし、CFCの教会側からはのちに現金がどのように分配されるか明確な説明はない。この点について、この違反者のように実際に木を植えた個人に現金が入ると考える者もいれば、「神のみぞ知る。そういう態度で植林するのはよくない」などと述べる者もいる。

(12) ニュージョージア島北部では、共系的な親族集団（*butubutu*）が土地を共有する単位であり、各集団には世襲的な政治的指導者としてのチーフ（*banara*）がいる。伐採跡地を利用したボロコはロンダナと呼ばれる地にあり、ロンダナのチーフJ・NはP村に居住していた（現在は彼の弟のH・NがチーフとしてP村に住む）。イカンの父であるエトがニュージョージア島北部にCFCをもたらした際、J・Nの曾祖父で当時のチーフであったJ・Pがロンダナの土地に関する権利をエトに委譲したとされている。よって、エトおよび彼を継承したイカンが、ロンダナの土地に関して一定の権利を有するとCFC信徒は考えてきた。なお、P村に住む者がロンダナで畑（土地）を新たに入手する場合、イカンではなく、現在ではイカンの代理としてその土地を統括するロンダナのチーフから許可を得るのが一般的である。

(13) CFCの各村落には共同労働のリーダーがおり、P村では三～四名がイカンによって任命されていた。彼らは開発・財務評議会および総会に出席することになっており、そこでの決定事項を人々に正しく伝達し、実行する責任を担っている。

(14) なお、同様のことはCFCのほかの村落でも生じており、「CFCのオフィシャルな命令に乗じて、個人用のボロコにおける土地に対する権利の主張が起こっている」（Racelis and Aswani 2011: 35）などと報告されている。

(15) CFCが分裂する経緯については別稿で詳しく論じた（石森 2017）。

(16) タウシンガ本人によれば、そもそも彼とイカンの関係性は最後まで（イカンが死去するまで）良好であり、イカンが病に伏してからも携帯電話を介して連絡や相談を受けることがたびたびあったという。ただし、イカンの側近の者たちはイカンとタウシンガのコンタクトを嫌い、両者が直接会うことを拒んでいたとされる。

(17) グループAでは喪に服するとしてイカンの死後一〇〇日間、植林プロジェクトが停止されたが、その後も活動が再開されることなく現在に至っているとされる。

（18）なお、チークの葉には植物の生育に有用な活性ケイ酸が含まれるとされる一方で（よって乾燥させたチークの葉が有機肥料として用いられる）、チークの葉が土壌の保湿力を奪うことで土壌にダメージを与えるという説もある。

（19）なお、CFCの植林プロジェクトについて「宗教が土地開発や環境保護に貢献していると評価できる。しかし、これが本当に宗教的・精神的な行いといえるかどうかは不明」（Racelis and Aswani 2011: 35）という指摘もある。しかし、この指摘は、筆者の主張とは異なる。なぜなら、イカンおよび教会側はプロジェクトを西洋的な開発言説・環境保護言説に基づいて説明したといえるが、人々はそれを既存のCFC信仰の文脈において受容し実践した、という側面があるからである。何をもって「宗教的・精神的な行い」と判断するのかその基準を問う必要があるだろう。

（20）自然人類学者のアーサー・ジョイスとサラ・バーバーは、メキシコの考古学的な遺跡調査をとおして、宗教が人々を結束させ、安定させるという一般的通説とは矛盾する考古学的証拠を多数報告している。彼／彼女らによれば、今日だけではなく紀元前七〇〇年までさかのぼっても、宗教は社会的緊張と紛争につながっており、それが宗教の本質であることを示唆している（Joyce and Barber 2015）。彼／彼女らの研究は、社会科学的な宗教概念を踏まえたものではないが、ある事柄・人物に超越的・絶対的な性格を与え、それに普遍性をもたせるようなある種の制度宗教を考えるうえでは興味深い。

（21）CFCの歴史を振り返れば、教祖エトが亡くなった後、誰がエトを継承者するかについてやや混乱がみられた。端的にいえば、エトの次男（イカン）と五男（タウシンガ）をめぐって議論が起こったのである。その際、表立って衝突が起きることはなく、最終的にはイカンが選ばれた。この背景にはキリスト教的価値観だけではなく、伝統的価値観、そして当該社会の歴史的なローカルな政治なども複雑に入り込んでおり、それを読み解くことは容易ではない。イカン死後に起こったCFCの分裂についても同様のことが指摘でき、状況は複雑である。にもかかわらず、それがほかならない「教会のテンション」（宗教的な派閥対立）として顕在化したことはたしかであり、宗教が自他の境界を確定・固定することに貢献したといえる（cf. 田中 2015: 310）。なお、タウシンガ本人は、このたびのCFCの分裂・衝突について、ローカルかつ伝統的な政治という文脈や、いわば家族的な権力争いという点を真っ向から否定し、信仰の問題であると主張している。

（22）記事では「CFCはキリスト教会ではない。（中略）彼らには、ホーリー・ママ（サイラス・エトのこと）を崇拝し、そしてイカンを崇拝し、つぎは誰を崇拝するのか？　と問いたい。本当のことをすべて把握しているわけではないが、このようなサブスタンスを踏まえれば、CFCはカルト運動としてカテゴライズされる。（中略）ソロモン諸島の多くの人々は知っている。CFCは神によってつくられたのではなく、人間もしくは人間の伝統によってつくられた、ということを。（中略）私はCFCの人々に伝えたい、まだ遅くないので悔い改めて本当の神を受け入れるべきだ。教会の指導者たちを再び受け入れてはいけない（丸括弧内は筆者による註）」などと記されている（Revara 2014）。

（23）筆者は、本稿においてたんに特殊な一事例の報告を企図したわけではない。宗教的紐帯は、場合によっては超越的な存在による操作の対象となり、またそれが市民社会の構築に必ずしも寄与しないという点を再認識する必要があるだろう。とくに歴史の浅い宗教ほど、現実の社会的秩序に対する批判という運動的側面が強く（cf. 竹沢 2003）、組織的にも不安的な性質を有する。この点において、CFCの「ネットワーク的側面」が際立って特殊というわけではない。CFCはマイノリティの宗教（宗派）であるがゆえに、その「市民社会的側面」はとくに希薄といわざるを得ないが、たとえソロモン諸島で主流派のアングリカン教会であったとしても、特定の宗教組織の主導で市民社会の構築に向かうことは同諸島内の伝統宗教信奉者、ムスリム、バハーイー教徒などの存在を排除することにつながりかねない。一国家内のマジョリティの宗教であったとしても、当該宗教の規範および紐帯が市民社会的な公共性を持ち得ると考えるべきではないだろう。

参考文献

石森大知　2010　「グローバル化の波に消えゆく森――ソロモン諸島における森林伐採の展開および転換」塩田光喜編『グローバル化のオセアニア』調査研究報告書、アジア経済研究所、pp.36-53.

2011　『生ける神の創造力――ソロモン諸島クリスチャン・フェローシップ教会の民族誌』世界思想社。

2012　「森林資源の開発とグローバル化現象――ソロモン諸島の植林事業にみるブリコラージュ戦術」塩田光喜編『グローバル化とマネーの太平洋』調査研究報告書、アジア経済研究所、pp.19-38.

2017　「ソロモン諸島におけるリバイバル運動と宗教的分裂――社会宗教運動論からの再検討」『ソシオロジスト』19: 1-23.

稲場圭信　2011　『利他主義と宗教』弘文堂。

カサノヴァ、ホセ　1997　『近代世界の公共宗教』津城寛文訳、玉川大学出版部。

国際協力事業団　2000　『ソロモン諸島ニュージョージア諸島村落林業計画事前調査（予備調査）報告書』国際協力事業団。

小松加代子　2014　「宗教は人々の絆をつくりあげるのか――ソーシャル・キャピタル論とジェンダーの視点から」『多摩大学グローバルスタディーズ学部・紀要』6: 61-74.

齋藤純一　2000　『公共性』岩波書店。

櫻井義秀　2011　「ソーシャル・キャピタル論の射程と宗教」『宗教と社会貢献』1(1): 27-51.

2012　「総説　ソーシャル・キャピタル論の射程」櫻井義秀・濱田陽編『叢書　宗教とソーシャル・キ

ャピタル1　アジアの宗教とソーシャル・キャピタル』明石書店、pp.19-35.
2016「人口減少社会における心のあり方と宗教の役割」櫻井義秀・川又俊則編『人口減少社会と寺院——ソーシャル・キャピタルの視座から』法藏館、pp.15-40.

櫻井義秀・濱田陽編
2012『叢書　宗教とソーシャル・キャピタル1　アジアの宗教とソーシャル・キャピタル』明石書店。

佐藤寛
2002「社会関係資本概念の有用性と限界」佐藤寛編『援助と社会関係資本——ソーシャルキャピタル論の可能性』アジア経済研究所、pp.3-10.

竹沢尚一郎
2003「運動としての宗教」池上良正ほか編『岩波講座宗教1　宗教とはなにか』岩波書店、pp.191-214.

田中雅一
2015「スリランカの民族紛争と宗教——ソーシャル・キャピタル論の視点から」櫻井義秀・外川昌彦・矢野秀武編『アジアの社会参加仏教——政教関係の視座から』北海道大学出版会、pp.309-336.

ハインズ、ジェフリー
2007『宗教と開発——対立か協力か?』阿曾村邦昭・阿曾村智子訳、麗澤大学出版会。

ハーバーマス、ユルゲン
1994『公共性の構造転換——市民社会の一カテゴリーについての探究』細谷貞雄・山田正行訳、未來社。

パットナム、ロバート
2001『哲学する民主主義——伝統と改革の市民的構造』河田潤一訳、NTT出版。

ベック、ウルリッヒ
2011『〈私〉だけの神——平和と暴力のはざまにある宗教』鈴木直訳、岩波書店。

三浦敦
2017「市民社会と協同組合——フィリピンとセネガルの農村アソシエーション」信田敏宏・白川千尋・宇田川妙子編『グローバル支援の人類学——変貌するNGO・市民活動の現場から』昭和堂、

pp.79-102.

Barnett, M. and Stein, J. G. eds.
2012 *Sacred Aid: Faith and Humanitarianism*. New York: Oxford University Press.

Bird, C. 2007 *Blowing the Conch Shell: A Baseline Survey of Churches Engagement in Service Provision and Governance in the Solomon Islands*. Canberra: AusAID.

Bourdieu, P. 1986 The Forms of Capital In Richardson, J. G. (ed.), *Handbook of Theory and Research for the Sociology of Education*. Westport, Connecticut: Greenwood Press.

Buni, G. 2016 Fighting in Paradise. *Solomon Star: Solomon Islands Leading Daily Newspaper*. 3 August 2016. Honiara, Solomon Islands.

Coleman, J. 1990 *Foundations of Social Theory*. Cambridge, Massachusetts: Harvard University Press.

Douglas, B. 2007 Christian Custom and the Church as Structure in 'Weak States' in Melanesia. In H. James (ed.), *Civil Society, Religion and Global Governance: Paradigms of Power and Persuasion*. New York: Routledge. pp.158-174.

Ernst, M. 1994 *Winds of Change: Rapidly Growing Religious Groups in the Pacific Islands*. Suva, Fiji: Pacific Conference of Churches.

Haar, G. T. ed. 2011 *Religion and Development: Ways of Transforming the World*. London: Hurst & Company.

Hearn, A. H. 2008 *Cuba: Religion, Social Capital, and Development*. Durham and London: Duke University Press.

Hegarty, D., A. Regan, S. Dinnen, H. Nelson and R. Duncan
2004 *Rebuilding State and Nation in Solomon Islands*: Policy Options for the Regional Assistance Mission. SSGM Discussion Paper, 2004/02. Canberra: The Australian National University.

Hviding, E. 2011 Re-placing the State in the Western Solomon Islands: The Political Rise of the Christian Fellowship Church.

In Hviding, E. and K. M. Rio (eds.), *Made in Oceania: Social Movements, Cultural Heritage and the State in the Pacific*. Wantage: Sean Kingston Publishing, pp.51-89.

Joseph, K. and Beu, C. B.

2008 *Church and State in Solomon Islands*. SSGM Discussion Paper, 2008/11. Canberra: The Australian National University.

Joyce, A. A. and Barber, S. B.

2015 Ensoulment, Entrapment, and Political Centralization: A Comparative Study of Religion and Politics in Later Formative Oaxaca. *Current Anthropology* 56(6): 819-847.

McDougall, D.

2008 *Religious Institutions as Alternative Structure in Post-conflict Solomon Islands?: Cases From Western Province*. SSGM Discussion Paper, 2008/5. Canberra: The Australian National University.

Racelis, A. E. and Aswani, S.

2011 Hopes and Disenchantments of Religious Community Forestry in the Western Solomon Islands. *Ecological and Environmental Anthropology* 6: 26-38.

Revara, J. 2014 Junior and CFC. *Solomon Star: Solomon Islands Leading Daily Newspaper*. 12 October 2014. Honiara, Solomon Islands.

Rural Development Trust Board

1999 *Final Report for the Period Ended 31 December 1999*. Rural Development Trust Board. Honiara, Solomon Islands.

Smidt, C. ed. 2003 *Religion as Social Capital: Producing the Common Good*. Texas: Baylor University Press.

Solomon Star 2014 MP Welcomes Communication Service. *Solomon Star: Solomon Islands Leading Daily Newspaper*. 20 May 2014. Honiara, Solomon Islands.

Tausinga, J. D. 2012 Pinaqaha Vina Keke, *Sari Qua Leta*, Unpublished.

Tomalin, M. 2013 *Religions and Development: Routledge Perspectives on Development*. New York: Routledge.

Walters, P. and K. Lyons
2016 Community Teak Forestry in Solomon Islands as Donor Development: When Science Meets Culture. *Land Use Policy* 57: 730-738.

White, G. 2006 Indigenous Governance in Melanesia. *SSGM Research Paper*, February 2006. Canberra: The Australian National University.

第6章　自己のためか、他者のためか

――タイ南部インド洋津波被災地におけるイスラーム団体の支援活動をめぐって

小河久志

1　はじめに――ソーシャル・キャピタル論で見落とされるもの

グローバル化の進展に伴い、開発は今日、世界各地でみられる現象となった。開発の内容は多岐にわたり、そこに関わるアクターも多様化している。こうした開発アクターの一つに宗教に関わる個人や団体、組織がある。宗教が歴史的にさまざまな領域で開発活動を行ってきたことは言を俟たない。それが近年、世界的に加速化している状況がみられる（稲場 2009）。

こうしたなか、宗教社会学を中心とする学問分野では、宗教をソーシャル・キャピタルと捉えて宗教による開発を評価する動きがみられる（e.g. 櫻井編 2013、櫻井・濱田編 2012、Smidt ed. 2003）。そこでは、宗教がいかにソーシャル・キャピタルとして機能しているのかという点に注目するあまり、宗教による開発活動をめぐる信者の解釈や対応の違い、活動が持つ排他性や閉鎖性といった側面は捨象される傾向にある（本書の序章および第5章2節を参照のこと）。

本稿は、イスラーム団体タブリーギー・ジャマーアト（Tablighi Jamaʻat 以下、タブリーグ）がタイのインド洋津波被災地で行った支援活動を事例に、活動を主導した住民（以下、コアメンバー）と活動に参加した住民（以下、一般信徒）の活動をめぐる多様な解釈と対応のありようを記述、分析する(1)。具体的には、第2節でタイにおける国家とイスラームの関係性について、公的国家イデオロギーやそれを基盤とする対イスラーム政策に焦点を当てて明らかにする。第3節では、タイにみられる穏健なイスラーム運動とそれを牽引するタブリーグの歴史と概要、特徴を描き出す。第4節では、視点を南タイのインド洋津波被災地に移し、タブリーグが行った支援活動をめぐる住民の解釈と対応を記述、分析する。その際、津波前の状況との比較を行う。最後の第5節では、これまでの議論をまとめる。以上をとおして本稿は、イスラームとソーシャル・キャピタルの関係とともに、先行研究が看過してきた宗教による開発活動をめぐる多声的状況と活動が持つ利己性や閉鎖性といった特徴を明らかにする。

2　タイにおける国家とイスラームの関係性(2)

タイのムスリム

国民の約九三パーセントが上座仏教徒のタイにあって、ムスリムは全人口の約五・二パーセント、三二二万人にすぎない少数派である。(3) タイ政府は、これまで国内に住むムスリムを「タイ・ムスリム」や「タイ・イスラーム」という名称で一枚岩に捉えてきた。しかし、その属性において彼らは多様である。たとえばムスリムのエスニシティは、マレー系を中心に中国系、南アジア系、西アジア系、中東系、チャム系など幅広い（Omar 1999）。宗派も、スンナ派のシャーフィイー学派に属すムスリムが多数を占める一方、十二イマーム派を中心とするシーア派のムスリムもわずかながら存在する。

　ムスリムの居住範囲はタイ国内の全域にわたっているが、南部に全ムスリムの約七三パーセントが集住している。なかでも、マレーシアとの国境に近い深南部の四県（パッタニー、ヤラー、ナラティワート、サトゥーン）では、県人口の六〇〜八〇パーセントをムスリムが占める。同地に住むムスリムは、隣国のマレーシアと歴史的、社会的、文化的に深い関係を持つマレー系である。一九〇九年の英=シャム条約の締結によりマレーシア側の同胞と分断されて以降、彼らは現在まで続く反政府運動を牽引しており、深南部四県のうちサトゥーン県を除く三県がその中心地となってきた。このため、深南部のマレー系ムスリムは、国家から国民統合の障害と見なされ、タイ社会への同化を目的とする一連の政策の対象とされてきた。

ラック・タイ

タイには、「ラック・タイ（*rak thai*）」と呼ばれる国家イデオロギーが存在する。タイ王国憲法は、そのなかで「何人もチャート（*chat* 民族）、サーサナー（*satsana* 宗教）、プラマハーガサット（*phramahakasat* 国王）、および本憲法に基づく民主主義政体を護持する義務を有する」と定めている。このことは、タイ国民が憲法だけでなくチャート、サーサナー、プラマハーガサットにも忠誠を示さなければならないことを意味している。この三つの概念は、西欧列強の脅威を契機として一九世紀末に作られた、タイ的政治原理の固有性とその価値を強調する反西欧的なものであった（村嶋 1987: 131）。現在の国家イデオロギーであるラック・タイの原型となったそれらは後に、タイ人概念と関連づけられた国民統合のシンボルとしても機能するようになり、今日まで継承されている（Arong 1989: 94; 村嶋 1987: 131-132）。

こうしたラック・タイの構成要素には、仏教的な性格を看取することができる。たとえば、サーサナーという概念は、仏教と非常に強く結び付いている。石井米雄は、「今日（諸）宗教を意味するサーサナーという単語は元来、仏教を意味していた」と指摘したうえで、「仏教徒であることは、タイ国民としての資質の一部で（中略）仏教はすでに一般タイ人の意識に上らないほど『タイ民族に内属』している」（石井 1975: 65-67）と述べている。また、一九九七年の憲法改正時に憲法草案委員が、「仏教は歴史や伝統、規範としてすでに国教と認められている。全てのタイ国民はこのことを血として受け継いでいる」（Bangkok Post 1997）と語っているように、サーサナーを仏教と同義とする観念はタイ社会に深く根づいているのである(4)。

公的な国家イデオロギーであるラック・タイが強い仏教的指向性を持つということは、仏教がタイ国民としてのアイデンティティの形成やタイ社会の統合に大きな役割を果たしていることを意味する。それは、仏教とともに公定宗教に指定されたイスラームやキリスト教といった宗教が、国家イデオロギーから外れることを示唆している。この事実からは、国家の側がムスリムを含む仏教以外の宗教を信仰する国民を「二番目」、「二級」の国民と想定していることが読み取れる（Burr 1988: 53）。それゆえ、ラック・タイそのものが、ムスリムと国家の間に緊張関係を生む要因となっているとする見解も存在する（Ruohomäki 1999: 100）。

対イスラーム政策

こうしたなかタイのイスラームは、国家による支援と管理の対象とされてきた。以下では対イスラーム政策に焦点を当ててこの点についてみていきたい。まずは支援の側面である。ここで無視できないのは、一九四五年に出された「仏暦二四八八年イスラーム擁護に関する勅令」である。この勅令は、国王による擁護の対象を、仏教からイスラームに広げるものであった。具体的には、アユタヤー王朝以来、王からムスリムに下賜されていた称号であるチュラーラーチャモントリー（*chularatchamontri*）を新たに官職名として復活させ、イスラームに対するタイ国王の擁護を実施する任務をこれの保持者に与えた（石井 1977: 358）。その後、一九四八年に出された「仏暦二四九一年イスラーム擁護に関する勅令（第二）」により、チュラーラーチャモントリー位は文部省事務当局の諮問に応じる一顧問職（イスラームに関する国王の相談役）に引き下げられたが（石井 1977: 358）、国内イスラームの最高指導者としての地位は維持している。この勅令を基盤に国は、これまで宗教教育や宗教行事などイスラームに関するさまざまな領域で、補助金の支給をはじめとする支援を行っている。

他方で、イスラームの管理という側面を如実に示しているのが、一九四八年に制定された「タイ国イスラーム中央委員会規則」である。この規則により、タイにチュラーラーチャモントリーを頂点とするイスラーム管理組織が確立した。それは、下からムスリム、マスジット・イスラーム委員会[5][6]（*khanakammakan itsalam pracam matsayit* 以下、モスク委員会）、県イスラーム委員会[7]（*khanakammakan itsalam pracam cangwat*）、タイ国イスラーム中央委員会[8]（*khanakammakan klang itsalam haeng prathet thai*）、チュラーラーチャモントリーに至る階層構造を有している。そこにおいてタイ国民であるムスリムは、国内にあるいずれか一つのモスクに登録することが義務づけられた。この中央集権的なイスラーム管理組織を通じて国は、ムスリムに対してイスラームに関する情報の伝達や各種支援を実施する一方、イスラームをめぐる地域社会のさまざまな情報を入手することが可能になった[9]。以上のように国家は、これまでその政策をとおしてイスラームに対する支援と管理を行ってきたのである。

3　ダッワ——タイにおけるイスラーム運動

概要

一九七〇年代以降、世界各地でイスラーム復興の動きが広がるなか、より穏健な形でムスリムの信仰の純化、強化を目指す運動がタイにもあらわれた。それが、タイ語でダッワ[10]（dawa）と総称されるイスラーム運動である。タイでダッワが生まれた背景は複雑であるが、大きく以下のようにまとめられる。まずは、イスラーム復興の発生とその世界的な広がりである。サイイド・クトゥブ（一九〇六―六六）[11]やアヌワール・イブラヒム（一九四七―）[12]といった当時のムスリム知識人の思想が、その著作や雑誌などをとおしてタイにも流入した（Scupin 1987: 254）。海外から様々なダッワ団体がタイを訪れ、各地で草の根レベルの活動を展開したことや、中東諸国を中心とする海外の政府やイスラーム系財団が、ダッワ団体設立のために資金提供等の支援を行ったことも、タイにおけるダッワの発生につながった。

タイのムスリムを取り巻く政治経済状況も無視できない。一九七〇年代以降、タイは急速な経済発展を遂げたが、欧米諸国との間の政治経済的な格差は依然として大きかった。国内においても、仏教徒とムスリムの間に同様の格差が存在するなど、タイのムスリムは国内外で不平等な状況に置かれていた。また、同時期にタイ社会に広がった欧米の文化や価値観はムスリムにも浸透し、彼らの生活様式やムスリムとしてのアイデンティティのありように影響を及ぼしつつあった（Scupin 1987: 84-87）。

ダッワとは、こうした状況を打開するために都市部の若者を中心とするムスリムが採った手段の一つであった。そこでは、非イスラーム的な要素を排除することで、ムスリムの乱れた道徳性の回復や信仰の強化、純化が試みられた。これにより彼らは、ムスリムの日常、ひいてはムスリム社会全体の再イスラーム化を目指したのである。具体的には、聖典クルアーンやハディース（預言者言行録）に描かれたイスラームの「原点」に戻るため、宣教や福祉、教育分野等における草の根レベルの活動が行われた。活動の母体は、バンコクを中心とする都市部に設立されたダッワ団体が担った。一九八〇年代に入ると、国内経済の発展やダッワ団体に対する国家の寛容な姿勢なども影響し、ダッワ団体は活動の規模と範囲を拡大していった。現在では、本稿で取り上げるタブリーグのように全国に支持者を持つ団体から、マレーシアで非合法化されたダルル・アルカム[13]のような団体まで、多種多様なダッワ団体が国内各地で活動を展開している。

タブリーグ

ダッワを牽引する団体の一つにタブリーグがある。タブリーグは、一九二七年にイスラーム学者のマウラーナー・ムハンマド・イリヤースによって北インドのメワートに設立された。預言者ムハンマドと彼に献身した教友たちが送った生活様式をムスリムの理想と見なすタブリーグは、信仰告白を行うこと、礼拝を行うこと、宗教知識を習得しアッラーを想起すること、ムスリム同胞を愛すること、アッラーに誠実であること、宣教のための時間を作ることの六つを遵守すべき事柄として重視している。なぜなら、それによってムスリムのアッラーに対する真の信仰の回復と来世における天国行き、さらにはムスリム社会の健全化が可能になると考えているからである（Ali 2003; 中澤

1988)。こうした考えのもと、タブリーグは、モスクを拠点に集団礼拝やイスラーム講話、イスラーム学習といった上記の六つの事柄を実践し、かつその必要性を教え広める活動、換言すればムスリムとムスリム社会を支援する活動を行っている。そこには、ムスリムであれば誰でも参加することができる。[14] 今日、タブリーグは、そのシンプルな教えや来る者を拒まないオープンな姿勢が一般信徒に受け入れられ、デリーにある総本部を中心に、タイを含む八〇を超える国で活動を展開している（Masud 2000: vii)。

タブリーグがタイで始動したのは、北部のターク県に住むハッジ・ユースフ・カーンが同地で活動を行った一九六六年とされる（Saowani 1988: 239)。その後、着実にメンバーを増やしたタブリーグは、バンコクにあるタイ国支部から村支部に至る階層的なネットワークを用いて国内全域で活動を展開するなど（Nimit 2001)、今日、タイで最大の規模と影響力を誇るダッワ団体となっている（Omar 1999: 230)。

4　村落部におけるタブリーグの支援活動

インド洋津波前

続いて、タイの村落部におけるタブリーグの支援活動についてみていく。具体的には、南部のインド洋津波被災地M村を事例に、タブリーグが津波の前後に行った支援活動を比較する。

M村は、タイの首都バンコクから南に約八六〇キロ離れたトラン県に位置している。津波前の村

写真1　網を引き揚げる村人（2005年、トラン県）

の世帯数は一九五、人口は約一〇〇〇人で、全住民がムスリムであった。周囲を海と運河に囲まれたM村では、耕地となる土地がわずかなため、住民の大半が小規模な沿岸漁業に従事していた（写真1）。二〇〇四年一二月時点の住民の平均月収は約四〇〇〇バーツ[15]であったが、これは二〇〇四年のタイ国民の平均月収約一五〇〇〇バーツの三七パーセントにすぎない。

　タブリーグが初めてこのM村にやって来たのは一九七八年のことである。八〇年代に入ると、タブリーグの活動を高く評価した村のイマームのアサーット（男性、一九五〇年生まれ）が、金曜日の集団礼拝（以下、金曜礼拝）など多くの住民が集まる場所での説教や戸別訪問をとおして、住民にタブリーグの活動への参加を促した。その試みは、まず村の宗教活動を監督し支援する公的イスラーム機関であるモスク委員会の委員（以下、モスク委員）の支持を得た。タブリーグが説くイスラームを「正しいイスラーム」と見なした彼ら初期のコアメンバーは、村におけるタブリーグの活動を管理、運営する委員会を設置し、九〇年代以降はその委員（以下、タブリーグ運営委員）を兼任した。また彼らは、モスク委員会のなかに「トン・ラップ（*ton rap*）」という名のタブリーグの活動に携わる役職を設置するなど、タブリーグに公的な正当性を付与したうえで精力的に活動を展開した。コアメンバーを中心とする住民が村内で行うタブリーグの活動は、イスラーム講話[16]や住民慰問など多岐にわたった[17]。全ての活動は、コアメンバーの差配のもとに決められたスケジュールで行われた。コアメンバーが活動を行う目的は、他者と自己の双方を救済することであった。救済とは、最後の審判の後に天国に行くことである。彼らは、タブリーグの活動に参加することをとおして宗教的な徳（*bun*）を積むことによりそれが可能になると考えていた[18]。こうしたタブリーグの活動は、コアメンバーから「個々の住民と村落社会を助ける活動」と捉えられていた。しかし、物資や現金といったモノを支給するなど直接的な形で住民を支援する活動は行われなかった。

コアメンバーの努力や彼らが持つ宗教的な威光によって、インド洋津波前の時点で、個人差はあるものの村に住む既婚男性の大半がタブリーグの支援活動に参加した経験を持っていた。しかし、各活動の参加者数の変遷をみると、定期的に活動に参加するコアメンバーの数はほとんど増えておらず、「コアメンバーの固定化」といえる状況がみられた。この要因には、定期的にタブリーグの活動に参加できるだけの時間的、経済的余裕のある住民が限られていたことに加えて、タブリーグが持つ利己的な傾向を指摘することができる。一般信徒のなかには、タブリーグの活動に定期的に参加することは、「家族に負担を与える行為」として否定的な評価を与える者がいた。彼らにとってタブリーグの活動は、「家庭に問題を生まない」という条件を満たしてはじめて参加できるものであった。

また、当時のタブリーグの支援活動には、ある種の閉鎖性が看取できた。確かにコアメンバーは、一般信徒に対して活動への参加を積極的に呼び掛けていた。しかし、一般信徒のなかには、本来は参加者の間で持ち回りとなる活動時の役職[19]を特定のコアメンバーが独占するなど、常にコアメンバーが活動の中枢にいることで活動への入りづらさを感じる者も多くいた。また、活動への参加にあたり、ある程度のイスラーム知識や参加意欲が必須と考える者もいた。このような条件をコアメンバーではなく一般信徒が設けているという事実からは、彼らにとってタブリーグの活動がいかにハードルの高いものであったかを窺い知ることができる。以上のような一般信徒の対応は、当時のM村におけるタブリーグが持つ閉鎖的な性格を示しているといえるだろう。

インド洋津波後

①津波被害と復興支援をめぐる問題

二〇〇四年一二月二六日に発生したインド洋津波は、M村に死者一名、負傷者一一名の人的被害とともに、建物の損壊一七棟、漁船の喪失二隻と損壊八〇隻、養殖用生け簀の破損七九台といった物的被害を与えた。こうしたなか、行政やNGOなど多様なアクターが、被災した住民に対してさまざまな分野で支援活動を行った。しかし、そこには多くの問題が存在した。まず指摘できるのは、実施された大半の活動の規模や中身が村の被害状況に適っていなかったことである。たとえば、政府から被災漁船（船外機を含む）の所有者に補償金が支給されたが、村で一般に使われる木造小型漁船（船外機付きの新品）の価格は一隻あたり四〜六万バーツするにもかかわらず、実際の支給額は最高でも三万バーツにすぎなかった。また、漁具や操業資金などを前貸しすることで漁民の生活を支えてきた海産物仲買人（*thaokae*）は、津波の被害を受けたにもかかわらず、支援の対象とはならなかった。一方で、王室による魚網の無償配布は、漁業に従事していない世帯にまで行われた（小河 2010: 121）。

さらに支援の分配をめぐっては、そこに主導的な役割を果たす村長（*phu yai ban*）が不正を働いた。彼は、自身が持つ職権や行政とのコネクションを用いて、上述の補償金や被災漁民対象の生活支援金といった主な漁業関係の支援を自分の親戚や子飼いの住民にのみ行きわたるよう画策し、彼もその一部を着服したのである[20]。

こうした津波被害と復興支援をめぐる問題は、村の基幹産業である沿岸漁業を衰退させる一因となった。津波により壊滅的な被害を受けた漁民の大半は、貯蓄や土地などの資産を持たない零細漁家だった。金融機関の融資を期待できない彼らが漁業を再開するためには、補償金を中心とする漁業関連の支援や海産物仲買人からの援助が不可欠であった。しかし、上述のように主要な漁業支援は村長の不正等により一部の漁民にしか行われず、海産物仲買人には困窮した漁民を援助するだけの余力は無かった。このため、大半の被災漁民は、漁船の修繕や建造、漁具の購入を自力で行わなければならなかった。こうして沿岸漁業の再開が困難となった彼らは、遠洋漁船の乗組員やエビ養殖場の作業員といった村外の仕事に転職することを余儀なくされたのである（小河 2010: 189-191）。

以上の状況のもと、津波前にはみられなかった住民間の対立が生まれ、村を二分した。それは、先述した補償金をはじめとする支援を受けられなかった住民が、支援を受けることができた住民との日常生活における関係を断つという形をとった。津波前には暇さえあれば談笑していた者同士が、ある日突然、目も合わせなくなるというケースも珍しくなかった。こうして村は、村長を中心とする支援を受けた住民からなるグループ（以下、村長派）と、支援を受けられなかった住民からなるグループ（以下、反村長派）に分裂した。そして両派は、二〇〇五年七月一四日に行われた村長選挙（定員一名、任期五年）で、それぞれ候補者を擁立して激しい選挙戦を展開するなど対立を激化させたのである（小河 2010: 192-195）。

津波前のM村では、村長選挙で複数候補が立候補したことは一度もなく、かつ歴代村長の出身家系に偏りがないなど、村落政治をめぐる表立った派閥の存在や住民対立はほとんどみられなかった。また、血縁や業縁など日常のさまざまな領域における関係性を基盤にした住民間の相互扶助が広く行われていた。こうした状況を踏まえると、上述した津波後の変化は、M村におけるソーシャル・キャピタルの弱体化と捉えることができるだろう。

②タブリーグの支援活動

インド洋津波は、現象そのものに加えて、それが直接あるいは間接に引き起こした被害においても住民の想像を超えるものであった。津波後、住民のなかから、いつ襲ってくるかわからない津波に対する不安や恐怖とともに、「津波を何とかして防ぎたい」、「津波による被害を最小限に留めたい」といった声が聞かれるようになった。こうした津波に対する不安や恐怖、防災・減災への関心の広がりを受けて、タブリーグのコアメンバーは、イスラームを用いた津波観と防災・減災策を一般信徒に提示し、広める活動を村内の各所で行った。それは、コアメンバーである前述のアサーットや現イマームのバンチャー（男性、一九六七年生まれ）によると、特定の個人ではなく苦境に置かれた全ての住民を助ける活動であった。それはまた、「神の下ムスリムはみな平等である」という信徒間の平等性や同胞愛、弱者救済といったイスラームの理念に基づく活動でもあった。

具体的な支援活動の内容は、「津波はアッラーが不信仰者に与えた罰・警告」とする津波観と、「イスラームの教えに従った生活を送ることで津波による被害を防いだり減らしたりすることができる」という防災・減災策を、コアメンバーが一般信徒に教え広めるというものであった。[21] 活動は、住民宅や喫茶店、モスク等で行われ、多数の一般信徒が参加した。たとえば金曜礼拝にはモスクに入りきれないほどの男性住民が集まり、バンチャーが説く津波観と防災・減災策に熱心に耳を傾けていた（写真2）。金曜礼拝の参加者が多いときでもモスクの半分を占めるにすぎなかった津波前と比べると、際立って参加者が増加していることがわかる。

こうして、コアメンバーがその活動をとおして説いた津波観と防災・減災策は、一般信徒の間に広く知られることとなった。その様子は、たとえば津波前はイスラームに関心を寄せてこなかった者が、将来襲ってくるかもしれない津波による被害を防ぐ、あるいは被害を減らすために、金曜礼

写真2　津波後に行われた集団礼拝の様子（2005年、トラン県）

拝をはじめとする日常的な宗教実践やタブリーグの活動に積極的に取り組むようになるなど、よりイスラーム的な生活を送ろうとする住民が男女を問わず増えたことから看取できる。また、津波を防ぐための護符として、コアメンバーが活動の際に村内の各世帯に配ったビラを家屋に貼る者が多数現れたことも、そのことを示している[22]。

　加えて無視できないのが、タブリーグの支援活動に参加し、イスラーム的な生活を送ろうと努める一般信徒が、復興支援の不正分配を契機に誕生した二つのグループ（村長派と反村長派）のいずれかに偏ることなく存在していたことである。また、津波後の日常生活においてほとんど交わることのなかった両派の住民が、タブリーグの支援活動の場では時間と空間を共有し、協働していた。たとえば、二〇〇五年の犠牲祭当日（一月二一日）にモスクで行われた一連の活動についてみたい。まず、当日の午前九時頃に、モスクの敷地に村長派と反村長派の男性住民が一〇名ほど集まり、羊の屠殺、解体からその肉の調理を共同で行った。正午にモスクで行われた集団礼拝と、津波観や防災・減災策に関するバンチャーの説教には、村長派と反村長派双方の住民が参加した。そこにおいて参加者たちは、派ごとに固まることなく混在していた。同様の状況は、説教の後にモスクで行われた供宴でもみられた。供宴に参加した住民は、村長派・反村長派関係なく隣り合って供された料理を食べており、なかには雑談する様子もみられた。供宴後の後片付けも両派の住民が共同で行っていた。この出来事は、タブリーグの支援活動が、津波後に生じた住民間の溝を埋める役割を果たしたことを示している。対立する住民の間に相手への怒りや憎しみといった負の感情を抑えた水平的な人間関係が生まれているという点において、一時的にではあれイスラームは、津波後に弱体化したソーシャル・キャピタルを再構築していたのである。

タブリーグの支援活動をめぐる住民の解釈

上の記述からは、タブリーグの支援活動をめぐりM村の住民が、支援する側とされる側、復興支援を受けられた側と受けられなかった側といった違いを超えて一枚岩になっているかのように見える。果たしてそうなのだろうか。

ここでは、タブリーグの支援活動をめぐるコアメンバーと一般信徒の解釈に焦点を当てて上記の問いに答えたい。まずは、タブリーグの支援活動の内容についてみていく。多くの一般信徒は、タブリーグの活動を「津波への不安が減った」、「心理面で助けてくれた」と高く評価していた[23]。津波は、彼らにとって突如として降りかかった新たな災厄であり、恐怖の対象でもあった。タブリーグの活動は、この理解しがたい出来事を解釈可能なものにする、つまり「科学（*witthayasat*）」よりも自分たちの日常により親和的な「宗教（*satsana*）」の領域に馴化させることで、彼らに精神的な安定を与えたといえる（小河 2011: 133）。

しかし、必ずしも全ての一般信徒がタブリーグの支援活動を全面的に評価しているわけではなかった。彼らのなかには、タブリーグに対して、「心理面での支援以外にも支援すべき事柄がある」と指摘する者もいた。たとえば、住民の生活再建に必要な物資や資金といったモノの提供が挙げられた。タブリーグは、その一団が国内外の各地から来村していることからもわかるように、広範囲にわたるネットワークを持っているのだから、それを使えば住民が必要とする様々な支援を入手できると彼らは考え、「なぜそれができないのか」と不満を漏らしていた。また、タブリーグは住民を分け隔てなく支援できているのだから、村長の不正により生じた住民間の不和を解決できるはずだとも考えていた。このように彼らは、タブリーグの支援活動を「不十分なもの」と捉え、そうした活動を行うタブリーグを「住民のニーズを十分に汲み取っていない」、あるいは「汲み取る気がない」と見なしていたのである。

以上からは、タブリーグの支援活動の内容をめぐり一般信徒の間で評価が分かれていたことがわかる。他方で、支援する側であるコアメンバーは、心理的支援以外の活動を行わない理由として、物的支援や対立の仲裁といった行為がイスラームの教えに反する可能性を挙げた。たとえば物的支援の場合、支援物資が等しく住民に行き渡らない可能性があることが問題とされた。なぜなら、支援物資の不平等な分配は住民の間に格差を生むため、それが支援者の意図したものでなくても支援者は「信徒間の平等性」というイスラームの理念に反する行為、つまり悪行（*bap*）をしたことになるからだという。コアメンバーは、先述した「来世における天国行き」という目標のために、でき

る限り悪行を犯すリスクを避けたかった。それゆえ彼らは、一般信徒に対して物的支援を行わなかったのである。(24)

続いて、タブリーグが支援活動を行った目的をめぐるコアメンバーと一般信徒の解釈のありようについてみていきたい。先述のようにコアメンバーは、特定の個人やグループに限らず苦境に置かれた全ての住民を助けることを活動の目的の一つとしていた。そこでは、活動を行うコアメンバー個人の利益について言及されることはなく、活動の利他性が強調されていた。

他方で、支援を受ける側の一般信徒の解釈は、支援活動の内容をめぐる解釈と同様に大きく二つに分かれていた。それは、コアメンバーの解釈と同様に「利他的な行為」と捉えるものと、それとは逆に「利己的な行為」と捉えるものであった。このうち後者の解釈の基盤にあるのが、「コアメンバーは支援活動をとおして宗教的な徳を積んでいる」という認識である。こうした解釈をする一般信徒は、他の一般信徒と同様に、タブリーグの支援活動を「津波に対する不安や恐怖に苛まれた住民を助ける善行」と見なしていた。そのうえで、この活動に多くの住民が参加していることで、活動を行うコアメンバーが得られる宗教的な徳は多くなると考えていた。先述のようにタブリーグは、来世の天国行きを主たる目標としており、それを可能にするのが生前に多くの徳を積むことであった。つまり、津波後に行った支援活動をとおして多くの徳を積んだコアメンバーは、津波前と比べてその目標に近づいたことになる。この点を踏まえて彼らは、タブリーグの支援活動を「利己的」と捉えたのである。(25)

このようにタブリーグの支援活動において利他性と利己性が分かちがたく結びついている状況は、そこに津波前にみられた閉鎖性が残存していることを示唆している。確かに、コアメンバーの増加などにより、タブリーグの支援活動が持つ閉鎖性は津波後、霧散したかのように思われる。しかし、活動の基盤に自己救済の論理が存在していることからも明らかなように、タブリーグの支援活動はその自己中心性を払拭できていない。また、活動の現場をみると、特定のコアメンバーが活動時の役職を独占するなど、津波前と変わらず限られたメンバーだけで活動を運営していた。そこに、津波後コアメンバーとなった住民が入ることは管見の限りなかった。確かに津波後、タブリーグの活動範囲は広がったが、閉鎖性という活動の特徴は依然として存在していたのである。

5　おわりに

本稿は、タイのインド洋津波被災地を事例に、イスラーム団体タブリーグが行った支援活動をめぐる住民の解釈と対応についてみてきた。そこからは、対立関係にある住民がタブリーグの支援活動をとおして協働するなど、イスラームがソーシャル・キャピタルを醸成していることが明らかになった。それは、住民が津波前の互助的な共生関係を取り戻す可能性を示している。しかし、状況を詳しくみると、これらの事例をもってイスラームをソーシャル・キャピタルと捉えて全面的に評価するには一定の留保が必要であることがわかる。なぜなら、イスラームがソーシャル・キャピタルとして機能する裏で、そこに関わる住民たちは決して一枚岩にまとまっているわけではなかったからである。彼らは、タブリーグの支援活動に対してさまざまな解釈を与えるなど多くの相違を有していた。

さらには、支援活動を行うコアメンバーは、災害によって分断された村落社会の再生に不可欠な物的支援や住民対立の仲裁に対してきわめて消極的であった。そこには、イスラームの理念に反する行為、つまり悪行を犯すリスクを避けたいという彼らの思惑が存在した。こうしたコアメンバーの態度は、タブリーグの支援活動に与えるイスラームの教理の影響力の大きさと同時に、タブリーグの支援活動が持つ利己性の高さも露わにしている。換言すると、それはソーシャル・キャピタルとは真逆のものであった。

確かに、宗教が開発の現場でソーシャル・キャピタルを醸成する側面は無視できない。しかし、その一面に注目するあまり見落としてしまう開発活動をめぐる住民の多様な解釈、対応とその交錯、活動が持つ閉鎖性といった側面への目配りもなければ、宗教による開発を正確に理解することはできないだろう。フィールドワークに基づき多面的、多次元的な視点から宗教と開発の関係の動態を捉える研究、換言すれば、人類学的視点から宗教による開発にアプローチする研究が、この課題を解決するうえで重要な役割を果たすことは言を俟たない。宗教による開発活動が世界的な広がりを見せる現在、未だわずかなこの分野の研究の蓄積が望まれる。

註

（1）本稿で取り上げるタブリーグの活動は、宗教による社会および社会問題への関与であり、後述するように活動を主導するコアメンバーと活動に参加する一般信徒の双方から支援活動と見なされていることなどから、「開発」と捉えて論を進める。

（2）本節と次節の記述は、拙著（小河 2016）の一部を要約したものである。

（3）タイの全人口に占めるムスリムの割合は、調査機関や研究者により四～一四パーセントと大きな開きがあるため正確な数値を定めるのは難しい（Omar 1999: 221-222）。本稿では、便宜的に宗教局の統計（Krom Kansatsana 2000）を用いる。

（4）この傾向は、タイの国旗にもみてとることができる。吉川利治によると、タイ国旗を構成する赤、白、青の三色のうち白色は宗教、すなわち仏教を意味するという（吉川 1990: 224）。

（5）マスジットは、イスラームの礼拝所を意味するアラビア語のマスジド（*masjid*）に由来するタイ語である。本稿では、日本においてモスクの方がイスラームの礼拝所を指す単語として一般的であることから、マスジットのかわりにモスクを用いる。ちなみに、このマスジットをはじめタイでは、アラビア語やマレー語、ウルドゥー語、ペルシャ語などに起源を持つイスラーム関係の単語が、しばしばタイ語風に読まれて用いられている。

（6）選挙で選ばれた六名以上一二名以下の委員（任期四年、以下モスク委員）と、終身委員であるイマーム（*imam* 礼拝時の導師）、コーテプ（*khotep* 金曜礼拝の説教師）、ビラン（*bilan* 礼拝の呼びかけ役）から構成され、モスクを中心に行われる宗教関係の活動を組織、運営している（Krom Kansatsana 2005: 15-19）。

（7）選挙で選ばれた九人以上三〇人以下の委員（任期六年）から構成される。ムスリムの人口が多い三六県に設置されており、県内に住むムスリムの宗教活動の支援、管理とともに、イスラームに関する県知事の相談役としての役割も果たしている（Krom Kansatsana 2005: 27-29）。

(8) チュラーラーチャモントリーを委員長に、各県のイスラーム委員会の代表者とチュラーラーチャモントリーが選んだ者から構成される。この委員会は、国内のムスリムの宗教生活全般を管理するほか、国によるイスラーム支援事業の実施機関としての役割も担っている（Krom Kansatsana 2005: 25-27）。

(9) このイスラーム管理組織は、僧侶を国家の管理下に置くことを目指したサンガ組織に酷似している（小野澤 1985: 55）。しかし、それは、ムスリムのなかに仏教の出家者のような存在がいないことや、ムスリムのモスクへの所属が流動的であることなど、イスラームが持つ特性を十分に踏まえたものとは必ずしもいえない（石井 1977: 360）。

(10) ダッワはイスラームへの呼びかけ、つまり布教を意味するアラビア語のダアワ（*da'awa*）に由来する。このダアワは、ムスリムによる非ムスリムへのイスラームの布教と、イスラーム社会内部におけるムスリム同胞に対する宣教という二つの側面を有している（小杉 2002b: 589）。

(11) エジプトのイスラーム思想家。一九五四年以降のナセル政権下のエジプトで、ムスリム同胞団の急進派イデオローグとして大きな影響を与えた。その影響力は国際的にも広がり、クトゥブ主義と呼ばれる潮流も生まれた（小杉 2002a）。

(12) マレーシアのイスラーム運動の指導者、政治家。マレーシアのイスラーム復興を牽引したマレーシア・イスラーム青年隊の創設（一九七一年）に関わり、一九七四年には同隊の会長に就任するなど、イスラーム運動のカリスマ的指導者としてその名を馳せた（左右田 2002）。

(13) ダルル・アルカムは、神秘主義的思想を特徴とするイスラーム団体である。「イスラーム村」と呼ばれる共同体での生活や活動資金獲得のための経済活動、新聞や雑誌といったマスメディアを用いた布教活動などを特徴としている。タイでは南部と北部にイスラーム村を形成し、マレーシアで非合法化された後も活動を行っている（福田 1997; Nagata 1984）。

(14) ただし女性は、男性と比べて参加できる活動が限られているなど多くの制約がある。
(15) 二〇〇四年一二月の時点で一バーツは約三円。
(16) 話者となる者が、自身の体験などを事例にイスラームの教えを平易に説くという形をとる。
(17) タブリーグがM村の内外で行う支援活動の詳細については拙著（小河 2016）を参照のこと。
(18) タイにおいて徳を積むという行為を「来世に幸福をもたらす善行」と捉える考えは、国民の九割近くを占める上座仏教徒に広くみられる。この観念は、M村の住民をはじめとする国内のムスリムにも存在する（Burr1988; 西井 2001）。
(19) 活動全般を取り仕切るアミーン（*amin*）や住民に活動への参加を呼びかけるムタカンリム（*mutakanlim*）といった役職が、一部の参加者に与えられる。
(20) 村長の不正行為は、住宅建設支援金（内務省実施）をはじめとする漁業以外の支援の現場でもみられた（小河 2010: 188-189）。
(21) 活動の詳細については拙稿（小河 2011）を参照のこと。なお、活動に際してスリランカの津波被害とイスラームの関係についてタイ語で記したビラが用いられた。このビラは、コアメンバーによって村にあるほぼ全ての世帯に配られた。
(22) ビラを家屋に貼る世帯は、二〇〇五年三月の時点で一二一にのぼった。こうした行為は、アッラーに対する住民の畏敬の念の深化をあらわしているが、コアメンバーはイスラームの教えに反するという理由からそれを否定的に捉えていた（小河 2011: 132）。
(23) タブリーグの他に心理的支援を行ったアクターはいなかった。
(24) コアメンバーが住民対立の和解に踏み出さない理由に、「人間の行為の善し悪しを正しく判断できるのはアッラーのみであり、それを人間がすることは悪行」とする考えが存在している。

（25）先述のように、心理的支援以外の活動を行わない理由としてコアメンバーは、悪行を犯すリスクを避けることを挙げていたが、この点も一般信徒がタブリーグの支援活動を利己的なものと見なす一因となった。

参考文献

石井米雄　1975『上座部仏教の政治社会学——国教の構造』創文社。
1977「タイ国における〈イスラム擁護〉についての覚え書き」『東南アジア研究』15(3): 347-361.
稲場圭信　2009「宗教的利他主義・社会貢献の可能性」稲場圭信・櫻井義秀編『社会貢献する宗教』世界思想社、pp.30-54.
小河久志　2010「分断するコミュニティ——タイ南部津波被災地の復興プロセス」林勲男編『自然災害と復興支援』（みんぱく実践人類学シリーズ　第9巻）明石書店、pp.181-201.
2011「宗教実践にみるインド洋津波災害——タイ南部ムスリム村落における津波災害とグローバル化の一断面」『地域研究』11(2): 119-138.
2016『「正しい」イスラームをめぐるダイナミズム——タイ南部ムスリム村落の宗教民族誌』大阪大学出版会。
小野澤正喜　1985「国家とエスニシティ——南タイのマレー系イスラム教徒における宗教と教育」綾部恒雄編『文化人類学2　民族とエスニシティ』アカデミア出版会、pp.46-61.
小杉泰　2002a「クトゥブ、サイイド」大塚和夫・小杉泰・小松久男・東長靖・羽田正・山内昌之編『岩波イスラーム辞典』岩波書店、pp.330.
2002b「ダアワ」大塚和夫・小杉泰・小松久男・東長靖・羽田正・山内昌之編『岩波イスラーム辞典』岩波書店、pp.589-590.

櫻井義秀編　2013　『タイ上座仏教と社会的包摂――ソーシャル・キャピタルとしての宗教』明石書店。

櫻井義秀・濱田陽編
2012　『叢書　宗教とソーシャル・キャピタル1　アジアの宗教とソーシャル・キャピタル』明石書店。

左右田直規　2002　「アヌワール・イブラヒム」大塚和夫・小杉泰・小松久男・東長靖・羽田正・山内昌之編『岩波イスラーム辞典』岩波書店、pp.34.

中澤政樹　1988　「Jemaah Tabligh: マレー・イスラム原理主義運動試論」『マレーシア社会論集』1: 73-106.

西井凉子　2001　『死をめぐる実践宗教――南タイのムスリム・仏教徒関係へのパースペクティヴ』世界思想社。

福田美紀　1997　「マレーシアのイスラーム運動――ダルル・アルカムのダッワー活動」『族』28: 18-46.

村嶋英治　1987　「現代タイにおける公的イデオロギーの形成――民族的政治共同体（チャート）と仏教的王制」『国際政治』84: 118-135.

吉川利治　1990　「国民統合の政治文化――タイ王国の文化論」土屋健治編『東南アジアの思想』（講座東南アジア学　第6巻）弘文堂、pp.206-233.

Ali, Jan　2003　Islamic Revivalism: The Case of the Tablighi Jamaat. *Journal of Muslim Minority Affairs* 23(1): 173-181.

Arong Suthasasna
1989　Thai Society and the Muslim Minority. In Forbes, Andrew. (ed.), *The Muslims of ThailandVol2: Politics of the Malay-Speaking South*. Gaya: Centre for Southeast Asian Studies, pp.91-111.

Bangkok Post　1997　Buddhism is Already National Religion, 3 August.

Burr, Angela　1988　Thai-Speaking Muslims in Two Southern Thai Coastal Fishing Villages: Some Processes of Interaction with the Thai Host Society. In Forbes, Andrew. (ed.), *The Muslims of ThailandVol1: Historical and Cultural Studies*. Gaya: Centre for Southeast Asian Studies, pp.53-85.

Krom Kansatsana

2000 *Raingan Kansatsana Pracam Pi Pho.So.2542*（『仏暦二五四二年宗教報告』）. Bangkok: Krom Kansatsana.

2005 *Khumu' Kanprachum Sammana Phunam Satnsana Itsalam Po.So. 2548*（『仏暦二五四八年イスラーム指導者セミナーの手引き』）. Bangkok: Krom Kansatsana.

Masud, Muhammad. Khalid

2000 Preface. In Masud, Muhammad. Khalid. (ed.), *Travelers in Faith: Studies of the Tablighi Jamaat as a Transnational Islamic Movement for Faith Renewal.* Leiden: Brill, pp.vii-ix.

Nagata, Judith

1984 *Reflowering of Malaysian Islam: Modern Religious Radicals and Their Roots.* Vancouver: University of British Columbia press.

Nimit Loma 2001 Kansu'ksa Botbat Kanpoeiphae Satsana Itsalam khong Yamaat Taplik nai Prathet Thai（「タイにおけるジェマー・タブリーグのイスラーム宣教の役割に関する研究」）. Master Thesis, Mahidon University.

Omar Farouk Bajunid

1999 The Muslims in Thailand: A Review. *Southeast Asian Studies*（『東南アジア研究』）37(2): 210-234.

Ruohomäki, Olli-pekka

1999 *Fishermen No More? Livelihood and Environment in Southern Thai Maritime Villages*. Bangkok: White Lotus.

Saowani Citmuat

1988 *Klum Chatphan: Chao Thai Mutsalim*（『民族集団――タイ・ムスリム』）. Bangkok: Kongthun Sangaruchiraamphon.

Scupin, Raymond

1987 Interpreting Islamic Movement in Thailand (1). *Crossroads* 3(2-3): 78-93.

1998 Muslim Accommodation in Thai Society. *Journal of Islamic Studies* 9(2): 229-258.

Smidt, Corwin ed.

2003 *Religion as Social Capital: Producing the Common Good*, Texsas: Baylor University Press.

第7章　貧困地域におけるキリスト教の社会運動の展開
――釜ヶ崎キリスト教協友会を事例に

白波瀬達也

1　はじめに――「宗教の社会貢献」に対する関心の高まり

近年、国内外で宗教団体・宗教者の社会活動に関する研究が盛んになっている。特に日本では二〇一一年に生起した東日本大震災以降、その傾向が顕著なものとなっている[1]。こうした動きには二つの大きな背景があると考えられる（白波瀬 2015）。

第一に、近年の「社会福祉の分権化・民営化」のなかで、宗教に深く関わる組織が非営利セクターあるいはボランタリーセクターの一つとして社会参加する機会が増している。こうした流れのなかで宗教が福祉領域に再参入しやすい状況が作られている。

第二に、日本では税制優遇されている宗教法人に対する公益性が近年厳しく問われており、宗教団体・宗教者が社会貢献活動に意欲的になっている。二〇〇九年に刊行された稲場圭信・櫻井義秀編『社会貢献する宗教』は「宗教団体・宗教者、あるいは宗教と関連する文化や思想などが、社会の様々な領域における問題解決に寄与したり、人々の生活の質の維持・向上に寄与したりすること」を「宗教の社会貢献」と定義している（稲場 2009）。「宗教の社会貢献」は今や宗教団体・宗教者の大きな関心事になっており、これらをソーシャル・キャピタルの観点から研究する動きも活発だ（櫻井 2011; 大谷 2012; 金谷 2013）。

一方、こうした活動には長い歴史がある。近代以降の慈善事業・社会事業に宗教が深く関連してきたことは異論の余地がないし、戦後、公的な福祉サービスが整備される状況のなかにあっても、「制度の隙間」とされる領域において、宗教を基盤にした組織が開拓的・先駆的な役割を担ってきた（日本キリスト教社会福祉学会編 2014; 日本仏教社会福祉学会編 2014）。

第二次世界大戦が終わるまで日本では宗教と社会福祉の関係は比較的密接で、信仰を背景にした組織が生活困窮者、失業者、孤児、障害者など、社会的弱者への支援を活発に展開していた。しかし、第二次世界大戦後、日本は福祉国家の道を歩み始め、社会福祉サービスの供給における国家責任が明確になった結果、宗教と社会福祉の結びつきは弱くなった。一方、一九九〇年代後半から社会福祉サービスの供給体制が見直され、民間団体の参入が可能になった。こうした文脈のなかで、宗教団体がＮＰＯ法人として認証を取得するなどして社会参加する動きも散見されるようになっている。

日本はアメリカ合衆国のように宗教団体が公的な社会福祉サービスの供給主体の一つとして制度的に位置づけられているわけではない[2]。しかし、周辺化された地域においては支援活動の長い歴史を有しており、そこで不足するサービスを埋め合わせるだけにとどまらず、差別や不平等を生み出す社会構造への働きかけも行ってきた。なかでも貧困地域における宗教の関与の存在感は相対的に大きいものだといえる。

そこで本稿では、約五〇年にわたる活動歴をもつ「釜ヶ崎キリスト教協友会」[3]（以下、協友会）を事例に、同団体がどのような背景で貧困地域に関わり、いかなる取り組みを展開していったのか、その社会的役割を明らかにする。

2　釜ヶ崎と貧困

本題に入る前に協友会が活動拠点とする釜ヶ崎について説明する。日雇労働力が集中する地域は寄せ場と呼ばれ、こうした場所は全国の都市部に存在する。大阪市西成区の北東部に位置する釜ヶ崎は東京の山谷、横浜の寿町と並ぶ三大寄せ場の一つとして知られる。高度経済成長期以降、釜ヶ崎は、建設業を中心とする日雇労働力を供給する全国最大の拠点であったが、バブル経済の崩壊を境にその役割は小さくなっており、求人数もかなり低い水準で推移している。かつて「労働者の町」と称された釜ヶ崎は、近年、住民の著しい高齢化と生活保護受給率の上昇が進み「福祉の町」

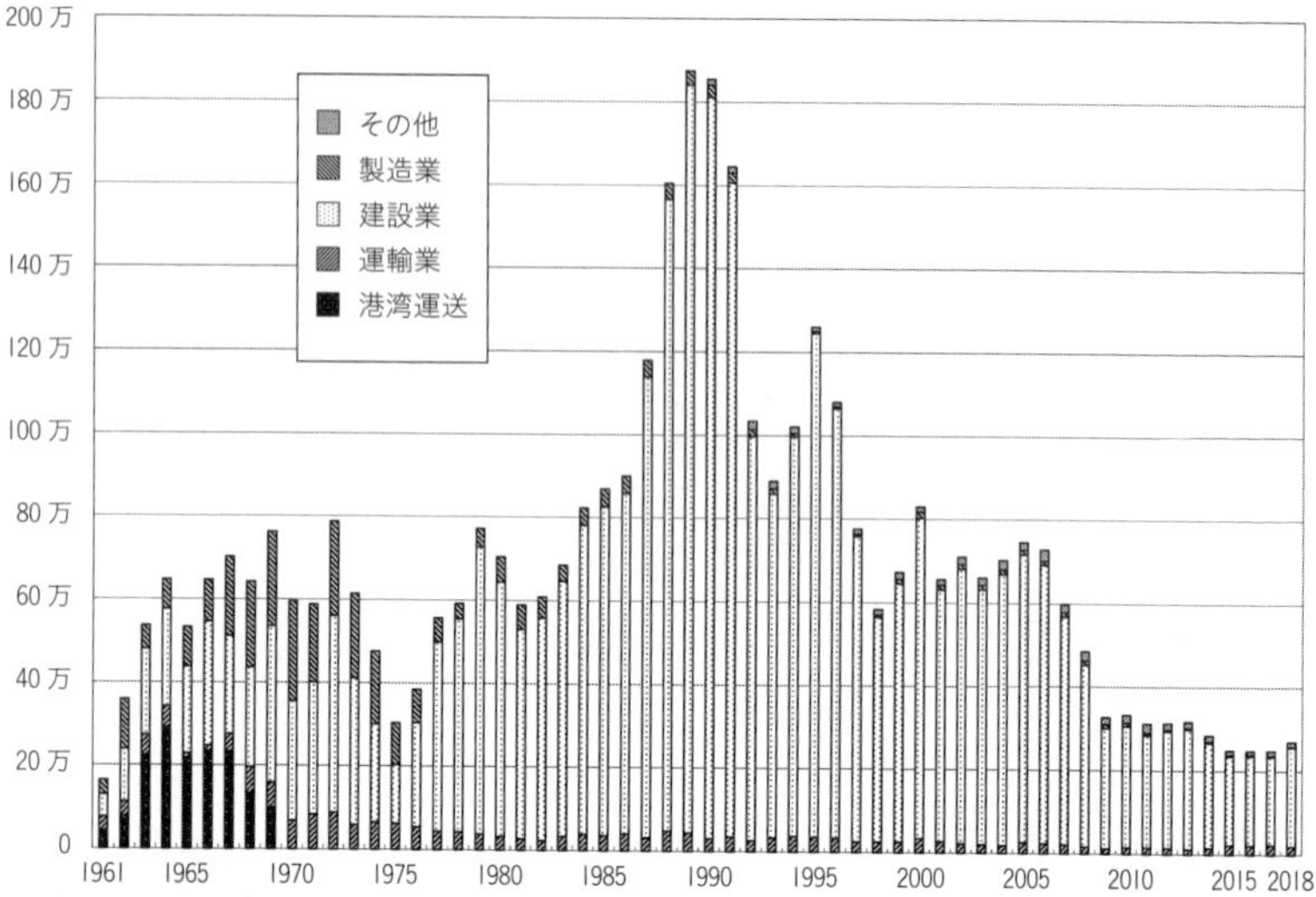

図1　西成労働福祉センターが扱った産業別日雇（現金）求人の推移　出典：白波瀬達也『貧困と地域』（2017、中公新書）

と形容されるようになった。こうした事態に直面するなか、いかに釜ヶ崎の再生を図るかが行政上の大きな課題となっている。以下では、おもに釜ヶ崎の何が社会問題と認識されてきたのか通時的に概観する。

今日釜ヶ崎と呼ばれている地域は、近代化によって急速に発展した大阪市の周縁部に位置し、戦前から雑業に従事する者や非定住的な生活を営む者が滞留するところであった。釜ヶ崎は一平方キロメートルに満たない狭小なエリアだが、バラックなどの劣悪な住宅や、暴力団による違法活動が目立つ場所として社会的に負のイメージを付与され続けてきた。一九六一年にこの地域で生じた暴動を契機に、行政による労働・福祉・教育といった各種施策が展開されるようになった。そして一九六六年には大阪府・大阪市・大阪府警察本部が構成する「三者連絡協議会」によって釜ヶ崎を公式的に「あいりん地区」と呼ぶことが決定した。しかし、その後の行政と支援団体の対立関係のなかで、前者が「あいりん地区」と呼ぶのに対し、後者は「釜ヶ崎」と呼ぶ状況が長年続いている。なお、本稿では民間の支援団体の取り組みを中心に扱うため、彼らが日常的に用いる「釜ヶ崎」という呼称を採用する。

高度経済成長期における労働力需要の急激な高まりに伴って、釜ヶ崎には全国から多くの単身男性労働者が集まった。一方、一九六〇年代後半には、大阪市がスラム対策として家族世帯を積極的に他地域の公営住宅等へ入居させた（原口 2016）。また、一九六〇年代から一九七〇年代にかけて暴動が頻発しており、治安面で不安を感じた親族世帯は自主的に地区外へ転居するケースも多くみられた（白波瀬 2017a）。これらを背景に釜ヶ崎は人口の大多数が男性によって占められる特殊な地域となった。

高度経済成長期に建設労働力の供給地として期待された釜ヶ崎では一九七〇年代初頭に労働力を再生産させるための地域特有のシステムが確立されるようになり、景気変動の影響を受けつつも、バブル経済崩壊までは日雇労働市場として活況を呈していた。しかし、バブル経済崩壊以降の求人の激減、日雇労働者の高齢化によって、釜ヶ崎は深刻な失業問題を経験することとなった。こうした危機に際し、公助が十分に機能しなかったため、町中に野宿者が溢れる事態に見舞われた。

当初、釜ヶ崎内に集中していたホームレス問題は、徐々に釜ヶ崎外へも拡散するようになり、一九九〇年代後半には、大阪市内の大規模な公園や主要な駅舎は野宿者が起居する場所へ変化していった。こうした事態を受けて、ようやく公的機関による本格的なホームレス対策が進んだ。比較的健康で稼働年齢の野宿者に対しては「ホームレス自立支援センター」と呼ばれる就労自立を目的とした施設への入所が斡旋され、深刻な病気や障害を抱える者や高齢者に対しては積極的に生活保護が適用されるようになった。円滑に生活保護が受給できるよう民間の支援団体も活発に支援していった。これらの対応によってピーク時には一〇〇〇人以上を数えた釜ヶ崎の野宿者数は大幅に減少し、近年は五〇〇人ほどにとどまるようになった（白波瀬 2017a）[(4)]。

二〇〇〇年頃からは、釜ヶ崎内の社会運動の取り組みの成果もあり、生活保護受給者の地域定住が進んだ。このように近年の釜ヶ崎ではホームレス問題の解消に向けた取り組みが進んできている。一方で新たな問題として顕在化しているのが、生活保護受給率と高齢化率の高さである。都心にほど近い場所にありながら、いずれも約四〇％となっており、社会的孤立・孤立死が目立つようにもなっている。

こうした事態を打開するために二〇一三年から大阪市は「西成特区構想」[(5)]を掲げ、従来の釜ヶ崎のあり方を抜本的に見直す動きを進めている（鈴木 2016）。

西成特区構想以降、釜ヶ崎は大きく変化しつつある。落書きだらけの壁は白く塗られ、公園から野宿者のテントや小屋が撤去された。路上での違法薬物売買が減り、暴力団関係者によるノミ行為（競馬・競輪などで、法律によって指定されている団体または地方公共団体以外の者が、馬券・車券などを販売する行為）も鳴りを潜めた。他方、これまで日雇労働者が主たる客だった簡易宿泊所は、外国人旅行客向けの宿泊拠点として新たに機能するようになっている。急増した旅行客を対象としたホテルやバーが町を新たに彩るようになり、かつては地元の客しか寄り付かなかった酒場は「本物」を求める地区外の客で連日盛況だ。二〇一七年三月には星野リゾートがあいりん地区に隣接する場所に高級ホテルを建設することを発表し、世間の注目を浴びたが、こうした大規模事業も今後の地区イメージを刷新していくと考えられている（白波瀬 2017b）。

長年貧困が集中してきたこの町では、同構想がもたらす変化を待望する声が多く聞かれる。一方、こうした変化をジェントリフィケーション[6]と捉え、社会的弱者の排除・不可視化につながりかねないと懸念する声も少なくない。以下では、このようなコンフリクトを抱える町でキリスト教がどのように展開してきたのかを概観する。

3　釜ヶ崎におけるキリスト教の展開

萌芽期——外国人を中心とする釜ヶ崎宣教

前述したとおり、釜ヶ崎では高度経済成長期に低質な住環境に代表されるスラムの問題、オイルショックからバブル期にかけて日雇労働という不安定就労の問題、バブル崩壊以降からリーマンショックあたりにかけてホームレス問題が顕在化してきた。そし

写真1　釜ヶ崎の町並み

て近年は生活保護受給者の社会的孤立や再開発による地価上昇が新たな問題として現れつつある。このように、この町が抱える問題は時代によって変化してきているが、一貫して横たわっているのは深刻な貧困である。

こうした課題に行政は部分的にしか対処してこなかった。そのため、釜ヶ崎では民間の支援活動が活発に展開し、なかでもキリスト教系の団体はこの町の重要なセーフティネットを作り上げてきた[7]。以下ではその展開過程を考察する。

釜ヶ崎におけるキリスト教系団体の取り組みの嚆矢は、一九三三年に始まったカトリック修道会「聖ビンセンシオの愛徳姉妹会」(以下、愛徳姉妹会)によるセツルメント活動である[8]。同会はフランス人のシスターを中心に欠食児童給食、衣類給与、診療事業、患者訪問、子供会活動などの事業を実施していたが、とりわけ内科・外科・小児科を備えた診療事業のニーズは大きかったようである。戦時期には女性が工場等の労働者として駆り出されたことから、事業内容が「(親の)不在家庭の保護事業」に特化するようになった。このように聖ビンセンシオの愛徳姉妹会の活動は戦時体制への協力を余儀なくされた時期もあったが、一九四五年に空襲を受けたことにより約二〇年間途切れた(小柳 1991)。その後、再び同地で活動を再開させ今日に至っている。

一九六四年にはドイツ人宣教師エリザベート・ストロームが西成区山王町で活動を展開するようになった。ストロームは売春婦の社会復帰を助ける仕事に従事するため、一九五三年にドイツの宣教団体「ミッドナイト・ミッション」から日本に派遣され、東京を拠点に活動していたが、一九六一年に生起した「釜ヶ崎暴動」を新聞記事で知ったことをきっかけにミッドナイト・ミッションを辞め、日本福音ルーテル教会のサポートのもと西成区山王町で保育事業（後の山王こどもセンター）に着手するようになった（ストローム 1988）。一九六五年にはカトリックと所縁の深いエマウス運動の拠点として「暁光会大阪支部」が設立され、廃品回収を生業にした労働者との共同生活を始めた。この時代の釜ヶ崎はおもに宣教のために来日した外国人によって見出され、生存を支えるための支援を講じていった。

発展期——協友会の結成と展開

一九七〇年には先述したエリザベート・ストローム、愛徳姉妹会のシスター・カッタン、フランシスコ会の司祭ハインリッヒ・シュヌーゼンベルク、暁光会大阪支部の谷安郎、日雇労働をしながらあいりん地域に関わり続けてきた日本基督教団の牧師、金井愛明[9]らが集まり、協友会が結成された。協友会はプロテスタント、カトリックの教派を超えたエキュメニカル（超教派的）なネットワーク型組織で、布教を目的とせず、「人を人として」をモットーに、釜ヶ崎を取り巻く様々な問題に関与するようになった。

このような協友会メンバーの内省的な宣教観は当時の神学をめぐる状況と無関係ではないだろう。カトリックでは一九六二年から一九六五年にかけて開催された第二バチカン公会議で従来の宣教観からの刷新が図られた。なかでも貧者や弱者への特別な配慮が謳われ、人間の尊厳を掲げて社会を変革する必要が表明された。また、一九六〇年代後半にはラテンアメリカを中心に貧困と抑圧からの自由に向けて草の根的に運動を展開した「解放の神学」が世界的な広がりを見せていた。このラディカルな運動では、貧者のために施しを行う従来の姿勢から、貧者とともに連帯する姿勢への転換が図られた（ボフ 1985）。

一方、プロテスタントでも一九六〇年代に社会正義の実現のために政治的にコミットする「フェミニスト神学」や「黒人の神学」など、抑圧された者の視点からキリスト教を再解釈し、不平等や差別を生む社会構造の変革を推進する動きが活発化した（栗林 2004）。このようにカトリック・プロテスタントともに、一九六〇年代には社会変革を志向する神学運動が盛んになり、具体的な地域における活動が展開するようになった。[10] こうした活動においては教派を超えたエキュメニカルな取り組みが進む傾向があり、協友会もその例外ではなかった。

協友会は結成当初、高齢者や日雇労働者を対象にした食堂の運営、アルコール依存症への取り組み、入院中の労働者の見舞い活動など、福祉的な活動が中心で、社会変革に向けた活動はそこまで活発ではなかった。一九七四年に大阪市の委託を受けて年末年始の宿泊支援事業を担うなど、行政との協働志向もみられた。しかし、同事業における日雇労働者への関わりのあり方をめぐって、大阪市との見解の違いが明確になった。これが契機となり協友会が行政と積極的な協働関係を結ぶことはなくなり、逆に一九七五年以降は、「日雇労働者の解放」、「人間性の回復」という共通の目標を旗印に、釜ヶ崎で活動する労働組合と協力関係を取り結ぶようになった。以来、協友会は行政への要望活動や越冬闘争など政治色を帯びた活動にも着手していくことになった。
オイルショック後の不況下でホームレス問題が深刻化していた一九七六年末には、協友会は以下のような要望書を大阪市に出している。

要望趣旨
1．釜ヶ崎労働者をひとりのかけがえのない人間として尊び、接してほしい。
2．釜ヶ崎労働者に特別公共事業などの仕事を出し、就労の機会をつくってほしい。
3．食えない釜ヶ崎労働者は、その生活を保護し、病人は即時、入院させてほしい。
4．釜ヶ崎労働者の公園使用を認めてほしい。

一九七〇年代は労働運動の拠点となった公園が大阪市によってことごとく封鎖されるようになり、釜ヶ崎に暮らす子どもたちの遊び場の不足が大きな問題になっていた。そこで、協友会に加盟するカトリック系の社会福祉施設「ふるさとの家」（写真2）の二階に「子どもの広場」を設置、一九八〇年には現在の場所に「こどもの里」を開設した。このように、釜ヶ崎では労働運動とキリスト教が一定の住み分けを図りつつ、相互補完的に活動を展開したことで、独特なセーフティネットが形成されるようになった。

写真2　ふるさとの家

転換期——宗教色の後退と活動の地域化

一九九〇年代のはじめにバブル経済が崩壊してから釜ヶ崎は過去にない規模のホームレス問題に見舞われることとなった。こうした事態は釜ヶ崎のキリスト教にも大きな変化をもたらした。バブル崩壊前まで釜ヶ崎は労働運動が非常に活発に展開して大きな影響力をもったため、キリスト教の布教活動が自由に展開できる状況にはなかった。しかし、バブル崩壊以降に労働運動が停滞するなかで、布教を重視する複数名の牧師が活動を開始するようになった。特にホームレス問題が深刻化していた二〇〇〇年前後には、複数の教会が食事の提供を伴った布教活動「ホームレス伝道」を展開した。こうした活動の担い手の中心は韓国から開拓伝道のために参画した教会であった。[11] 労働運動の担い手たちはホームレス伝道を「弱みに付け込んだ宗教の押し売り」と捉える傾向があったが、布教とセットで提供される食事は野宿者の生存維持のために欠かせないものであったことから、公然と批判することは稀であった。こうして、釜ヶ崎はキリスト教の布教活動がかつてないほどの規模で展開されるようになっていった。

一方、協友会は、一九八〇年代から一九九〇年代にかけて創設メンバーが帰国したり、高齢化を迎えたりするなかで、中核的な活動の担い手が次世代のメンバーへと変わっていった。このことによって、団体が有するキリスト教色が徐々に薄まってきたといえる。

その後、協友会関係者が立ち上げた施設は、それぞれが独自に財政的・制度的な基盤を整えるようになった。こうした状況のなかで各施設のスタッフに占めるノン・クリスチャンの割合も高まっていった。そしていくつかの施設は牧師・司祭といった聖職者ではない人物が代表を担うようになり、財政的にも人材的にも特定の宗教団体から独立するケースが増加した。

写真3　山王こどもセンター

たとえば、一九七三年に日本福音ルーテル教会が設立した児童施設「西成ベビーセンター」(現在名：山王こどもセンター、写真3)は宣教師のエリザベート・ストロームが長年施設長を務めてきたが、後にクリスチャンではない日本人が新たな施設長となった。一九八五年以降は日本福音ルーテル教会が財政難を理由に事業から退いたため、自主財源で運営をするようになり、一九九六年からは社会福祉法人として事業を実施している。また、先述した児童施設「こどもの里」は、二〇一五年のNPO法人化に伴い、特定の宗教団体から運営上独立するようになった。

高齢者向けに談話室などを提供している社会福祉法人聖フ

ランシスコ会「ふるさとの家」は一九七七年の設立以来、基本的に司祭が施設長を務めてきたが、現在は釜ヶ崎で生まれ育った地域住民に代わっている。前施設長で司祭の本田哲郎は「クリスチャンによって始められた活動が地域の人によって担われるようになったことは好ましい結果だ」と胸を張る。加えて、近年の協友会の代表者は牧師や司祭といった聖職者ではなくなっている。

このように協友会はメンバーの世代交代に伴い、「キリスト教に携わる人々から成る集団」という位置づけは相対的に弱くなり、それまで財政的・人材的な母体となってきた宗教団体からも徐々に自立するようになっていった。では、釜ヶ崎における協友会の存在感は後退したのだろうか。結論を先に述べるならば、そのようなことは決してなく、地域に不可欠な社会資源として定着していったといえるだろう。社会学者の山本崇記は、被差別部落と在日コリアンが混住する京都市の貧困地域を事例に、外部からやってきた「よそ者」であるキリスト教が、布教を控えて社会福祉実践をすることで地域社会に承認されていく過程を「地域化」と言い表した（山本 2010）。これと同様の特徴が協友会にもみられるのだ。

4　釜ヶ崎でみられる二種類のキリスト教

前節では釜ヶ崎におけるキリスト教の支援活動の系譜を概観したが、本節では釜ヶ崎で活動するキリスト教を便宜的に「運動型キリスト教」と「布教型キリスト教」とに二分し、両者の特徴を整理する。

協友会は、信者の増加を志向せず、社会正義の実現に最も力点を置く「運動型キリスト教」に位置づけられる。バブル崩壊後の深刻な社会状況下で、協友会は釜ヶ崎日雇労働組合などと共に一九九三年に「釜ヶ崎就労・生活保障制度実現をめざす連絡会」（略称：釜ヶ崎反失業連絡会[12]）を結成し、より踏み込んだ社会運動を展開した。

釜ヶ崎キリスト教協友会は、野宿に至る原因を主として社会構造にみる。「ふるさとの家」を拠点に活動するカトリック司祭の本田哲郎は釜ヶ崎のなかでの取り組みについて以下のように言及している。

底辺に立つ人を抑えつけ、希望をそぎ取って意欲を失わせるのは、社会構造に問題があるからです。構造がいびつであり、社会の仕組みが切り捨ての論理に支配されていることに気づかず、その体制に組み込まれた組織の片棒をかつぐようなかたちで福祉に力を尽くすことは、屋根の穴を広げつつより大きなバケツやたらいを探し求めるようなものです。私たちの活動は、福音の立場から正義を追求するなかで福祉をどのように位置付けてゆくのかを問うものでなければならないでしょう。（本田 1990: 216）

また、協友会の構成メンバーであり、日本基督教団の牧師でもある小柳伸顕は次のように述べている。

私は、釜ヶ崎は「原因」ではなく「結果」だと思っています。日本の社会の結果が、釜ヶ崎を生み出している。だからこそ、その結果を生み出す原因に迫っていくことが非常に大切なのです。

（小柳 1990: 225）

これらの言説からもうかがえるように、協友会は釜ヶ崎に暮らす人々に具体的な支援[13]を実施しつつも、社会構造の改革を重視しており、不正義があると判断される場合には行政などに「直接行動」することも辞さない。たとえば、二〇〇三年には大阪市に縦割り行政の是正、公的雇用の創出、生活保護の適正な運用など六項目の申し入れをしている。また二〇〇五年と二〇〇七年には公園で暮らす野宿者の強制排除に抗議している。このようなアドボカシーに加え、協友会は釜ヶ崎で活動する社会運動団体に定期的な財政支援を行い、地域のセーフティネットの向上にも努めてきた。

小柳が「キリスト者個人、あるいはキリスト教自身が、どれほど自己変革したかが問われる」と述べるとおり、協友会は釜ヶ崎での実践を通じてキリスト教を内省的・反省的に捉え直すことを重視している（小柳 1990）。こうした姿勢は後続のメンバーにも継承されている。二〇〇九年に協友会は「日本エキュメニカル協会」から長年のエキュメニカルな活動に貢献したとして、第一五回エキュメニカル功労賞を受賞している。その際のスピーチで当時の協友会の共同代表で日本福音ルーテル教会の牧師、秋山仁は以下のように発言している。

教会の「伝道」や「宣教」の対象ではなく、教会が課題と向き合う場所、それが釜ヶ崎であり、協友会が変わらずに大切していくべき問題意識であると思います。

（釜ヶ崎キリスト教協友会 2011: 82）

このように運動型キリスト教は日雇労働者や野宿者に宗教的真理を伝えるというよりも、彼らに学び、寄り添い、連帯する姿勢を強固にもっている。

一方、信仰による救済を目指す「布教型キリスト教」は、信仰の欠如が苦難の根本原因だと考えるため、未だ宗教的真理を知らない者に「教える」というパターナリスティックな姿勢が顕著である。「布教型キリスト教」の多くは、食事や衣服の提供を副次的なものと捉えており、霊的な次元での救済を重視する。多くの教会がホームレス伝道を実施しているが、全てに共通してみられる態度は、布教に対する熱意と政治的な活動に対する無関心である。様々な社会問題は信仰の力によって解決可能だと考えており、社会構造の変革志向も乏しい。「布教型キリスト教」は何事に対しても感謝することを野宿者に推奨し、現状に対して不平・不満をこぼすことを否定する。また「罪」の悔い改めと自己変革を強調する。「布教型キリスト教」は具体的な差別や排除の動きに政治的に対応することはなく、むしろこのようなネガティブな事象を信仰に目覚める重要な契機と捉える傾向がある。(14) これらの特徴は「運動型キリスト教」との明確な相違点となっている。

5　コミュニティの社会資源としてのキリスト教

これまでみてきたように釜ヶ崎では「運動型キリスト教」と「布教型キリスト教」の活動が並存しており、協友会は前者に位置づけられる。双方とも釜ヶ崎に暮らす人々に大きな影響を与えており、筆者には優劣を述べる資格はない。

しかし、コミュニティの社会資源という観点に該当するのは「運動型キリスト教」、すなわち協友会であることは明白である。釜ヶ崎では一九九〇年代後半からまちづくりの取り組みが進められており、二〇〇八年に地域の諸団体との連携を具体化させるために「(仮称)萩之茶屋まちづくり拡大会議」が発足した。協友会はこの会議体のメンバーとして積極的に参画している。また二〇一三年以降、釜ヶ崎のあり方を抜本的に見直すための大阪市西成区のプロジェクト「西成特区構想」が進められており、協友会はそれを遂行するための会議体の「地域メンバー」として参与している。一方、ホームレス伝道を行う「布教型キリスト教」に位置づけられる教会は、いずれもこれらの会議体のメンバーに入っていない。つまり、まちづくりや地域政策のレベルではコミュニティの社会資源とみなされていないのである。

これらの会議体のなかで、協友会は利害を異にする参加メンバーの対立が深刻化しないよう尽力しつつ、釜ヶ崎の日雇労働者・野宿者・生活保護受給者の利益を重視した発言を続けている。ややもすれば社会的弱者の不可視化をもたらしかねない再開発の動きを常に牽制する働きをしているのである。協友会は結成から五〇年近くが経過し、キリスト教色がかつてほど明確ではなくなってきている。しかし、スローガンである「人を人として」を遵守し、「最も小さくされた人」と連帯する姿勢は変わらない。これは形式としてのキリスト教が後退しつつも、信仰の核の部分が純化する形で地域化したとみることもできるのではないだろうか。

6　おわりに

ここまで、協友会の五〇年近くの歩みを概観してきたが、以下ではその変化をアンルーとサイダーによる信仰関連組織（ＦＢＯ）の五類型に基づき分析する（Unruh & Sider 2005）。

①Faith-Permeated Organizations（信仰が浸透している組織）
宗教との結びつきが、理念、スタッフ、ガバナンス、支援など、あらゆるレベルで明白な組織。その組織の活動は宗教的内容を含む。

②Faith-Centered Organizations（信仰が中心となっている組織）
宗教的目的のために設立され、現在も特定の宗教団体が主な資金源となっており、特定の宗教の信者であることが入会・入社条件となっている組織。組織のスタッフの大半は共通の信仰を共有している。参加者（利用者）による選択の余地は残されているものの、その組織の活動は宗教的内容を明確に含む。

③ Faith-Affiliated Organizations（信仰と連関している組織）

宗教的な設立者の影響が一定程度残っている組織。組織のスタッフに宗教的信念や宗教的実践への賛同を要求せず、明確な宗教的内容をもった活動はない。しかし、参加者（利用者）のスピリチュアリティを育成したり、婉曲的に宗教的メッセージを伝達したりすることがある。

④ Faith-Background Organizations（信仰が背景となっている組織）

現在は世俗的だが、歴史的に宗教と結びつきがある組織。何人かのスタッフは宗教（的信念）に動機づけられるが、信仰の有無はスタッフの選定条件にはならない。その組織の活動は宗教的内容を含まない。

⑤ Faith-Secular Partnership（信仰と世俗の協同）

組織の基本方針は世俗的だが、ボランティアやその他のサポートにおいて宗教団体とのパートナーシップに依存している。

アメリカ合衆国のＦＢＯを対象に考案されたアンルーとサイダーの類型は、組織形態と事業内容に注目し、その多様なパターンを説明するところにある。それまでＦＢＯは曖昧に論じられる傾向があったが、彼女らの類型化によって組織形態の多様性、事業内容と信仰の関連性を明瞭に説明することが可能となる。[15] では、このモデルを協友会に当てはめ、これまでの議論を整理してみよう。

協友会は、結成当初は①あるいは②に近い形態で活動していたが、徐々に③へと移行し、初期の中核メンバーが帰国したり死去したりするなかで、④や⑤の形態へと変化してきた。

こうした変化の過程で組織がもつ宗教色は徐々に薄まっていくが、それは必ずしも衰退を意味するものではない。むしろ協友会の事例は「ミッションの地域化」の一つの型とみなすことができる。本稿の冒頭では、宗教の社会貢献の定義が「宗教団体・宗教者、あるいは宗教と関連する文化や思想などが、社会の様々な領域における問題解決に寄与したり、人々の生活の質の維持・向上に寄与したりすること」（稲場 2009）であることを確認した。この定義は、宗教の文化や思想が社会に対して正の影響を及ぼすことを前提としている。一方、本稿の事例では、困難な現場に相対するなかで、宗教の文化や思想が捉え直され、批判され、ときに根本的な解釈の変容を含みながら地域化していることがうかがえた。[16] これもまた、もう一つの「宗教の社会貢献」のあり方であり、宗教が地域の開発に関わる際の有益な視点を提供するものだと言えるのではないだろうか。

註

（1）東日本大震災を契機に始まった臨床宗教師（interfaith chaplain）の養成は、公共領域における宗教の役割を新たに創造しうるものとして注目される。臨床宗教師とは宗教勧誘を目的とせず、相手の価値観、人生観、信仰を尊重し、生きる力を育む心のケアを実践する宗教者のことだ。二〇一二年に東北大学で始まった臨床宗教師の養成は、その後、全国の複数の大学で行われるようになり、二〇一六年には、資格認定を行う「日本臨床宗教師会」も発足した。こうした資格制度を契機に医療や社会福祉などの領域で宗教が新たな役割を担う可能性が出てきている。

（2）近年のアメリカ合衆国の社会福祉領域における宗教団体の参入過程については木下武徳の研究を参照されたい（木下 2007）。

（3）二〇一八年現在、協友会は「聖ビンセンシオの愛徳姉妹会　ヨゼフ・ハウス」、「社会福祉法人聖フランシスコ会　ふるさとの家」、「出会いの家」、「イエズス会社会司牧センター　旅路の里」、「聖母被昇天修道会西成修道院」、「社会福祉法人ストローム福祉会　山王こどもセンター」、「NPO法人こどもの里」、「社会福祉法人暁光会大阪支部」「日本福音ルーテル教会　喜望の家」、「関西キリスト教都市産業問題協議会釜ヶ崎委員会KUIM」の諸団体・および個人から構成される。

（4）ホームレスが大きな社会問題となった二〇〇〇年頃からは、国による対策が進んだ。二〇〇三年の時点で約二万五〇〇〇人いた野宿者は徐々に減少し、二〇一八年の時点で約五〇〇〇人となっている。

（5）西成特区構想は、「目前にある困難な課題に対する短期集中的な対策」、「将来に向けた中長期的な対策」、「将来のための投資プロジェクトや大規模事業」の三段階に分けられており、その内容は八分野五六項目にもおよぶ。二〇一三年七月以降は、西成特区構想の具体化に向け、行政と住民の協働による「エリアマネジメント協議会」が設置され、テーマ別に活動が展開され始めている。エリアマネジメント協議会は、①区内の未利用地活用、②新今宮駅周辺の集客や観光推進、③生活環境・福祉、④子育て・子育ち、⑤あいりん総合センター建て替えと周辺整備、の計五つの専門部会から構成されており、行政職員、有識者委員、町内会、福祉施設、支援団体などからメンバーが集められている。

（6）ジェントリフィケーションとは労働者階級の居住地区が中流階級によって再生される現象をいう。こうした過程で地価上昇が生じ、元々の住民が追い出されたり、地域にあった伝統的絆が弱まったりすることが危惧されている。

(7) 釜ヶ崎における仏教系の団体としては、浄土宗の四恩学園の存在を挙げることができる。前身団体である大阪四恩報答会は一九一八年から活動を開始し、一九二〇年に四恩学園を創設。不就学時のための児童教育を中心に各種の相談事業、授産事業などに着手した。一九二七年には貧困層のための診療所を設置、一九三〇年には消費組合活動が展開されるようになった(浄土宗務所社会課 1934)。このように四恩学園は浄土宗を代表する総合的な隣保事業を実施していたが、一九六二年の西成労働福祉センター新設に伴い、四恩学園は施設を大阪府に譲渡し、活動拠点を大阪市住吉区に移した(白波瀬 2015)。

(8) 貧しい住民の住む地区に診療所・託児所などを設け、住民の生活向上のために助力する社会活動のことを「セツルメント(活動)」という。貧困が集中する地域で住民との隣人関係をとおして人格的接触を図り、問題の解決を目指した取り組みをセツルメントという。一八八四年にロンドンに設立されたトインビーホール、一八八九年にシカゴに設立されたハルハウスがその先駆けとして知られる。日本では一八九一年に設立された岡山博愛会、一八九七年に設立されたキングスレー館などが知られる。これらはいずれもキリスト教と密接な関わりがある。

(9) 金井愛明は同志社大学大学院の神学研究科に在籍しているときに関西労働者伝道委員会の実習生として労働問題に関与することになり、その後、同委員会の専従となった。協友会結成後の一九七四年には安価で体によい食事を提供する「いこい食堂」を設立した。

(10) 解放の神学をはじめとする社会変革的な神学は、冷戦下における一九八〇年代のアメリカ合衆国で強い反発を招いた。また、バチカンにおいても同時代に保守化が進み、マルクス主義の神学への適用が厳しく制限されることになった(栗林 2004)。

(11) 野宿者数が減少傾向にある現在においても、釜ヶ崎およびその周辺部では食事の提供を伴った伝道集会が毎日のように開催されている。

（12）バブル経済崩壊後、釜ヶ崎では求人が激減し、日雇労働者の多くが深刻な失業を経験した。こうした事態を受け、釜ヶ崎反失業連絡会は、個々人の避難行動であった「野宿」を集団化・可視化させ、行政に職と寝場所の提供を求める社会運動を展開した（松繁 2011）。

（13）これまで協友会は生活保護申請から決定までの生活を支えるための資金の貸付や、凍死者のリスクが大きい越冬期間の夜まわり活動に従事してきた。また、釜ヶ崎の歴史と現状を伝えるためのセミナーも開催してきた。これらのほか、釜ヶ崎の労働者と子どもたちの交流を目的とした「げんきまつり」を毎年開催している。

（14）こうした活動の結果、釜ヶ崎の野宿者がキリスト教の信仰を受容するケースは少なくない。ただし、釜ヶ崎では特定の教会に所属するケースは稀である（白波瀬 2015）。

（15）アンルーとサイダーは自らが提示したＦＢＯの類型論が一般的な傾向を掴むためのものであり、各々の類型の境界にはグレイな部分があると指摘している（Unruh & Sider 2005）。

（16）釜ヶ崎におけるキリスト教の批判的な捉え直しについては、協友会のメンバーでもあるカトリック司祭、本田哲郎の著書を参照されたい（本田 2006）。

参考文献

愛徳姉妹会　1984『大阪における愛徳姉妹会の社会福祉事業五〇年史』愛徳姉妹会。

稲場圭信　2009「宗教的利他主義・社会貢献の可能性」稲場圭信・櫻井義秀編『社会貢献する宗教』世界思想社、pp.30-54.

大谷栄一　2013「宗教は地域社会をつくることができるか」大谷栄一・藤本頼生編『地域社会をつくる宗教』明石書店、pp.19-42.

金谷信子　2013「日本の伝統宗教とソーシャルキャピタル――神社活動を事例に」『宗教と社会貢献』3(2): 1-25.
釜ヶ崎キリスト教協友会
　2011『釜ヶ崎キリスト教協友会40年誌』釜ヶ崎キリスト教協友会。
木下武徳　2007『アメリカ福祉の民間化――委託契約の形成とその展開』日本経済評論社。
栗林輝夫　2004『現代神学の最前線――「バルト以後」の最前線を読む』新教出版社。
小柳伸顕　1990「西洋型ミッションを問う」釜ヶ崎キリスト教協友会編『釜ヶ崎の風』風媒社、pp.218-231.
　1991「寄せ場のキリスト者たち――その歩みと課題」『寄せ場』4: 131-147.
櫻井義秀　2011「ソーシャルキャピタル論の射程と宗教」『宗教と社会貢献』1(1): 27-51.
白波瀬達也　2015『宗教の社会貢献を問い直す――ホームレス支援の現場から』ナカニシヤ出版。
　2017a『貧困と地域――あいりん地区から見る高齢化と孤立死』中央公論新社。
　2017b「貧困地域の再開発をめぐるジレンマ――あいりん地区の事例から」『人間福祉学研究』10(1): 79-90.
浄土宗務所社会課
　1934『浄土宗社会事業年報第一輯』浄土宗務所社会課。
ストローム、エリザベート
　1988『喜望の町――釜ヶ崎に生きて20年』日本基督教団出版局。
鈴木亘　2016『経済学者　日本の最貧困地域に挑む――あいりん改革3年8カ月の全記録』東洋経済新報社。
原口剛　2016『叫びの都市――寄せ場、釜ヶ崎、流動的下層労働者』洛北出版。
ボフ、レオナルド
　1985『アシジの貧者・解放の神学』エンデルレ書店。
本田哲郎　1990「福音は社会の底辺から」釜ヶ崎キリスト教協友会編『釜ヶ崎の風』風媒社、pp.205-217.

2006 『釜ヶ崎と福音——神は貧しく小さくされた者と共に』岩波書店。

松繁逸夫
2011 「失業の嵐のなかで」原口剛・稲田七海・白波瀬達也・平川隆啓編『釜ヶ崎のススメ』洛北出版、pp.261-284.

山本崇記
2010 「スラム地域における住民主体とキリスト者の戦略——京都市東九条を事例に」『地域社会学年報』22: 143-156.

Unruh, Heidi Rolland and Ronald J. Sider
2005 *Saving Souls, Serving Society*. New York: Oxford University Press.

第Ⅲ部　宗教の公共性をめぐる諸相

第8章　ムスリムによる公益活動の展開
――中国雲南省昆明市回族社会の事例から

奈良雅史

1　はじめに――イスラームにおける公共性の再検討

宗教が公共空間においていかなる役割をどのように果たすのかは、特に一九七〇年代後半から世界各地、あるいはグローバルな領域で起こってきた宗教復興現象によって世俗化論の見直しが迫られて以降、宗教研究において重要な問題の一つとなってきた。世俗化論は、近代化の過程で、社会全体を覆う「聖なる天蓋」（バーガー 1979: 38-42）であった宗教から、社会の機能分化に伴い、世俗的領域（政治、法、科学など）が分化し、その結果、宗教が公的領域から私的領域に後退し、教会出席率の低下などに示されるように衰退していくものとみなす（cf. ウィルソン 2002: 168-174）。カサノヴァが「世俗化論は、近代の社会科学においてパラダイムとしての真の地位を獲得した唯一の理論かもしれない」（Casanova 1994: 17）と述べるように、世俗化論は自明のテーゼとして扱われる傾向にあった。しかし、上述のように宗教復興現象が世界各地で起こるなか、世俗化論は再考を迫られるようになった。

カサノヴァは、従来の世俗化論が三つの下位命題から構成されることを指摘する。すなわち、（1）宗教的な制度や規範から世俗的領域が分離するに至る社会空間の構造的分化、（2）宗教が社会の機能分化によって囲い込まれた固有の領域内での私事化、（3）宗教的な行為や意識、諸制度がその社会的意義を失う過程の三つである（Casanova 1994: 11-39）。そのうえでカサノヴァは、（2）宗教の私事化が世俗化において本質的な要素ではなく、「近代の「好まれるオプション」」（Casanova 1994: 215）に過ぎないと論じる。カサノヴァは、アメリカにおいて再び公的な勢力として登場したプロテスタント・ファンダメンタリズムなど、一九八〇年代以降の宗教復興の事例から、「脱私事化（deprivatization）」と呼ぶプロセス、すなわち「宗教が私的領域に割り当てられた場所を放棄し、論争や言説的正当化、境界線の引き直しという進行中のプロセスに参加するために市民社会における未分化な公的領域に入っていくプロセス」（Casanova 1994: 65-66）を指摘する。つまり、近代において、宗教は必ずしも私事化し、周縁化していくのではなく、市民社会において公的な役割を果たしうる「公共宗教（public religion）」として再登場するということである。

このモデルは、近代における宗教のあり方の変化を分析するうえで有効なものであるといえる。

しかし、人類学者のアサドが批判するように「公共宗教」モデルは、「あらゆる宗教に当てはまるものとしては考えられていない」（Asad 2003: 183）[1]。カサノヴァが自ら「モダニティの根本的な諸価値や諸原則、すなわち個人的な諸自由や分化した諸構造の妥当性の受容を前提とする」（Casanova 1994: 221-222）と述べるように、「脱私事化」や「公共宗教」のモデルは、宗教と世俗を分割する世俗主義を前提としたものである。世俗主義は西洋近代社会において出現した政治原理であり、カサノヴァのモデルをイスラーム世界に応用することには限界があると指摘されてきた（大塚 2004: 404-415; Salvatore and Eickelman 2006: xv）。むしろ、イスラーム研究では、イスラーム世界において宗教は一貫して公的役割を担ってきたとみなされている（Salvatore and Eickelman 2006: xiv）。

しかし、注意しなくてはならないのは、イスラームの公共性をめぐる議論において、その公共性は教義としてのイスラームに内在する特徴として論じられる傾向にあることだ（e.g. Hoexter and Levtzion 2002; 高尾 2012: 222-225）。たとえば、中東のイスラーム社会を研究するアイケルマンとピスカトーリは、一九七〇年代以降イスラーム世界で活発化してきたダアワ（*daʿwa*）[2]と呼ばれる宣教活動が、宗教教育など直接的にイスラームの宣教に関わる活動に加えて、イスラーム的なＮＧＯなどを通じた貧困層などに対する医療や社会福祉によって、政府のサービスが不十分な分野を政府に代わって担うようになったことを論じる。その際、彼らはイスラームに関わる運動が公的な役割を果たすことをクルアーンを参照して説明する。彼らによれば、イスラームに関わる活動が公共性を持ちうるのは、人間社会において調和と正義をなすという、クルアーンに記された義務により[3]、ムスリムには社会的な不正義や経済的不平等に対処する責任があるためだとされる（Eickelman and Piscatori 1996: 35-36）。

こうした教義に基づいた解釈も、イスラームの公共性の重要な一面を説明する。しかし、人類学者のオタイェックとソアレスは、イスラーム復興現象を教義としてのイスラームに還元して説明してきたこれまでの研究は、イスラームを特権化し、世俗的な諸社会や諸領域に生きるムスリムたちの実践を等閑視してきたと批判する（Otayek and Soares 2007: 17）。また、同様の批判を展開した社会学者のバイヤートは、ダアワなどの活動が「部分的に共有される利害」（Bayat 2005: 902）によって展開されていると論じた。バイヤートによれば、一九九〇年代のイランにおけるポスト・イスラーム主義的潮流[4]は、学生組織や女性グループ、さらには保守的な聖職者からリベラリスト、世俗主義者など、異なる目標を持った諸集団が、民主主義、法の支配、市民社会、寛容さなどの理想を共有することによって展開された（Bayat 2005: 902-903）。

公共圏に関する既往研究では、公共性は異なる考えや価値観を持った人々によるコミュニケーションを通じて達成されるものとみなされる傾向にある（cf. フレイザー 1999; 齋藤 2000）。ここでは「何が公共か」ということは必ずしもコミュニケーションの前提ではなく、むしろ多様な人々のコミュニケーションによって生成されるものと捉えられる（フレイザー 1999; 木村 2011）。

これらのイスラーム研究および公共性に関する議論を踏まえれば、イスラームの公共性を実践に先立つ教義としてのイスラームに還元するのではなく、それが世俗的でもある生活世界におけるムスリムの実践、および実践をとおしたアクター間の共同によっていかに立ち現れるのかに目を向ける必要があるといえるだろう。

以上を踏まえ、本稿では、回族社会における草の根的な公益活動の展開過程に焦点を当て、そこでの「公益」がいかに人々の実践をとおして生成されるのかを、改革・開放以降の回族社会の変化との関連から考察する。回族は、おもに唐代から元代にかけて中国に移住した外来ムスリムとイスラームに改宗した漢人との通婚の繰り返しにより形成された民族集団とされる（中田 1971: 8-9）[5]。なお、本論の事例は、二〇〇八年から二〇一六年にかけての計二九か月間、雲南省昆明市[6]を中心に行った現地調査に基づく[7]。以下では、本稿で取り上げる事例を理解するための前提として、改革・開放以降の中国における公益活動の活発化について、次いで同時期の回族社会の変化について概観する。

2 公益活動の活発化

改革・開放以降、比較的リベラルな社会政策が採られ、中国はそれまでの「階級闘争を推進する毛沢東主義国家から、経済成長を追求する市場経済先導型の発展開発主義国家へと大転換」（足羽 2000: 241）したとみなされるようになった。たとえば、一九七八年三月の全国人民代表大会では、社会福祉や社会団体登録などの民政事業を担う民政部が中央官庁に設立された（古賀 2010: 42-43）。こうした中国共産党政府の政策転換に伴い、それまで抑圧されていた「社会団体（*shehui tuanti*）[8]」の活動が活発化した（e.g. 李 2006; 古賀 2010）。たとえば、一九七八年から一九八九年にかけて、全国レベルの社会団体は一六倍に増加し一六〇〇団体を越え、地方レベルの社会団体は三三倍に増加し二〇万団体に達した（古賀 2010: 43）[9]。また、この社会団体の増加が「草の根ＮＧＯ」[10]による活動の活発化につながっていったとされる（王・李・岡室 2002: 75）。草の根ＮＧＯの活動は、一九九〇年代半ばに環境保護分野のＮＧＯが設立されたのを皮切りに、エイズ患者、女性、出稼ぎ労働者、同性愛者、身体障害者などの社会的弱者支援、コミュニティ・サービスなどの分野へと拡大した（徐・李 2008: 3-6）[11]。

宗教団体もその例外ではない。昆明市のムスリムたちや昆明市イスラーム教協会は幾度となく震災や旱魃の被災者救援や貧困撲滅のための公益活動を実施してきた（昆明市宗教事務局・昆明市伊斯蘭教協会編 2005: 183-188）。たとえば、その一つに一九九五年一一月二四日に発生し、大きな被害をもたらした雲南省武定県および禄勧県におけるマグニチュード六・五の地震の際の救援活動がある。この震災において、当時の昆明市イスラーム教協会は、即座に同市都市部にある六か所のモスク（清真寺 *qingzhensi*）管理委員会に指示を出し、救援活動を組織した。また、各モスクの指導者たちは一般信徒のムスリムたちに活動への参加を呼びかけた。その結果、一般信徒から一万元[12]以上の寄付金と一〇〇〇着以上の衣類の寄付が昆明市イスラーム教協会に寄せられ、それらは被災地における救援活動指導部に送り届けられた（昆明市宗教事務局・昆明市伊斯蘭教協会編 2005: 186）[13]。また、昆明市では、このように中国政府の管理統制下にあるモスク（奈良 2015b）を中心とした公益活動だけではなく、一般信徒の有志たちによる草の根的な活動も二〇〇〇年代以降活発に行われてきた。たとえば、昆明市都市部にあるムスリム墓地への植樹、独居老人および老人ホームへの慰問、農村地帯貧困地区の回族村にある小学校への図書および文具の贈呈、古着の寄付、ムスリム幼稚園の設立、イスラーム教育活動、難病を患った回族への寄付、イスラーム祭礼の際のモスクにおけるボランティアなどが挙げられる（Nara 2013）。

また、胡錦濤政権下の中国政府も、その管理統制下にある宗教団体による公益活動を支持する傾向にあった（cf. Goossaert and Palmer 2011: 316-350; 川田 2012: 12-13, 2015: 67-77）。これは宗教政策における変化からもみてとれる。たとえば、二〇〇七年一〇月に開催された中国共産党第一七次全国代表大会では、中国共産党章程に「党の宗教工作の基本方針を徹底し、宗教を信仰する人々と連帯し、経済的、社会的発展に貢献する」という文言が加えられた（中華人民共和国中央人民政府 2007a）[14]。また、二〇〇七年一二月一八日には当時の中国共産党総書記である胡錦濤国家主席は、中共中央政治局第二次集団学習において「全面的に徹底して党の宗教信仰の自由に関する政策を実行し、法に依拠した宗教事務の管理、独立自主、宗教と社会主義社会の適応に向けた積極的な指導を堅持し、我が国の宗教界による愛国愛教、団結と進歩、社会に奉仕する素晴らしい伝統の発揚を鼓舞し、彼らが民族団結、経済発展、社会和諧、祖国統一に貢献することを支持しなくてはならない」と述べ、宗教が社会的役割を果たすことを支持した（中華人民共和国中央人民政府 2007b）。実際、上述のように宗教団体による公益活動は活発化してきた（e.g. 川田 2012, 2015: 323-352）[15]。

宗教団体による公益活動の活発化には、改革・開放以降の宗教復興も大きく関係している。一九七八年に改革・開放政策が導入されて以降、文革期の宗教に対する暴力的な政策が緩和され、宗教が急激に復興した（e.g. Ashiwa and Wank 2009; 奈良 2016b）。回族社会においても同様の状況がみられる（e.g. Gillette 2000; 奈良 2016a）。一九八二年三月三一日に交付された「中共中央印発《関于我国社会主義時期宗教問題的基本観点和基本政策》的通知」（一九号文件）によって、宗教活動の実施が法的に認められた（中共中央文献研究室総合研究組・国務院宗教事務局政策法規司編 1995: 53-73）[16]。それを受けて、回族社会ではモスクの再建や改修だけでなく、宗教教育やイスラームの祝祭などの宗教活動が活発化してきた（e.g. DeAngelis 1997: 162; 奈良 2013a: 36-37）。たとえば、一九八九年にはわずか二名だった昆明市におけるメッカ巡礼者が（昆明市人民政府主編 1990: 108）、二〇年後の二〇〇九年には一一三名と急激に増加した。このほかにも、一九八〇年代以降、イスラームに関連する漢語書籍が次々と出版され（西澤 1999）、二〇〇〇年代以降にはイスラームに関連する漢語のウェブサイトが相次いで開設された（西澤 2012: 130-132; Nara 2013: 53）。これらのメディアをとおして、一般信徒は宗教的知識にアクセスすることが容易になった。

こうした宗教復興を背景に、回族社会ではより厳格なイスラーム言説が影響力を強め、回族はそのようなイスラーム実践を重視する傾向にある（奈良 2014）。こうした状況下、それまで必ずしも厳格にはイスラームを実践していなかった、あるいは必ずしも意識的にはイスラームを実践していなかった回族のなかには、自らイスラームに関する知識を学び、より意識的かつ厳格にイスラームを実践する者が現れるようになった。一般的にこのような宗教的な変化は現地では「アッラーを知る（認識安拉 *renshi anla*）」と呼ばれる（奈良 2013a: 36-37）。このようにムスリムが信仰に目覚め、より意識的にイスラームを実践するようになる現象は、先行研究では「イスラームの客体化」と呼ばれてきた（Eickelman and Piscatori 1996: 37-45）。「アッラーを知る」ことは現地社会における「イスラームの客体化」の一例とみなすことができるだろう。厳格なイスラーム言説が影響力を強め始めた回族社会では、この「イスラームの客体化」あるいは「アッラーを知る」ことをとおして、意識的に厳格にイスラームを実践することがムスリムであることの条件とみなされるようになってきた。その一方で、日常的に礼拝をしない、あるいはヒジャーブを着用しないなど、必ずしも厳格にはイスラームを実践しない回族は、「アッラーを知る」ことを経た回族から「本当のムスリムではない」、「豚肉を食べないだけの回族」などと批判される傾向にある（Nara 2013: 43）。

回族による公益活動は、こうしたイスラーム復興と同時期に展開されてきた。よって、上述した先行研究と同様に、回族による公益活動をイスラーム信仰に目覚め、敬虔になった回族がクルアーンに記された義務を果たそうとするものとして、教義としてのイスラームとの関連から解釈することも可能だといえる。しかし、以下で示すように、こうした解釈は必ずしも十分ではない。なぜならば、この活動は部分的には非イスラーム的でもある回族の生活世界のなかで展開されているためだ。次節では、改革・開放以降の昆明市の回族社会における変化を概観したうえで、回族による公益活動が発展してきたプロセスを記述したい。

3　改革・開放以降の回族社会の変化

伝統的な回族コミュニティは、回族がモスクの周辺に集住する居住形態を特徴とする。[17] 中華人民共和国建国以前の華北から内蒙古にかけての回族コミュニティを調査した岩村の報告によれば、回族コミュニティはモスクをその政治的、社会的、宗教的中心とし、漢人社会から一定程度の自律性を保っていたとされる（岩村 1949; 1950）[18]。しかし、昆明市などの都市部では、こうした回族の伝統的コミュニティは、中華人民共和国建国から文革期にかけての一連の政治運動や改革・開放以降の都市開発によって基本的に解体した（e.g. 馬 2003; 周・馬 2004; 昆明市宗教事務局・昆明市伊斯蘭教協会編 2005: 150-152）[19]。

こうした回族の居住形態の変化に伴い、回族と漢族の雑居率が高まった。その結果、回族と漢族の日常的な関係が深まる一方で、回族同士の関係は希薄化したとされる（馬・金 1997: 23-26）。こうした状況下、回族社会では族内婚が重視される傾向にあるにもかかわらず、回族と漢族との間の通婚も増加した（奈良 2013b）。たとえば、昆明市のある伝統的な回族コミュニティでは、中華人民共和国建国前にはほぼ回族と漢族との通婚がみられなかったが、二〇〇〇年代初めには四五歳から六〇歳までの回族の二〇％ほどが他民族（うち約九五％が漢族）と通婚していた（馬 2003: 35）。

回族社会におけるこれらの変化は、回族の宗教意識の弱体化を引き起こしてきたとされる（cf. 虎 1997; 馬・金 1997: 30）。回族が都市部に分散して居住するようになった結果、昆明市では金曜礼拝（主

麻 *zhuma*）[20]を除いてモスクに礼拝にやってくる回族はきわめて少なく、モスクによっては宗教指導者のみで礼拝を行うこともある。イスラームの教義に則していえば、金曜礼拝以外はモスクに行って礼拝をしなければならない義務はない。しかし、少なくとも雲南省における伝統的な回族コミュニティでは回族男性はモスクに行って礼拝をすることが求められ、モスクへ礼拝に訪れる者が少ない現状は宗教意識の弱体化の証左とされる。たとえば、日々の礼拝を欠かさず、イスラームを厳格に実践していたある回族男性（五〇代）はこうした状況を指して「昆明の回族で礼拝ができる者は三割もいないだろう」と語った（奈良 2013a: 36）。加えて、改革・開放以降、普通教育が普及するに従って[21]、回族社会においても高等教育を受けて社会上昇を目指す傾向がみられる。たとえば、以前は厳格にイスラームを実践していたある大学生（二〇代回族女性）が「ヒジャーブを着用していると仕事が見つからないから、今はヒジャーブを着用していない」と語るように、厳格な宗教実践よりも社会上昇が望まれる傾向にある（奈良 2014）。よって、回族社会の変化に伴い、回族は一層漢族を中心とした主流社会に取り込まれつつあるといえる。

以上を踏まえると、改革・開放以降の昆明市都市部の回族社会からは対照的な二つの傾向がみてとれる。宗教活動が活発化し、敬虔になる回族がいる一方で、社会の急激な変化に伴う宗教意識の弱体化もみられるのだ。こうした状況は必ずしも昆明市都市部のみにみられるものではなく、他地域の都市部においてもみられる（奈良 2016a: 71-78）。たとえば、南京市の回族コミュニティで調査を行った西澤は回族社会における敬虔化と漢化の「二極分化」の可能性を指摘している（西澤 2012:

118）。上述のように、「アッラーを知り」敬虔になった回族は、イスラームを厳格に実践しない回族を否定的に評価する。また、これら宗教性の異なる回族の間には基本的に日常生活における接点がない。現在、調査地における回族の大部分は、モスクの周辺で暮らしているわけではなく、分散して暮らしている。モスクでの宗教活動に頻繁に参加する敬虔な回族を除いて、多くの回族は通常はモスクを訪れることがない。そのため、彼らの接点は非常に限られている（Nara 2014）。

それではこうした社会的、宗教的状況下で、回族の草の根的な公益活動はいかに展開されてきたのだろうか。上述の先行研究で論じられてきたように、回族による公益活動を敬虔な回族によるイスラーム実践の一環とする解釈は公益活動のありようを部分的にしか説明しえない。これらの公益活動は宗教活動の活発化にのみ位置づけられるのではなく、宗教意識の弱体化を引き起こしている回族社会の変化とも密接に関係しているためである。

4　部分的な利害の共有による「公益」の生成

回族のインターネット・コミュニティ

昆明市においてハラール・レストランは、一般にイスラームを象徴する緑色の看板を掲げている。そこにはハラールを意味する「清真（*qingzhen*）」という中国語とハラールを表すアラビア語“حلال（*halal*）”が併記されており、一目でそこがハラール・レストランだとわかる。回族の間ではハラール・レストランでアルコールを販売するべきではないとされるが、昆明市ではアルコールを販売するハラール・レストランも少なくなく、敬虔な回族ムスリムの中にはそうしたレストランを敬遠する者もいる[22]。一方、アルコール提供の有無にかかわらず、どのハラール・レストランにも共通して置かれていたものがある。それは「昆明回族ＱＱ群（*kunming huizu QQ qun*）」のポスターである（写真1）。このポスターは、「昆明回族ＱＱ群」の活動紹介と、ラマダーン（斎月 *zhaiyue*）の期間やイード・アル＝フィトル（開斎節 *kaizhaijie*、断食月ラマダーン明けの祭り）などのイスラームの祝祭の期日を記載した西暦のカレンダーの二つの部分から成っている（奈良 2016a: 117）。

写真１　昆明回族 QQ 群のポスター

「昆明回族ＱＱ群」（以下、ＱＱ群と略称）とは、二〇〇五年に中国で最も普及していたインスタント・メッセージソフト「騰訊ＱＱ（Tencent QQ）」（以下、ＱＱと略す[23]）を利用する昆明の回族たちが作ったインターネット・コミュニティである[24]。中国社会におけるインターネットの影響力は日毎に強まっている。二〇〇二年六月には約四五八〇万人だった中国におけるインターネット利用者は（中国互聯網絡信息中心 2002: 4）、二〇一二年六月には約五億三七六〇万人へと、一〇年で一〇倍以上にも増加している（中国互聯網絡信息中心 2012: 10）。中国では、新聞やテレビ、ラジオなどのマス・メディアに強い規制がかけられているのに対し、インターネットに対する規制は相対的に緩いため、草の根ＮＧＯは積極的にインターネットを利用し、インターネットの普及がＮＧＯ活動を促進しているとされる（Yang 2008; 孫 2008: 107）。

上記のＱＱ群では電子掲示板やグループチャットを通じて、メンバーの間で昆明市におけるイスラームの祝祭などに関する情報、就職や商売の情報、ハラール・レストラン情報、結婚活動などに関する情報が交換されていた。ただし、ＱＱ群はオンライン上のコミュニケーションの場として機能するだけではない。メンバーたちはこのインターネット・コミュニティを媒介として、実際にスポーツや観光、食事会などのレクリエーション活動も実施している（Nara 2013）。上述のように昆明市の都市部における回族の多くは分散して居住しており、それはＱＱ群のメンバーも同様である。しかし、彼らはこれらのレクリエーション活動を通じて実際に顔を合わせる機会が多い。そのため、ＱＱ群はインターネット・コミュニティではあるが、互いに面識のあるメンバーも少なくなく[25]、匿名性はそれほど高くない。このインターネット・コミュニティは中国全土に拡大するような回族の「仮想」インターネット・コミュニティというよりも、昆明市のローカルなコミュニティであるといえる。

ＱＱ群の最初期のメンバーによれば、この回族インターネット・コミュニティは基本的に、分散して居住するようになった回族の団結をレクリエーション活動を通じて促進するために設立されたという。実際、初期の活動は、教義上のイスラームと直接関係しないレクリエーション活動が主であった。たとえば、ＱＱ群の最初の活動はバドミントンをメンバーで行うというものであった。

これはこのインターネット・コミュニティが前節で示したイスラームを必ずしも厳格に実践しない回族たちによって担われていたことと関連する。そのため、前節で述べたようにイスラーム信仰に目覚め、厳格にイスラームを実践する敬虔な回族たちは、QQ群に参加する人々を「ムスリムではない」として批判する。たとえば、ある三〇代回族男性は、「QQ群に参加する者の多くはタバコも酒もやっている。彼らは、ただ豚肉を食べないだけで、イスラームのことを何も知らないんだよ」と批判した（奈良 2016a: 120）。QQ群に対するこうした否定的な評価は、敬虔な回族から頻繁に聞かれるものである。

しかし、その一方で、QQ群のメンバーの多くを占める、敬虔な回族ムスリムが「ムスリムではない」とみなす回族たちは、QQ群を肯定的に評価する。上述のように、昆明市ではモスクを中心に回族が集住する伝統的な回族コミュニティはほぼみられない。それは多くの回族が漢族を中心とした非ムスリムと隣り合いながら生活していることを意味する。しかし、敬虔さの程度に違いこそあれ、多くの回族は少なくとも豚肉は食べない（これは「アッラーを知った」回族が敬虔ではない回族を「豚肉を食べないだけの回族」と批判することにも示される）。上述の社会変化に伴い、回族と漢族を中心とする非ムスリムとの交友関係は深まってきたものの、豚肉などの食物禁忌はその障害となりうる。回族と漢族が行動を共にする場合、食事や休憩などの際に漢族がハラールではない食堂に食事に行き、回族が食べずに外で待つことになったり、飲み物だけを飲むことになったりする（奈良 2016a: 120-122）。そのため、回族は食物禁忌をめぐる煩わしさのない回族との付き合いを「心地よい（舒服

shufu)」、「楽しい（好玩儿 haowanr）」などと評価し、好む傾向にある。こうした状況がQQ群の作られた主な要因の一つであり、そのメンバーの多くがQQ群を肯定的に評価する理由であるといえる。

このようにメンバーの多くは必ずしも「アッラーを知る」敬虔なムスリムではない。上述のように、敬虔なムスリムは彼らを否定的に評価する傾向にある。しかし、敬虔な回族もこのQQ群に徐々に加わるようになってきた。それは敬虔さの度合いにかかわらず、都市に暮らすマイノリティとして回族が部分的に利害を共有するためである。彼らに共有される利害には大きく二つある。その一つは就職活動だ。前節で論じたように、改革・開放以降の社会変化に伴い、回族は漢族を中心とした主流社会により一層取り込まれるようになってきた。こうした状況下、回族にとって就職活動は重要な問題の一つとなっている。回族は程度の差こそあれ、豚肉やアルコールに関する禁忌、断食、ヒジャーブ着用などイスラームの戒律に従うため、中国全体での大卒者の就職難という状況下で（e.g. 徐・来島 2007）、回族学生は漢族学生よりも就職先をみつけるのがさらに困難だとされていた。たとえば、就職活動の面接に際して、飲酒や「乱吃（luanchi 何でも食べること、回族の間では豚肉食を指す）」を許容できるかどうかを聞かれるといった話が、就職活動をしている回族の間でよく話題にのぼっていた（奈良 2016a: 129）。回族の多くは基本的にこうした問題を共有している。完全にイスラーム信仰を放棄した者を除けば、どの回族もその程度は異なるがイスラームを実践するためである。また、敬虔な回族にとっては、厳格にイスラームを実践することがムスリムであることの条件であるため、イスラームを実践できないことは大きな問題となる。彼らにとっての解決方法の一つが、回族が経営する企業に就職することである。一般的に、回族の経営者は職場でのイスラーム実践に対して寛容な傾向にある。したがって、敬虔な回族たちは回族インターネット・コミュニティに対して不満を持ちながらも、就業機会を見つけるためにこのコミュニティに加わるのだ。

たとえば、昆明市で大学に通う二〇代の回族女性チェン・ツーは、日常生活においてもヒジャーブ着用や礼拝を欠かさない敬虔な回族であった。彼女は回族インターネット・コミュニティのメンバーの多くは敬虔ではないとみなしており、「こういう回族の集まり（QQ群）はあまり好きじゃないんだよね。だって、彼らはみんな回族ではあるけどムスリムじゃないんだもの」とも述べた。しかし、彼女はこのような否定的な評価の一方で、このコミュニティに加わることの有益性を認めていた。私が彼女とこのコミュニティについて話していた際、彼女は「こういう（回族の）集まりに参加して、色々な人たちと知り合いになれるってことは実はとてもいいことなんだよ。だって、（そうやって知り合った）彼らは、私たちが仕事を探すときに役に立つんだから」と語った。当時大学三年生であった彼女は、就職活動における困難さを感じ始めていた。彼女の事例は特殊なものではなく、この回族コミュニティに参加している敬虔な回族の中には就職の機会が得られることを期待している者も少なくない（奈良 2016a: 128-131）。

もう一つの共有される利害は婚姻である。農村地域におけるモスクを中心とした回族コミュニティにおいては、両親による縁組で結婚することが一般的だ。しかし、回族と漢族との通婚が増加していることにも明らかなように、伝統的な回族コミュニティがほぼ解体し、回族が分散して居住す

写真２　「独身者友好活動」の様子

る昆明のような都市部では、回族が回族あるいはムスリムの結婚相手を見つけることはきわめて困難な状況にある。上述のように、彼らには日常生活において回族と知り合う機会が多くない。これは日常的にはモスクにやって来ない回族だけではなく、頻繁にモスクを訪れる敬虔な回族にもあてはまる問題である。モスクは若い回族たちが異性と知り合う場としては機能していない。ムスリムには金曜礼拝やイスラームの祭礼において集団礼拝をする義務があるが、それは基本的に男性に限られるからだ。そのため、昆明市都市部において、結婚が回族の若者たちにとってもう一つの大きな問題となっている。こうした状況下、独身の回族たちはピクニックや食事会などの「独身者友好活動（単身聯誼活動、*danshen lianyi huodong*）」を実施してきた（写真２）。日常生活において厳格にイスラームを実践していたある二〇代で未婚の回族男性は、他の敬虔な回族と同様に、回族のインターネット・コミュニティを否定的に評価する傾向にあった。しかし、彼はこうした結婚活動に参加し、私に次のように語った。

昆明のような都市部においてムスリムの結婚相手を見つけるのはすごく難しいんだ。だから俺たちにはこういう活動がとても重要なんだ。

これは独身回族だけの問題ではなく、回族社会全体の問題でもある。一般的に回族社会には族内婚への選好がみられ（黄 1996: 6）、昆明市の回族の間でも同様の傾向にある。二〇〇八年一一月二九日にQQ群三周年記念パーティーが開催され（奈良 2016a: 122-128）、一か月半が経った頃、私は六〇代の回族男性ジン・シュウらとそのパーティーについて話をしていた。その際、彼は「この三周年記念パーティーをきっかけに付き合いはじめた人たちがいると聞いて、とても嬉しかったよ。こういうことがあることはいいことだ」と嬉しそうに語った（奈良 2016a: 132）。彼の語りは世代や敬虔さの度合いにかかわらず、昆明市都市部においては婚姻が回族全体の問題であることを示している。二〇〇九年には昆明市都市部のあるモスクでQQ群のメンバーを中心として、昆明市で初めてのムスリムお見合いパーティーが開催された（奈良 2013b: 59-61）。

以上のように、QQ群は娯楽的な活動をとおした民族団結を目的に作られたインターネット・コミュニティであり、その主要なメンバーは必ずしも厳格にイスラームを実践しない回族であった。そのため、このコミュニティは敬虔な回族から否定的に評価される傾向にあった。しかし、回族社会の変化に伴い、就職や結婚といった利害を部分的に共有することで、敬虔な回族もそこに加わるようになった。つまり、QQ群が媒介となって、日常的には接点の少ない敬虔さの度合いの異なる回族を横断するネットワークが形成されてきたのである。ここで注目すべき点は、娯楽的な活動に敬虔な回族が加わるようになっただけではなく、彼らの参加によってこのコミュニティに教義としてのイスラームとより直接的に関係する要素が組み込まれてきたことにある。公益活動は、こうした敬虔さの度合いの異なる多様な回族のネットワークから生起してきた。

公益活動の展開

第2節で言及したムスリム墓地への植樹や独居老人の慰問、貧困地区の回族への支援などの昆明市における回族の草の根的な公益活動は、この回族インターネット・コミュニティが中心となって実施してきたものである。公益活動を中心的に担う回族たちはQQ群をとおしてそのメンバーに活動を通知し、参加者を募る。また、これらの活動資金もこのインターネット・コミュニティを通じて集められる。

ここで注意しなくてはいけないのは、敬虔さの度合いの異なる参加者にとって、これらの公益活動に参加する意義が異なるということである。たとえば、こうした公益活動を始めた中核メンバーの一人である三〇代回族女性リュウ・ジエは、「多くの回族は何がイスラームかを知らない。彼らは（イスラーム）教育を受けてきたことがないから。だから、私は教育と文化を通じてイスラームとムスリムの発展を促していきたいと思っているの」とその活動目的を語った。彼女が語るように、彼女たちは公益活動の一環としてイスラーム教育活動を支援し（奈良 2013a）、ムスリムとイスラームの発展を目指してきた。また、彼女は日常的にヒジャーブを着用し、礼拝を欠かさない敬虔なムスリムであった。

しかしその一方で、これらの公益活動に参加する、あるいは活動に寄付をする者の中には必ずしも敬虔ではない回族も多い。彼らはリュウ・ジエとは異なるものとして公益活動を位置づけている。たとえば、これらの参加者の大部分は、その参加動機を「ボランティア」あるいは「回族としての相互扶助」のためと語る（奈良 2016a: 143）。ここでは宗教的意義は前景化しない。たとえば、ある三〇代の回族男性は独居老人慰問活動に参加した際、その動機を「回族が互い助け合うことはとてもいいことだからね」と語った。こうした回族は日常的にイスラームを厳格に実践するわけではない。実際、彼らは公益活動に参加している際にもヒジャーブを着用しないし、礼拝もしない。たとえば、上述の独居老人慰問活動が終了したとき、一〇数名の参加者が礼拝時間にモスクにいたにもかかわらず、参加者の多くは礼拝をしなかった。こうした人々にとって、これらの公益活動はＱＱ群を媒介に行われる回族の団結を高めることを目的に行われる娯楽的な活動の延長線上にあり、教義としてのイスラームと関連付けられているわけではないのである。

また、上述のように、敬虔な回族は必ずしも敬虔ではない回族を否定的に評価する傾向にあり、彼らとの共同を望まない。しかし、敬虔な回族には彼らの活動を維持、拡大していくうえで、イスラームの発展を目標とする活動に他の回族を取り込む必要がある。彼らのサポートがなければ、公益活動を実施していくうえで必要な人手も資金も確保が難しいためである。

二〇〇九年一二月六日、公益活動を組織した九名の中核メンバーが、上述の回族女性リュウ・ジエの会社の一室に集まり、活動方針について話し合っていた。その中のひとりである二〇代漢族男性のコン・ジン[26]は、飲酒などを取り上げて、「ＱＱ群の回族たちはムスリムではない」と回族インターネット・コミュニティのメンバーたちを日頃から批判していた。この話し合いでもＱＱ群の位置づけについて議論がなされ、彼は否定的な見解を示してきた。そのなかで、三〇代回族女性ハ・メイは、コン・ジンの不満に理解を示したうえで彼を諭して、「それでも、ＱＱ群の影響力を侮ってはいけないよ。（ＱＱ群のなかには）豚肉を食べる人もいるけど、ＱＱ群の影響力は、（昆明市の回族の間で）ますます大きくなっているしね。それに、彼らに対する宣教は、（非ムスリムに対する）宣教よりもやりやすいしね」と語った（奈良 2016a: 144-145）。

たとえば、彼らは上述のお見合いパーティーも回族に対するイスラームの宣教の機会とみなしていた。実際、リュウ・ジエはイスラーム知識が豊富で優秀なムスリムとみなされていた三〇代回族男性マ・タオに声をかけ、お見合いパーティーの冒頭でパーティー参加者に対してイスラームの教義における婚姻の意義やその条件などを説かせた。また、このお見合いパーティーは公益活動の一環とみなされており、二〇代から七〇代の回族のボランティアがその運営を手伝った。そうしたボランティアのひとりであり、毎日の礼拝を欠かさない六〇代回族男性は、手伝いにやってきた目的を「都市でムスリムの結婚相手を探すのはとても難しいんだよ。これは公益活動でもあるんだよ、だから私も手伝いに来ているんだ」と語った。

このお見合いパーティーには一〇〇名以上ものムスリムが参加した。上述のようにこれは昆明市のあるモスクで開催された。お見合いパーティーが終了するとちょうど礼拝時間となった。しかし、大部分の参加者は礼拝をせずにそのままモスクを後にした。

以上のように、回族インターネット・コミュニティは娯楽や就職の機会、ムスリムの異性との出会いなど多様な回族たちの利害を部分的に結びつける媒介となり、その結果として敬虔な回族がそのコミュニティに参加することを促している。こうした敬虔な回族たちの参加によって、このコミュニティは宗教的意義を帯びることとなる。つまり、当初は娯楽的な活動を通じた回族の民族団結を目的として形成された回族インターネット・コミュニティは、敬虔な回族の参加によってイスラームと直接的な関係を有する要素を巻き込んでいくこととなってきたのだ。結果として、この回族インターネット・コミュニティの活動自体も、娯楽活動であり、宣教活動でもあり、就職活動でもあり、結婚活動、慈善活動でもあるようなものとして展開されてきた。それが敬虔さの度合いの異なる回族たちにそれぞれの視点から公益活動と呼ばれてきたのである。

5　おわりに

カサノヴァが指摘したように、従来の宗教研究では、世俗化論の批判をとおして、一九八〇年代以降の宗教の公共性は私事化した宗教が公共的な機能を有する「公共宗教」として「再登場」してきたものとして論じられる傾向にあった。また、従来のイスラーム研究では、ムスリム社会の公益はイスラームそれ自体に内在する特徴として論じられる傾向にあった。

しかし、本稿の事例が示すように、現代社会における宗教の公共性は、必ずしも宗教が私事化から脱私事化へと向かうプロセスのなかで現れてくるわけではない。回族社会におけるイスラームの位置づけは、以前のような「聖なる天蓋」ではない。各ムスリムのイスラームに対する敬虔さの度合いが徐々に重視されてきたことにも明らかなように、ムスリム・コミュニティにとってのイスラームのあり方よりも、個人の信仰の問題が重要になってきたといえる。一般的にこうした現象は、イスラーム主義の特徴の一つとみなされる（e.g. Otayek and Soares 2007: 17; 私市 2012: 72-74）。その意味において、昆明の回族社会における公共性はイスラームの脱私事化により立ち現れてきたというよりも、回族の宗教性が多様化するなかで、彼らが部分的に利害を共有することで展開してきたといえる。

そのため、宗教の公共性は宗教それ自体に内在する本質的特徴には必ずしも還元しえない。本稿で取り上げた公益活動の事例が示唆するように、イスラームと関連する公益活動は必ずしも教義としてのイスラームに還元しうるものではなく、娯楽活動などをとおして敬虔な回族を巻き込むことで現れてくる。ここで重要なのは、上記のように敬虔さの度合いの異なる回族たちが、宗教的および民族的なマイノリティとして就業や婚姻などの面において部分的に利害を共有することである。こうした利害は一九八〇年代以降の現地の回族社会における宗教的、社会的な変化に関連している。それは改革・開放以降の宗教復興により引き起こされた敬虔さの度合いを重視する傾向と、伝統的な回族コミュニティの解体に伴い漢族を中心とした主流社会に回族がより一層取り込まれるようになってきたという社会変化である。昆明の回族社会における公益活動は、教義としてのイスラームから展開して公共性を発揮してきたのではなく、こうした社会変化に伴って実施されるようになった娯楽活動など、イスラームとは必ずしも直接的には関係しない、回族による諸活動をとおして展開されてきたのである。つまり、公共性は、宗教的要素と世俗的要素を横断する矛盾をはらんだネットワークにおいて、多様な宗教的なあり方を実践する人々が結びつく過程で現れてくるといえるだろう。

付記：本稿は、拙稿（奈良 2017）を大幅に加筆修正したものである。

註

（1）ただし、アサドはカサノヴァがいうように宗教が脱私事化するとすれば、カサノヴァが存続可能とする世俗化の下位命題（1）（分化としての世俗化）および世俗化の下位命題（3）（宗教の衰退としての世俗化）も成り立たなくなり、世俗化のテーゼそのものが意味をなさなくなると批判する。つまり、科学や経済などの討議への宗教の合法的な加入は「近代の「ハイブリッド」の創造」（Asad 2003: 182）を生み出し、分化のテーゼが崩れてしまうのだ。さらに、宗教の公的領域への再登場によって有効な政策が打ち出され、それが熱烈なコミットメントを生み出すならば、宗教の衰退のテーゼも成り立たなくなる（Asad 2003: 182-183）。

（2）「ダアワ」は「イスラームへの呼びかけ」を意味するアラビア語であり、「宣教」の意味で使われる（大塚ほか編 2002: 589-560)。

(3) たとえば、アイケルマンとピスカトーリは、次のクルアーンの章句を例として挙げる。「まことに、アッラーは、正義と善行とを命じ、近親に惜しみなく与えることを命じ、全てけがらわしいこと、いとうべきこと、傲慢な言行など禁じ給う。かくお前たちを誡め給うのも、ただなんとかしてお前たちを目ざめさせようとの思召しから出たこと」(第16章第92〔90〕節)(井筒 1958: 86)。

(4) イスラームと国家とを結合することへの限界を踏まえ生まれたイスラームと民主主義や男女平等などに代表される西洋的なモダニティとの両立を目指す思想的潮流を指す(Bayat 1996; 2007: 49-105)。

(5) 回族には他の宗教を信仰する者や棄教した者もおり、全員がムスリムというわけではない。しかし、本稿で取り上げる人たちは、その敬虔さの度合いに相違はあるものの、すべてムスリムである。そのため、本稿では便宜的に中田の定義を採用する。また、回族という民族名称は、中国共産党の民族政策において採用されたものである(民族問題研究会編 1980(1941))。中華人民共和国建国以前には「回民」、「回教徒」といった別の呼称が用いられていた(e.g. 岩村 1949, 1950)。しかし、それらは現在回族と呼ばれる人々を指すものである。そのため、本稿では便宜的に回族という呼称を用いる。

(6) 昆明市は、雲南省の首府であり、同省の政治経済の中心地である。二〇一〇年のセンサスでは、同市の回族人口は約一五・八万人(同市総人口の約二・四七%)で、回族は民族的なマイノリティである(雲南省人口普査辦公室・雲南省統計局編 2012)。

(7) 本稿の基となる現地調査は、旅の文化研究所、松下国際財団、筑波大学大学院国際研究プログラム、りそなアジア・オセアニア財団による研究助成、および笹川研究助成、小林節太郎基金小林フェローシップ、日本学術振興会特別研究員研究奨励費、日本学術振興会科学研究費補助金を受けて行った。

(8) 「社会団体」は「社团(*shetuan*)」とも呼ばれ、「民間性、非営利性、組織化、自立性、自発性など」を特徴とする社会組織とされる（李 2006: 179-180）。一九九〇年代以降、中国に「ＮＧＯ」や「ＮＰＯ」といった外来語が入ってくると、「法定ＮＧＯ」と分類されるようになった（徐・李 2008: 11）。社会団体には、業界団体、学術団体、スポーツ団体、公益財団法人などが含まれる（王・李・岡室 2002: 65-73; 李 2006: 182）。

（9）しかし、天安門事件後の一九八九年一〇月には「社会団体管理条例」が公布され、政府による社会団体への管理統制が強化された（王・李・岡室 2002: 73）。その結果、一九九一年には、全国レベルの社会団体は八三六団体、地方レベルの社会団体は一一万六〇〇〇団体へと激減した（古賀 2010: 43）。

（10）徐宇珊と李妍焱によれば、中国のＮＧＯには、政府がその設立に関わった、あるいは政府の強い影響下にある官製の「ＮＧＯ」が多く含まれる（徐・李 2008: 10）。そのため、先行研究では、それらと民間の「ＮＧＯ」を区別するために「草の根ＮＧＯ」という用語が使われる傾向にある（李 2006; 古賀 2010）。

（11）ただし、国家レベルでのＮＧＯに関する法制度は未整備なままであり、政府が草の根ＮＧＯを恣意的に扱うことが可能な状態である（古賀 2010: 48-49）。たとえば、二〇〇〇年に「取締非法民間組織暫行辦法」が制定され、政府の許可を得ていない組織、行政当局へ未登録の組織、許可を取り消された組織を「非法民間組織」として取り締まることが決定された（古賀 2010: 56）。そのため、政府は制度上、非営利組織としての草の根ＮＧＯを認めず、反政府的な未登録の組織を取り締まる一方で、政府に資する公益活動を行う組織を放任している（古賀 2010: 56-59）。よって、草の根ＮＧＯにとって、政府との連携を構築することがその活動を持続していくための最も重要な条件の一つとなっている（李 2006: 178; 古賀 2010: 60-61）。

（12）一九九五年一一月の平均レートで、一中国元は一二・二八日本円である（人民元レート.com 参照）。

（13）イスラーム以外にも、たとえば、チベット仏教においても公益活動が展開されてきた。二〇一〇年四月一四日、青海省玉樹蔵族自治州玉樹県において地震が発生した際、被災地周辺の仏教寺院とラルン五明仏学院は多くの僧侶、尼僧、信徒を派遣し、食料や医療品などの救援物資を被災者に届けるなどした（川田 2012, 2015: 323-

352)。

(14) 最新の中国共産党章程にもこの文言は残されている（中華人民共和国中央人民政府 2012）。

(15) ただし、宗教団体による公益活動は近年になって始められたものでは必ずしもない。たとえば、江蘇省南京市の回族コミュニティを調査研究した白友涛は、中華人民共和国建国前後に南京市の回族たちが実施した奨学金などの公益活動を紹介している（白 2005: 185-187）。

(16) この文書では、「一切の正常な宗教活動を断固として保障する」と述べられている（中共中央文献研究室総合研究組・国務院宗教事務局政策法規司編 1995: 68）。

(17) このようなモスクを中心とする伝統的な回族コミュニティは「教坊（*jiaofang*）」、「寺坊（*sifang*）」、「坊（*fang*）」、「哲瑪提（*zhemati*）」あるいは「哲麻爾提（*zhemaerti*）」とも呼ばれる（奈良 2016a: 80）。

(18) たとえば、回族コミュニティにおける宗教指導者は、イスラームに則った刑罰制度を実施していたとされる（岩村 1949: 16-18, 122-124）。このほかにも、回族コミュニティの成人男性による選挙により選ばれた郷老（*xianglao*）と呼ばれる人々により、モスクの管理運営が行われ、彼らが宗教指導者の任命権と罷免権を有していた（岩村 1949: 92, 102-111）。この制度は「郷老制度」といわれ、雲南省を含む中国各地の回族コミュニティにみられたとされる（勉主編 1997: 208-209）。

(19) こうした回族コミュニティの居住形態は少なくとも一九五〇年代までの昆明市にもみられたとされる（宋 1985）。

(20) 「主麻」はアラビア語で「金曜日」あるいは「金曜礼拝」を意味する単語を音訳した漢語の単語である（大塚ほか編 2002: 324-325）。

(21) 一九八〇年における雲南省全体での少数民族の学生数（小学校から大学までのあらゆる学校）は二一・八万人ほど（雲南省における全学生の一二・〇五%）であったが、二〇〇〇年には一九五万人（雲南省における全学生の二一・五七%）にまで増加している（雲南省教育庁編 2002: 50-52）。

(22) 中国全土でも代表的なイスラームの中心の一つである雲南省個旧市沙甸区では、民族を問わず、当該地域全体でアルコールの不買が実施されていた(奈良 2015a)。

(23) 調査を始めた二〇〇八年にはすでにサービスが拡充しており、フェイスブックなどのSNSと同様のサービスを提供していた。

(24) ただし、その後、スマートフォンの普及に伴い、QQを提供する企業テンセントが提供を始めたSNSアプリケーション「微信(*weixin*, we chat)」が中心的に使われるようになり、活動の場を微信に移した。二〇一八年九月現在、「昆明回族QQ群」という名称ではなく、「昆明穆斯林公衆微信平台」という名称が使用されている。

(25) また、このインターネット・コミュニティは必ずしもオープンなものではなく、管理人の承認を経ていない者の閲覧や書き込みは制限されている。

(26) 一〇代の頃にモスクでイスラームについての専門教育を受け、アホン資格を持っていた。漢族であるにもかかわらずアホン資格を持ち、さらに日々の礼拝を欠かさず厳格にイスラームを実践していたため、昆明市の回族の間で敬虔なムスリムであるとみなされていた。

参考文献

足羽與志子 2000 「中国南部における仏教復興の動態――国家・社会・トランスナショナリズム」菱田雅晴編『現代中国の構造変動5――社会–国家との共棲関係』東京大学出版会、pp.239-273.

岩村忍 1949 『中国回教社会の構造(上)』日本評論社。

1950 『中国回教社会の構造(下)』日本評論社。

ウィルソン、ブライアン 2002 『宗教の社会学――東洋と西洋を比較して』中野毅・栗原淑江訳、法政大学出版局。

王名・李妍焱・岡室美恵子　2002『中国のＮＰＯ――いま、社会改革の扉がひらく』第一書林。
大塚和夫　2004「イスラーム世界と世俗化をめぐる一試論」『宗教研究』78(2): 401-426.
大塚和夫ほか編　2002『岩波イスラーム辞典』岩波書店。
川田進　2012「中国政府の宗教政策と「公益」活動――チベット系仏教院の震災救援活動を通じて」『宗教と社会貢献』2(2): 69-88.
　2015『東チベットの宗教空間――中国共産党の宗教政策と社会変容』北海道大学出版会。
私市正年　2012『原理主義の結束か――ポスト・イスラーム主義論』山川出版社。
木村周平　2011「防災の公共性はいかに維持されるか――トルコにおける公共性をめぐる論理と実践の一事例」『アジア経済』52(4): 36-59.
黄庭輝　1996「回族」『中国少数民族の婚姻と家族、中巻』江守五夫監訳、第一書房。
古賀章一　2010『中国都市社会と草の根ＮＧＯ』御茶の水書房。
齋藤純一　2000『公共性』岩波書店。
徐亜文・来島浩　2007「中国における新規大学卒業者の就職難の実態――山東省の事例を中心に」『研究論叢、人文科学・社会科学』56(1/2): 77-105.
徐宇珊・李妍焱　2008「中国における草の根ＮＧＯの現状」李妍焱編『台頭する中国の草の根ＮＧＯ――市民社会への道を探る』恒星社厚生閣、pp.3-19.

孫春苗　2008「草の根NGOのメディア戦略」李妍焱編『台頭する中国の草の根NGO――市民社会への道を探る』恒星社厚生閣、pp.95-110.
高尾賢一郎　2012「イスラームとソーシャル・キャピタル」櫻井義秀・浜田陽編『アジアの宗教とソーシャル・キャピタル』明石書店、pp.220-238.
中田吉信　1971『回回民族の諸問題』アジア経済研究所。
奈良雅史　2013a「漢化とイスラーム復興のあいだ――中国雲南省における回族大学生の宣教活動の事例から」『宗教と社会』19: 33-47.
2013b「『国家の余白』としての『宗教的なるもの』――中国雲南省昆明市における回族の結婚活動を事例として」『史潮』74: 53-72.
2014「遊走在〝回族〟与〝穆斯林〟之間的宗教性――以雲南省昆明市回族社会為例」『宗教人類学』5: 324-340.
2015a「偏在する『周縁』を動く回族――雲南省における地域横断的なイスラーム学習活動の事例から」澤井充生・奈良雅史編『「周縁」を生きる少数民族――現代中国の国民統合をめぐるポリティクス』勉誠出版、pp.103-143.
2015b「動きのなかの自律性――現代中国における回族のインフォーマルな宗教活動の事例から」『文化人類学』80(3): 363-385.
2016a『現代中国における〈イスラーム運動〉――生きにくさを生きる回族の民族誌』風響社。
2016b「現代中国における宗教的状況をめぐる人類学的研究――二重の宗教的正統性と宗教実践のもつれ」『社会人類学年報』42: 143-155.
2017「〝公益〟的生成――以昆明市回族社会的公益活动为例」范可・杨德睿編『〝俗〟与〝圣〟的文化

実践』中国社会科学出版社、pp.283-298.

西澤治彦　1999　「回族の民間宗教知識——漢語小冊子に説かれたイスラム教」末成道男編『中原と周辺——人類学的フィールドからの視点』風響社、pp.313-329.

2012　「都市の再開発と回族コミュニティーの変容——江蘇省南京市の事例を中心に」瀬川昌久編『近現代中国における民族識別の人類学』昭和堂、pp.105-133.

バーガー、ピーター・L

1979　『聖なる天蓋——神聖世界の社会学』薗田稔訳、新曜社。

フレイザー、ナンシー

1999　「公共圏の再考——既存の民主主義の批判のために」クレイグ・キャルホーン編『ハーバマスと公共圏』山本啓・新田滋訳、未來社、pp.117-159.

李光国　2006　「中国市民社会の現状」『千葉大学人文社会科学研究』13: 178-187.

Asad, Talal　2003　*Formation of the Secular: Christianity, Islam, Modernity*, Stanford: Stanford University Press.

Ashiwa, Yoshiko and David L. Wank

2009　Making Religion Making the State in Modern China: An Introductory Essay. In Ashiwa Yoshiko and David L. Wank (eds.), *Making Religion Making the State: The Politics of Religion in Modern China*. Stanford: Stanford University Press, pp.1-21.

Bayat, Asef　1996　The Coming of a Post-Islamist Society. *Critique: Critical Middle Eastern Studies* 5(9): 43-52.

2005　Islamism and Social Movement Theory. *Third World Quarterly* 26(6): 891-908.

2007　*Making Islam Democratic: Social Movements and the Post-Islamist Turn*. Stanford: Stanford University Press.

Casanova, José

1994 *Public Religion in the Modern World*. Chicago: University of Chinago Press.

DeAngelis, Richard C.

1997 Muslim and Chinese Political Culture. *The Muslim World* 87(2): 151-168.

Eickelman, Dale F. and James Piscatori

1996 *Muslim Politics*. Princeton: Princeton University Press.

Gillette, Maris Boyd

2000 *Between Mecca and Beijing: Modernization and Consumption Among Urban Chinese Muslims*. Stanford: Stanford University Press.

Goossaert, Vincent and David A. Palmer

2011 *The Religious Question in Modern China*. Chicago: University of Chicago Press.

Hoexter, Miriam and Nehemis Levtzion

2002 Introduction. In Miriam Hoexter, Shmuel N. Eisenstadt and Nehemia Levtzion (eds.), *The Public Sphere in Muslim Societies*. New York: State University of New York Press, pp.9-15.

Nara Masashi

2013 Fragmented yet Associated: A Case Study of *Waqf* Activities in a Yunnan Urban Hui Muslim Internet Community. *Inter Faculty* 4: 35-58.

2014 A Change in Religious Authority and the Dilemma of Ordinary Muslims: A Case Study of Hui Society in Kunming, Yunnan Province, China. In Heung Wah Wong and Keiji Maegawa (eds.), *Revisiting Colonial and Post-Colonial: Anthropological Studies of the Cultural Interface*. Los Angeles: Bridge21 Publications, pp.97-128.

Otayek, René and Benjamin F. Soares.
2007 Introduction: Islam and Muslim Politics in Africa. In Benjamin F. Soares and René Otayek (eds.), *Islam and Muslim Politics in Africa*. Basingstoke: Palgrave Macmillan, pp.1-24.

Salbatore, Armando and Dale F. Eickelman
2006 Public Islam and the Common Good. In Armando Salvatore and Dale F. Eickelman (eds.), *Public Islam and the Common Good*. Leiden, Boston and Köln: Brill, pp.xi-xxv.

Yang, Boxu 2008 NPOs in China: Some Issues Concerning Internet Communication. *Knowledge, Technology and Policy* 21(1): 37-42.

（中国語文献）

白友涛 2005 『盤根草――城市現代化背景下的回族社区』寧夏人民出版社。

虎有澤 1997 「礼県回族地域内婚調査発微」『回族研究』28(4): 85-88.

昆明市人民政府主編
1990 『昆明年鑑 1990』新華出版社。
2008 『昆明年鑑 2008』雲南民族出版社。

昆明市宗教事務局・昆明市伊斯蘭教協会編
2005 『昆明市伊斯蘭教史』雲南大学出版社。

馬寿栄 2003 「都市回族社区的文化変遷――以昆明市順城街回族社区為例」『回族研究』52(4): 33-38.

馬宗保・金英花
1997 「銀川市区回漢民族居住格局変遷及其対民族間社会交往的影響」『回族研究』26(2): 19-30.

勉維霖主編
1997『中国回族伊斯蘭宗教制度概論』寧夏人民出版社。

民族問題研究会編
1980 (1941)『回回民族問題』民族出版社。

宋恩常
1985「解放初昆明回族社会経済調査」『雲南回族社会暦史調査（一）』、雲南編輯組編、雲南人民出版社、pp.76-88.

雲南省教育庁編
2002『雲南教育五〇年』教育科技出版社。

雲南省人口普査辦公室・雲南省統計局編
2012『雲南省二〇一〇年人口普査資料』中国統計出版社。

中共中央文献研究室総合研究組・国務院宗教事務局政策法規司編
1995『新時期宗教工作文献選編』宗教文化出版社。

中華人民共和国中央人民政府
2007a『中国共産党章程』(http://www.gov.cn/jrzg/2007-10/25/content_786434.htm 最終アクセス日：二〇一四年三月二八日)。
2007b『胡錦涛主持政治局第2次集体学習強調做好宗教工作』(http://www.gov.cn/ldhd/2007-12/19/content_838664.htm 最終アクセス日：二〇一四年三月二八日)。
2012『中国共産党章程』(http://www.gov.cn/jrzg/2012-11/18/content_2269219.htm 最終アクセス日：二〇一四年三月二八日)。

周伝斌・馬雪峰

2004「都市回族社会結構的範式問題探討——以北京回族社区的結構変遷為例」『回族研究』55(3): 33-38.

中国互聯網網絡信息中心

2002『第一八次中国互聯網発展状況統計報告』(http://www.cnnic.cn/hlwfzyj/hlwxzbg/hlwtjbg/201206/t20120612_26709.htm 最終アクセス日：二〇一二年八月一四日)。

2012『第三〇次中国互聯網発展状況統計報告』(http://www.cnnic.cn/hlwfzyj/hlwxzbg/hlwtjbg/201207/P020120723477451202474.pdf 最終アクセス日：二〇一二年八月一四日)。

第9章　中国のチベット社会における僧院と教育

――多面化する「世俗」のなかで

小西賢吾

1　はじめに――僧院と公共性

本稿では、中国のチベット社会における僧院と教育を事例に、宗教の開発実践と公共性の問題について考察する。現代中国は、社会主義のもとでの近代化を通じて独自の世俗化・ポスト世俗化の道のりを歩んできた。そのなかで、宗教実践の場としての僧院が世俗社会ととりむすぶ関係はより複雑化してきた。それは、政策による宗教の管理、僧院をとりまく地域の急速な経済成長、信徒ネットワークの拡大などを背景にしている。本稿では、改革開放後に僧侶の教育がどのように再構築され展開してきたか、そしてそれが「公教育」といかなる距離をとりながら存続してきたのかを、僧院と世俗の接続面に着目しながら明らかにする。

一九四九年に中華人民共和国が建国されると、宗教は中国共産党による政策の影響を大きく受けることになった。一九六六年から七六年まで続いた文化大革命に代表される混乱期において宗教は公的領域から消滅し、チベット社会では僧侶の還俗や僧院の破壊などが組織的に行われた。教育の場は僧院から世俗の学校に移り、教育内容も宗教的価値観から政治思想や漢語の読み書きなどへと変容していった。一九八〇年代以降、改革開放とともに宗教は復興・再構築され、社会主義体制とときに緊張関係をはらみつつ、地域社会の動態と密接に結びついて存続してきた。そして、僧院における教育は公教育としての地位を学校教育にゆずりながらも、宗教実践の担い手としての僧侶を生み出すという重要な社会的役割を保持してきた。

筆者が着目するのは、宗教教育が世俗社会や世俗教育から離れて存続しているわけではなく、むしろ世俗社会の動向から強い影響を受け、ときには逆に影響を及ぼす点である。これを「宗教教育の世俗化」という観点から、世俗化論／ポスト世俗化論の文脈で論じうるかどうかには議論の余地がある。その理由の一つは、後に詳しく論じるように、チベット社会における宗教実践が、大乗仏教的な価値観を主要な思想的背景とし、もともと世俗社会に深く根ざしたものであったことである。

また「世俗」という概念をアジアの仏教圏で扱う際には、仏教的文脈からみたこのことばの含意と、英語の secular の日本語訳として用いられる学術用語としての「世俗」の意味の重なりと差異にも注目する必要がある。すなわち、宗教研究の文脈における「世俗」は、世俗化や世俗主義といったことばに代表されるように、宗教と対置される概念として用いられてきた。一方で仏教用語としての「世俗」ないし「世間」ということばは、仏教的な価値観から世界を説明するための概念である。そのため、仏教圏の宗教と社会を日本語や漢字を通じて描写しようとする場合、「二つの世俗」を注意深く切り分ける必要がある。

もう一つの論点は、公共性という文脈から宗教の社会的役割とその変容について考える際、どのレベルの社会集団を想定するかという点である。中国における宗教の公的役割をめぐる議論の難しさは、共産党からみた宗教の位置づけと、地域に暮らす人々にとっての宗教の位置づけがしばしば乖離していることから生じる。このため、中央・地方政府の動向と宗教の関わりに注目するだけでは、フィールドワークによって捉えられるレベルでの公共性、すなわち宗教実践に参与し、つながりを構築しながら生きている人々にとっての宗教の社会的意義を問うことは難しい。とはいえ、宗教的理念や価値観が、政府の宗教政策に呼応してより広い「公共性」を獲得することによって、正当性や合法性を担保されることも少なくない。こうした局面における重要なアクターとしての僧侶、特に強い社会的影響力を持つ高僧の位置づけについても本稿では検討する。

具体的な事例となるのは、四川省シャルコク地方のボン教徒である。ボン（ポン）教はチベット高原への仏教伝来以前からのルーツを持つとされ、チベット仏教との複雑な相互関係のもとで教義や実践を形成してきた。シャルコク地方は、アバチャン族チベット族自治州松潘県に位置し、チベット高原の東端部にあたる地域である。主要な調査対象であるS僧院は、一二六八年に設立され、

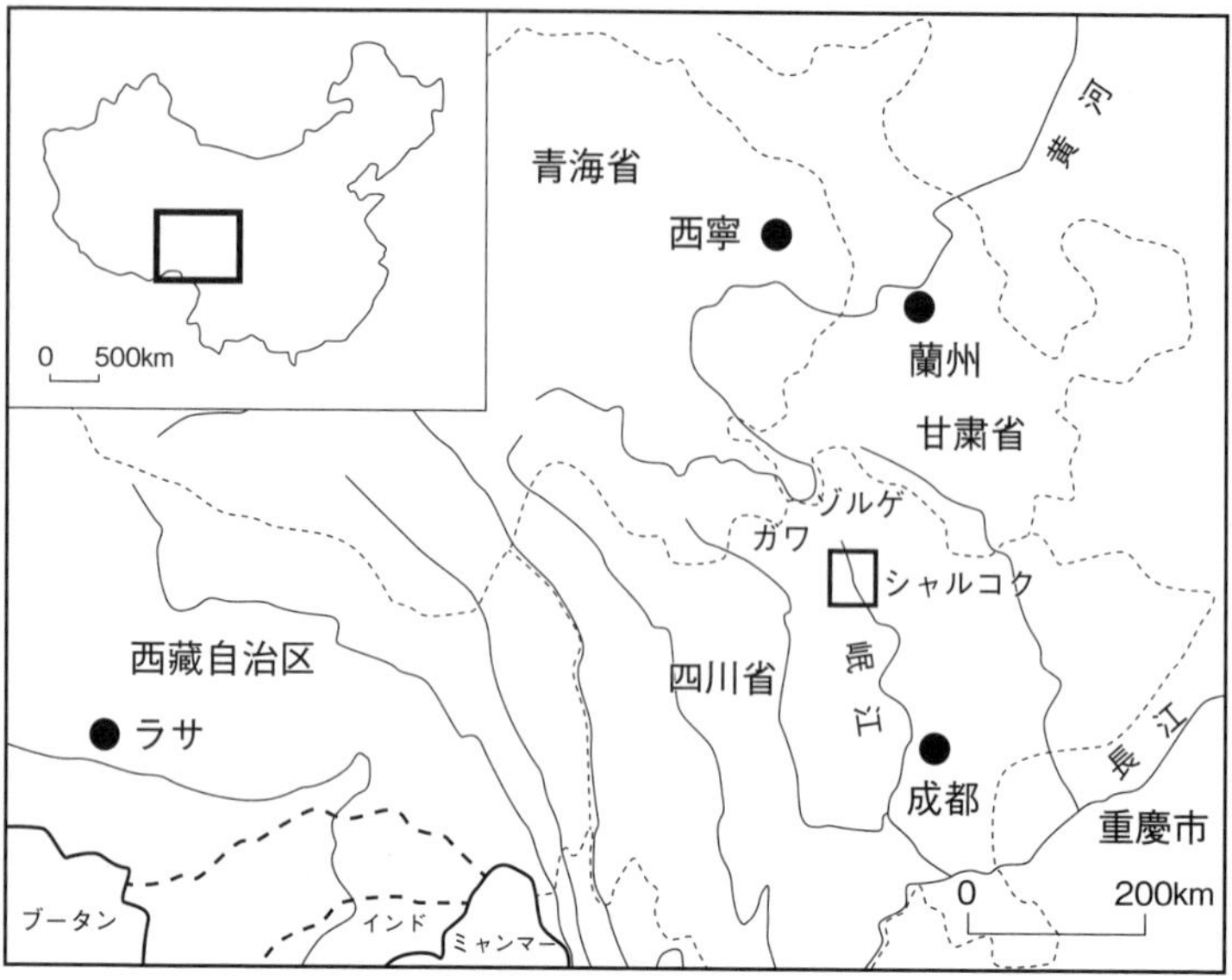

図1　調査地の位置

一九六〇年代に破壊されたものの一九八〇年代から再建、再整備されて現在に至っている。僧院の再建とともに僧侶教育の再構築が行われ、二〇〇〇年代初頭には急速な経済発展のもとで教育施設が整備された。この再構築過程についてはすでに別の場で論じている（小西 2010, 2015a, 2015b）が、本稿では二〇一〇年以降のあらたな展開を踏まえ、再構築された僧侶教育の変容とその背景について取り上げる。

伝統的に僧院における教育は、宗教の担い手としての僧侶を養成する、宗教実践の一環として行われてきたものであった。また、文語と口語が大きく異なるチベット語の特性から、僧院は読み書きの習得の場としても機能してきた。そして、経典をはじめとするテクストを通じて教義を学ぶにとどまらず、医学や芸術など応用的実践を含んだ総合的な学問を身につける場でもあった（多田 2008 など）。学識や技術を身につけた僧侶は宗教職能者であると同時に知識人でもあり、地域社会への幅広い貢献が期待されていた。

二〇世紀中盤の政治変動を経て、こうした社会構造は大きく変容した。チベット高原を脱出した人々が、インドを主な拠点として難民社会を形成し、欧米や日本とも密接な関係を構築してきたことは広く知られている。筆者が対象とするボン教徒も、インドやネパールを拠点にしてグローバルに活動を展開してきたが、近年ではインドから中国への僧侶の帰還や、チベット高原から中国都市部への僧侶の移動といった新たな動態が生じている（1）。本稿ではローカルな宗教教育を支える世俗社会の変容という点から、宗教がもつ「公共性」の射程にも影響を与える要素としてこの動きを考えてみたい。

本稿は、以下のような構成をとる。まず中国における政治—宗教関係について概観する。社会主義的近代化とそれに続く改革開放期、ポスト改革開放期を通じた宗教政策の展開のなかでローカルな宗教がいかに存続してきたのかを、筆者が調査対象とする地域の事例を中心にして述べる。次に、二〇世紀中盤に一旦機能停止した僧侶教育の再構築過程について、二〇一〇年代以降の展開を踏まえて論じる。特に、漢族信徒の増加とチベット人僧侶の移動の活発化がこの状況にどのような影響を与えてきたのかに着目する。最後に、僧侶教育を通じてみえてくる、宗教と「世俗」「公共性」の問題について考察する。なお、本稿に使用する一次資料は、四川省シャルコク地方のS村とS僧院におけるのべ一八か月のフィールドワーク（二〇〇五年七月から二〇一五年二月）、インド・ヒマーチャルプラデーシュ州（二〇一三年）、ネパール、カトマンズ市郊外（二〇一二年）、北京市・成都市（二〇一三年、二〇一五年）における調査によって収集したものである。なお、本文中に登場する現地の人物名は原則として仮名である。

2 現代中国における宗教と世俗化

二〇世紀中盤以降の宗教政策の展開

中国における社会主義的近代化は、宗教の公的領域からの消滅という事態をもたらした。その背景の一つは、マルクスの「宗教は人民の阿片である」というテーゼを軸とした無神論的・反宗教的イデオロギーであった。さらにチベット社会では、宗教指導者は封建的な旧体制の象徴と見なされた。この期間に僧院は一部を除いて徹底的に破壊され、多くの僧侶は還俗して集団労働に従事した。本稿の調査地では、一九五七年の反右派闘争の開始から一九七六年の文化大革命の終結にいたる三〇年前後の期間、僧院は活動を停止していた。

文化大革命の終結後、混乱した社会を立て直すため「改革開放」による政策の見直しが行われた。一九八二年に発布された「中共第一九号文件」では、「宗教は人類社会の発展が越える段階としての歴史現象であり、発生、発展と消滅の過程を持つ。宗教信仰、宗教感情、（中略）はすべて社会と歴史の産物である」という宣言がなされた。これは、宗教の全面的な否定から、宗教は当面存続するとの認識へと舵が切られたことを意味していた。これを機に各地で宗教復興が展開したが、「宗教熱[2]」とも呼ばれる過熱した状況に直面して、政府も宗教を管理するための制度や、社会主義と宗教を両立させるための論理を模索するようになった。

一九九三年、当時の国家主席である江沢民が、全国統一戦線工作会議において「宗教と社会主義社会の適応を積極的に導く」というテーゼを打ち出した。これを受け継ぐ形で、二〇〇六年に胡錦濤が第一六回六中全会において提示した「社会主義和諧社会の建設に関する若干の重大問題の決定」とそれに続く決定は、この傾向を継承・強化するものであった。ここでは、宗教は国家による適切な管理のもとで社会主義と調和しながら社会の進歩を支えるべきであるという主張がなされている（龔 2011）。これは社会に広がる宗教復興を踏まえたものでもあった。こうした背景のもと、宗教は「和諧社会（調和社会）」建設への貢献という公的役割を得たが、それは信仰の無制限な拡大は国家の枠組みを脅かすと位置づけられていることの表れでもあった（川口・瀬川編 2013）。

個別のフィールドへと目を移そう。現代中国において宗教を管理する制度の軸となるのは、政府によって制定される「宗教事務条例」である。宗教事務条例は、中央政府の国務院から、各省や市、県にいたる行政レベル別に制定されている。国務院による宗教事務条例には宗教とはなにかという定義はみられないが、より下部のレベルでは規定されている。たとえば「四川省宗教事務条例」第二条をみると「宗教とは仏教、道教、イスラーム教、カトリックとプロテスタントを指す」のように、「宗教」が明確に定義されていることがわかる。

ボン教を含むチベットの諸宗派は、仏教のカテゴリーで管理されている。仏教のもっとも末端の組織となるのが、県レベルの「仏教協会」と、各僧院に設置された「寺院管理委員会」である。本論で扱うボン教は、行政からは「仏教」のカテゴリーに入れられており、僧侶たちは州・県単位の「仏教協会」に登録されている。仏教教会は、もともと中華人民共和国建国直後に組織されたものであったが、その後活動を停止し、一九八二年に再組織されている。僧院運営のための組織である管理委員会は、政府への定期的な活動報告や視察の受け入れなど、行政機関に対する窓口としての役割を果たしている。

チベットの宗教と、多元化する「世俗」

チベットの宗教は、インドから伝来した仏教を大きな軸としながら、多種多様な「土着」の神格や思想などが複雑な相互関係のもとで習合して成立したものである。体系化されたものとして現在知られるのはチベット仏教四大宗派（ゲルク派、カギュ派、サキャ派、ニンマ派）であり、これにボン教を加えて五大宗派と呼ばれることもある。その伝統は、中国・インド・ネパール・パキスタンなどにまたがるチベット高原と周辺域で継承されてきた。

チベット高原は、もともと周辺地域との絶え間ない交流によってその文化を形成してきた。とくに仏教が伝来した八世紀以来流入した多様な思想は、現在みられる宗教のすがたに大きな影響を与えている。大乗仏教をはじめ、説一切有部の戒律、インド後期密教、瞑想などの身体技法、土地神信仰などが複合して、独自の思想と意匠が形成されてきたのである。

筆者が調査対象としているボン教は、七世紀のチベット高原への仏教伝来以前からの流れをくむといわれる宗教である。(3)古代のボン教が体系化された宗教であったのかどうかについては議論があるが、現在に継承されているボン教は、仏教との複雑な相互関係を経て教義体系を確立してきた。戒律を受けて出家し、専門的な知識や技法を学びながら修行をするという僧院の形も、現代では仏教と共通している。

そのなかでも、本論の議論と密接な関係を持っているのが大乗仏教の思想である。大乗仏教では、悟りを得て輪廻から解脱するだけの能力を持ちながら、あえて現世にとどまって衆生の利益のために活動するボサツの実践が重視される。宗教的理念として利他行為が位置づけられていることは、チベットにおける「公共性」を捉えるうえで示唆的である。宗派を問わず、宗教実践はすべての生命あるもののために行われるべきであるという理念が共有されているため、僧侶の行為は社会的な価値と密接に連関している。チベットにおいて世俗社会とは宗教的価値観のなかで捉えられるものであり、それ自体が宗教実践の場であった。

こうした宗教と世俗の関係は、二〇世紀中盤以降大きく変容した。先述したように、社会主義的近代化は宗教的価値観の否定を伴って展開し、「非宗教」としての西洋的な「世俗」の論理が、中央政府による政策の形をとって宗教実践に影響を及ぼすようになったのである。一九八〇年代以降において、宗教は伝統的な価値観を共有するローカルな世俗社会と、宗教から離れた「世俗」の管理者としての政府の双方に向き合いながら存続することが必要とされるようになった。

一九九四年に制定された「宗教活動場所管理条例」では、宗教活動の場所の制限など、僧院への管理が強化された。その背景には過熱する宗教復興や、一九八九年のラサでの戒厳令発令など、宗教実践が政府の統治論理を浸食していくことへの危惧があったと考えられる。一九九〇年代後半からは僧侶への愛国教育が強化され、宗教実践の主体を制度に組み込む動きが加速した。[4]そして二〇〇八年に発生した「三・一四事件」は、青海省やラサにおいて連鎖的に発生した僧侶・俗人による抗議行動であり、その後も宗教は「世俗」との緊張関係をはらみながら存続してきた。

一方で、一九五〇年代以降中国の外に移動したチベット人たちは、インドやネパールを拠点にして西洋にも進出しはじめる。チベット高原の外の世界は、彼らにとって新たな世俗社会として立ち現れた。とくに、西洋のまなざしと出会うことで、彼らのボン教に対する見方にも変容が生じた。ボン教は、チベットに関する情報が限られていた時代、西洋において「原始宗教」と表象されていた。また、ボン教が仏教以前の「野蛮な宗教」であるという見方は、一部のチベット仏教徒の間でも根強いものであった。それが一九六〇年代以降、実際にボン教僧侶が西洋に渡り、チベット研究者との共同研究を行うことによって、「チベットの基層文化」へと位置づけが変化したのである。[5]この視点を逆輸入する形で、中国でも改革開放以降、ボン教はチベットの「本土宗教」と表象されるようになった。特に一九八〇年代以降、研究者（おもにチベット族）がボン教の独自性に着目し、「外来宗教」としての仏教と対比するという構図がみられるようになる。地域を越えた研究者ネットワークの拡大に合わせて、ローカルなボン教僧侶や教員などの知識人層にもこの視座が共有されるようになった。そして、次節で詳述するように、二〇〇〇年代以降、チベット仏教やボン教僧侶の活動範囲は中国都市部の漢族社会におよぶようになった。こうした一連の変容は、宗教活動が関与する社会関係を拡張し、教育をはじめとする開発実践の展開にも大きな影響をもたらしている。

3　改革開放期における僧侶教育の再構築

僧侶教育の社会的位置づけとその変容

いわゆるチベット文化圏においては、僧侶は宗教的知識を身につけ、儀礼を通じて現世・来世の諸問題に対処する存在として、社会のなかで重要な役割を果たしてきた。僧侶の多くは、出家者というイメージに反して、世俗社会と断絶した生活を送っているわけではない。むしろ世俗社会と積極的に関わり続けることが、宗教的理念の面からも、生計の面からも、かれらの生活の中心軸になっている。

二〇〇〇年代後半のシャルコク地方では、僧侶はタパ（*grwa pa*）やアク（*a khu*）と呼ばれる。アクは父方オジを指すことばと同じであり、特におよそ三〇代以上のある程度研鑽を積んだ僧侶に対する敬称として用いられる。かれらは出家とともに戒律[6]を受け、生涯僧侶としての生活を続ける。強制的な還俗が行われた一九五〇年代から七〇年代を除いて、還俗の要因はおもに結婚によるもので、一九八〇年代以降把握しうる限りでS僧院では一〇人程度が還俗している。僧侶は、入門の際に自分の意志で僧侶になろうとしているのかをラマ（師僧）から厳しく確認される。それゆえ、還俗は、自分の決意に背くことにもなるため大変な恥とされる。

ただし、日常的には僧侶は戒律ではなくその職能や専門性によって区別されている[7]。村での儀礼を主なりわいとする者はジョンチョクパ（*grong chog pa*）と呼ばれ、基本的なチベット文語の読み書きと儀礼の作法を身につけている。他方、僧院にとどまり、あるいは山中の洞窟などにこもって研鑽に励む者もみられる。出家者と在家者の境界はときにあいまいで、学僧以外の僧侶は僧院に集住せず、衣食も自分で調達することが多い。S僧院には二〇〇七年時点で九四名の僧侶が在籍していたが、普段僧衣を脱いで世俗の仕事で生計を得、儀礼時のみ僧侶の姿をとる者は三七名にのぼっていた。

こうした僧侶を支えるのが、僧院に隣接する集落を生活の基盤とする人々である。シャルコク地方では、僧院に隣接する集落はデワ（*sde ba*）またはラデ（*lha sde*「神・村」）と呼ばれる。本論ではかれらを「世俗の人々」とカテゴライズしているが、これはチベット語で世間、世俗をさすジクテン（*'jig rten*）ということばの翻訳である。世俗の人々という場合、かれらが宗教的価値観の埒外にあることを意味しない。むしろ、積極的に宗教実践に関わり、僧院を経済的に支える存在としての性格が強い。宗教が実践され継承される空間は、世俗社会を含めて成立しているのである。

こうした状況のなかで世俗の人々と僧侶を分けるのは、戒律や外見に限らず、儀礼に精通していることや、チベット文語の識字力などである。それは、教育を通じて言語的・非言語的に伝達されることによって獲得される。僧侶教育は大きく二つに分けることができる。シェータ（*bshad grwa*）は、聖典とされるテクストを基盤とする学びであり、テクストの暗記と、それに基づいた問答によって教義を習得していく。一〇年以上にわたる研鑽を経て一定のレベルに達すると、試験を経てゲシェー（*dge bshes*）と呼ばれる学位を授与される。シェータは大規模な僧院で統一されたカリキュラムのもとに行われることが多い。ボン教では、一五世紀に中央チベットのツァン地方に設立されたメンリ僧院とその流れをくむ僧院においておもに継承されてきた[8]。このため、どの僧院でも学ぶための環境が整っているわけではない（写真1）。

写真1　問答をするボン教の学僧たち（2013年、インド・ヒマーチャルプラデーシュ州）

一方で、ドゥプタ（*sgrub grwa*）は、ラマからの直接指導と対話を通じて、密教の儀軌や、瞑想などの身体技法を体験的に学んでいくものである。これは、僧院に限らず、山中の洞窟などの場でも、また少人数であっても実施できる。一定期間堂や洞窟に籠もって密教の修行やゾクチェンの瞑想修行をする者はドゥプタワ（*sgrub grwa ba*）と呼ばれ、三年間の参籠修行を終えた者はトクデン（*rtogs ldan*）の尊称で呼ばれる。

二〇世紀中盤以前のシャルコク地方の様子を知るための資料は限られているが、二〇世紀初頭にシャルコクを訪れたフランス人将校は、ボン教徒の多くが髪を長く伸ばした行者の姿であったことを報告している（ドローヌ 1982: 188-189）。これは、かれらが瞑想修行や儀礼を主とした宗教実践を行っていたことを示唆している。実際、この時期に活躍したS僧院の第一五代僧院長であるアンガ・テンパツルティム（一八四七－一九三二）は瞑想に通じ、数々の神秘的な力を発揮したと伝わる。彼の発言として「わたしは黒い麦（筆者註：文字を表す表現）を追いかける学問の道には入らなかったが、自性が清浄であるという観の体験を生じた」（ATN: 172）というものが伝わっているが、これは彼自身がテクストベースの知識ではない形で研鑽を積んできたことを端的に示している。

その後、第一七代僧院長となったテンジン・ロドゥ・ジャムツォ（一八八九－一九七五）は中央チベットで研鑽を積み、ゲシェーの学位を取得してS僧院に戻り、シェータの学堂を開いた。これはS僧院の僧侶教育にとって大きな変化であった。それまでラマと弟子の個人的な関係に依存していた教育が、より体系的な形で実施されるようになったのである。ここで教理哲学を身につけた僧侶たちの中には、後にインドにわたりメンリ僧院の僧院長となるルントク・テンペーニマ（一九二九－二〇一七）らも含まれていた。

二〇世紀中盤の混乱期において、こうした教育は表面上完全に消滅した。文化大革命の最中の出来事については、詳しく語ることをためらうインフォーマントが多いが、人目を盗んで高僧を訪ね、様々な知識を学んでいたと語る僧侶もいる。一方で、多くの僧侶が移動したインドでは、活動拠点の確立とともに僧侶教育の整備も行われた。移設されたメンリ僧院では、一九七八年に僧侶教育のための組織「ユンドゥン・ボン・シェードゥプ・ロプニェル・ドゥーデ（ユンドゥン・ボン顕密教育院）」が設立され、シェータとドゥプタそれぞれにカリキュラムを整備した。これによってメンリ僧院は、チベット高原をはじめヒマラヤ周辺地域出身の僧侶が学び、ボン教の「正統」な教学をまなぶ一大教育センターとしての性格を有するようになった。一九八〇年代に中国で僧院の再建が可能になった後、ボン教徒が直面したのは、教学の中心地が国外に移動した状況でいかにローカルな宗教実践の場を構築するか、そして政府による教育の制度化にどのように対応するかという問題であった。

公教育の整備と並行して、宗教教育をどのように制度化するかは、改革開放後の中国の宗教政策において重要な課題となった。宗教教育を担う機関として各地に設置されたのが仏学院であった。一九八七年に北京に設置された「中国藏語系高級佛学院」は、パンチェン・ラマ一〇世を初代の院長として「愛国愛教高級人才」の育成を掲げたが、入学者は大規模な仏教僧院の後継者などに限られていた。二〇〇三年には「藏伝仏教高級学位制度」が施行され、一部のゲシェー学位が国家資格に位置づけられた。公教育としての学校教育が整備される一方で、僧侶教育もまた宗教政策の中に位置づけられ、制度の中にとりこまれるという複雑なダイナミズムが展開しているといえる。

僧侶教育の再構築と二つの世俗

S僧院では、一九八〇年代以降僧院の再建に伴って、僧侶教育も段階的に再構築されてきた。二〇〇〇年代前半までの経緯については、拙稿（小西2010）で扱ったため、要点のみを記述する。一九八〇年代初頭に僧院の再建が許可された際には、県内に宗派ごとに一か所のみの再建が許されたため、各僧院出身の僧侶が集まって新たな僧院G僧院を設立した。そこでは、一九五〇年代以前からの知識を受け継ぐ老僧が指導役となり、様々な知識を若い僧侶に伝授していた。しかし、あくまでも個別の師弟関係に依拠していたため、教育環境としては脆弱であった。

一九八〇年代中盤には個別の僧院の再建が許可され、S僧院も再建されたが、体系的な僧侶教育は行われていなかった。これはおもに、高度な宗教的知識を有する僧侶の高齢化と死去によるものであり、一九九〇年代後半には僧院長の後継問題と連動して僧院の存続が危ぶまれる事態にまで陥った。二〇〇〇年代に入ると、改革開放後に僧侶になった一九七〇年前後生まれの世代が台頭し、僧院運営の中心となったことによってこの事態は回避されたが、僧侶教育は脆弱であったため、さらなる次世代をどのように育成するかが課題となった。当時三〇代であったこの世代の僧侶たちと、存命していた七〇代〜八〇代の長老格の僧侶の間で、組織立った教育環境の整備の機運が高まった。

同時期には、世界自然遺産に登録された九寨溝・黄龍の自然保護区を中心とする観光開発とインフラ整備によって急速な経済成長が展開した。シャルコクの谷を貫く幹線道路には観光バスが行き交い、二〇〇三年に開港した九寨黄龍空港は大都市からのアクセスを飛躍的に改善した。同時に、観光産業や空港の整備などに携わることで、人々は比較的安定した現金収入を得ることになった。S僧院も二〇〇〇年代中盤には観光客を受け入れ、入場料や土産物販売で利益を得た。その後、行きすぎた観光化を危惧する観点から公開は中止された（小西 2015: 144-145）が、僧院の運営を支える現金収入が増加したことも、教育の整備を後押しした。

二〇〇一年に設立された「S寺文明学院」は、寄宿設備をもった学校として整備され、二〇〇七年の時点で五七人の一〇代～二〇代の学僧が共同生活を送っていた。文明学院では、所定のカリキュラムにそって教育が行われる。チベット語（文語）の読み書き（三年）を経た後、正式に受戒して僧侶となる。その後はシェータとドゥプタそれぞれの課程が用意され、希望の内容を学ぶことになる。ドゥプタは三年間の参籠修行を必要とするため、専用の施設も建設された。

二〇〇〇年代後半当時、文明学院はシャルコクと周辺地域においてほぼ唯一の、ボン教僧侶のための教育施設であった。そのため、近隣の地域からも若い学僧が集まり、文明学院は教学の中心地としての地位を急速に確立した。僧侶教育の整備は、改革開放後の宗教復興・再構築とそれに続く宗教実践の活性化の流れの中に位置づけられる。宗教復興を主導した高僧たちの意図は、衆生の救済という教義上の理念を背景として、僧院のみならずローカルな世俗社会にも向けられたものであった。

ロポン（主任教師）として文明学院の中心的存在になったアク・プンツォ（一九六八年生まれ）は、二〇〇〇年代以降、儀礼の大規模化や村々における供養塔の建設など広範な活動を展開し、カリスマ的な人格的魅力を伴って人々に受け入れられていった（小西 2015b）。彼は、自らの活動について、「最大の願望はいい僧院を造るとかいい仏の像をつくるとかではなく、いい坊さん、知識を持っている坊さんを育てて、人々のためになるようにすること。そしていい（世俗の）人々を育てること」と、人の育成が重要であることを語る。このように、僧侶を育てることは、社会全体を利するという意味において公共性を有していると位置づけられる。

一方、僧侶教育の整備によって宗教的知識を保全し継承していくことは、僧院の維持に加えて、宗派・教団としてのボン教の存続にも大きな意義を持っている。インドやネパールに有力な僧侶が移動したあと、中国領内において残された大僧院は限られている。[9] そのため、教育拠点を拡大すること、それを伝統的ないし新たに形成されつつあるボン教徒のネットワークの中に組み込んでいくことは、地域を越えた関心事としてボン教徒の間に共有されている。

それを端的に象徴する出来事が、二〇〇六年一一月に行われたゲシェー学位の認定式であった。この認定式では四人の学僧に学位が与えられたが、その年齢構成をみると、二〇代が三人、最年少は一九歳と、例外的に若いものであった。これは、たとえばインドのメンリ僧院においては通常ゲシェーを取得するためには一〇年以上の過程を修了する必要があり、取得者は通常三〇代以上になることとは対照的である。また、外部から二名の高僧が立会人として招待されていた。一人は、シャルコクに隣接するボゾ地方（アバ州若爾蓋県）出身で、S僧院の開祖ソナム・サンボとルーツを共有する化身ラマであり、僧院の出自に関係する人物である。もう一人は中央チベット・ツァン地方の高僧であり、ボン教の祖師シェンラプミボの血をひくとされるシェン氏の継承者であった。

若い僧侶が学位を与えられた理由には、僧院の後継者を育てる強い必要があったという話が聞かれる。実際、ここで学位を得た僧侶たちは、すでに文明学院においてアク・プンツォを補佐して教育に関わっていた。また、シャルコクの外から招聘された高僧は学位の権威を保証する役割を担うが、式典が一僧院の行事にとどまらず、近隣地域、そしてボン教にとって重要な出来事であることを参加者に印象づけていた。

こうした展開は、一九五〇年代以前にさかのぼるルーツと接続しながら、僧院と世俗社会がともにボン教徒のネットワークを再構築していく過程の一端に位置づけられる。とはいえ、一九五〇年代以前との最大の相違は、それまでとは異なる性質をもった「世俗」が出現したことである。それは、政府が定める「宗教活動」とどのような関係を結びながら活動を存続するかという問題と深く結びついている。

一九九四年の「宗教活動場所条例」の制定以降、宗教活動の無制限の拡大に歯止めがかけられるようになり、宗教施設の新設や拡充には煩雑な手続きが必要となった。とくに僧院は、収容人数が管理されるため、若い学僧を無制限に受け入れることは困難である。そこで、本来僧院が一括して担っていた僧侶教育の部門が「学校」として分離され、宗教活動とは一線を画した場所と位置づけて運営されるようになった。

予算などを含めた文明学院の運営は僧院と完全に分離されており、あくまでも教育施設として扱われている。日常的にも、学院でまなぶ僧侶は「上の僧侶」、そのほかの僧侶は「下の僧侶」と呼ばれて区別されていた。これは、学院の施設が僧院の背後にある小高い丘の上に設置されていることとに由来する。遠くからみると、二つの施設は上下に重なり合うようにみえ、僧院の集会堂の後ろからのびる曲がりくねった坂を五分ほど上ると、学院の入り口に至ることができる。ドゥプタのための参籠堂はさらに坂を上った頂上に設置されている。上の僧侶と下の僧侶は、僧院の大規模な年中儀礼でも明確な役割分担が行われている。毎年チベット暦二月に行われる僧院最大の行事「マティ・ドゥチェン」では、前半に学院の経堂と下の僧院の集会堂の二か所で別々の神格を本尊とする儀礼が行われ、後半に合流する構成がとられている。

このように、文明学院は「宗教活動場所」としての僧院とは一線を画した位置づけのもとで運営されることによって、その「合法性」を担保しているといえる。実践のレベルにおいては文明学院の活動のほとんどは宗教実践といえるものであり、一般の学校教育にあたるカリキュラムは含まれていない。対照的に、僧院本体に僧侶が集まるのは年に数回の大規模な儀礼に限られる。このため、むしろ文明学院の方が実質的な「宗教活動」の場所にみえるほどである。

僧院と教育施設の、こうした一見ねじれた関係は、宗教を管理しようとする政府の枠組みに対応しながら若い僧侶を育成し、宗教的知識を継承していく営みとして捉えることができる。ここでみてきたように、僧院活動は「非宗教」としての「世俗」を代表する政府と、熱心な信徒であり教化の対象としての「世俗の人々」という「二つの世俗」に向き合いながら再構築されてきたのである。

4　僧院と教育をめぐる新たな展開

S僧院の教育の変容

筆者がS僧院で長期調査を行った二〇〇〇年代後半～二〇一〇年代前半は、経済成長を背景に宗教活動が華々しく展開していく時期であった。S僧院では、二〇一〇年代に入ってさらに施設の増築が行われ、現地の僧侶からSNSに投稿される写真によってその過程をみることができた。二〇一二年に改築が開始され二〇一七年に完成した新しい集会堂は、以前のものより一回り大きく、屋根には金の装飾がふんだんに施されていた。さらに時を同じくして、文明学院も建物を大幅に拡充したうえで、丘の上から下へと移動したのである。これに伴って、名称も「S寺講修学院（シェードゥプ・ドゥーデ）」と変更された（写真2）。

二〇一三年の訪問時には、僧侶教育にかなりの変容が起こったことが観察された。ここまでみてきたように、二〇〇〇年代以降の僧侶教育の整備は、僧院の後継者問題とも連動しながら、僧院の存続に貢献する人材を育成することに主眼がおかれていた。その背景には、僧侶を育てることが世俗社会を利することになるという視点があった。また、周辺地域をふくめた教学の中心になることも意図されていた。

ところが、二〇〇六年のゲシェーの認定式以降、二〇一七年現在に至るまで学位の授与は行われていない。それどころか、シェータの過程は縮小傾向にあり、より高度な内容を求める学僧はシャルコクを出て学ぶことが多くなっていた。アク・プンツォは、本来僧侶としての高潔でカリスマ性に富んだ人柄や、瞑想の能力で声望を得た人物であった。そのため、僧侶教育の指導者としてはと

写真2　改築されたS僧院の教育施設（2013年、中国四川省）

くにドゥプタにすぐれているとみなされていた。そこで、チベット自治区のボン教僧院からあるゲシェーをシェータの指導者として迎えたが、慣れない環境もあり長続きしなかったという。結果として、教育内容はチベット語の読み書きと基本的な儀礼の技術が中心になり、ドゥプタは若い学僧に限らず年長の僧侶も多く参加して行われるようになった。二〇一五年の時点では学生は約四〇名で、整備された施設に比して閑散とした雰囲気が目立つようになっていた。このように、二〇一〇年代以降、S僧院の地域を越えた教学の中心という役割は影を潜め、よりローカルな僧院としての側面が目立つようになっている。

それでは、学問を続けたい僧侶たちはどこにいったのであろうか。交通手段の発達や、インターネットによる情報入手の容易化などを背景に、シャルコクの外に出ることが多くの僧侶にとって現実的なものになった。二〇〇六年に一九歳でゲシェーを授けられたテンジン（一九八七年生まれ）は、その後アク・プンツォを補佐して文明学院での教育に携わるようになっていた。しかし、筆者との会話のなかで、たびたび彼はシャルコクを出て外で学びたいという願望を口にするようになっていた。シェータを通じた教理哲学の習得は、膨大なテクストの暗記と当意即妙の問答が必要とされる。彼はたびたび「若いうちに学問を続けないと、時間がない」

ともらすようになった。すでに、二〇〇六年のゲシェー取得者を含む若い僧侶はアバ州アバ県のナンジ僧院に向かい、学問を続けていた。ナンジ僧院はチベット高原東部最大のボン教僧院として知られるが、テンジンはより「正統」な教えを学ぶことを望んでいた。

テンジンたち五名の同世代の僧侶がネパールを経由してインドへと向かったのは二〇一〇年のことであった。彼らは、ヒマーチャル・プラデーシュ州ドランジのメンリ僧院へたどりつき、シャルコク出身の僧院長のもと、再び一からシェータの学びを開始した。僧院長は、彼らにとってボン教のトップ以上の特別な存在であり、メンリで学ぶことは「正統」な教えと故郷の僧院をつなぐ唯一無二の経験になっている。メンリ僧院のシェータは一三年以上の厳しいカリキュラムから構成されており、順調に修了した場合でも三〇代後半になる。テンジンを含めた五人は、ゲシェーを得たあとシャルコクに戻り、僧院や地域社会に貢献したいという思いをもっている。彼らは日常的にスマートフォンで故郷と連絡をとりあっており、リアルタイムで情報交換ができる。そこには、亡命や難民社会といった概念では十分に捉えることができないネットワークの広がりが観察できる。

こうした僧侶の移動は、ローカルなS僧院の営みをより広い文脈で見つめることにつながる。筆者がテンジンと再会したときには涙を流して喜び合ったが、その後ほかの僧侶も交えた雑談のなかでS僧院の話がでたとき、彼は「S僧院でゲシェーをとったことは黙っててくれ」と声をひそめて筆者に告げたのである。これは、S僧院でのゲシェー授与があくまでも後継者確保のための「急場しのぎ」であり、恒久的なものではないことを示唆していると考えられる。ここでみてきたように、僧侶の移動範囲の拡大は、僧侶教育の階層化とそれに応じた僧侶の住み分けを促している。学問を選んだ僧侶がより高いレベルの場をめざす一方で、S僧院の教育は僧侶として日常的な活動をするためのものへと縮小した。これは、地域の公共性に根ざした宗教復興が無制限に展開するのではなく、僧院の運営にとって無理のない規模に収束していくことを示していると考えられる。

漢族社会との接触

これまでみてきたように、S僧院は宗教的価値観を共有し僧院と僧侶を支える世俗社会と、「非宗教」としての世俗を体現し政策を通じた管理を行う政府の双方に向き合いながら、その活動を存続してきた。

とくに前者では、シャルコクと近隣のチベット社会、チベット高原のボン教徒ネットワーク、インドをはじめとするグローバルなボン教徒ネットワーク、といった多様なレベルの場が重層的に関係しあっている。こうした宗教実践の場の動態は、政治変動に基づくチベット人の国外移動と、チベット高原における「伝統」の断絶を背景にしている。加えて、都市部の漢族社会におけるチベットの宗教への関心の高まりによって、その状況に変化が生じている。以下では近年の新たな展開として、漢族信徒がボン教僧院とその教育活動を支援する事例を検討し、それがインフラや経済力に乏しい地域における開発実践と連関していることを論じる。

漢族とチベットの宗教の接触自体は、古くからみられる現象である。満州族の皇帝自身が敬虔なチベット仏教徒であった清朝が崩壊した後も、チベット仏教徒は中国の国家形成に大きな影響を与えた（Tuttle 2005）。シャルコクのS僧院でも、二〇世紀前半に活躍した高僧が漢族を含めた声望を得ていたと伝わり、[10]漢族から寄付された炊事用の大釜が現在でも残されている。[11]また、改革開放以降のチベット仏教復興のなかで、東チベット、カム地方にあるラルン・ガル僧院（ニンマ派）に代表される大規模な僧院活動に漢族仏教徒が大きな役割を果たすとともに、都市部におけるチベット仏教徒の活動が展開してきたことも指摘されている（Yü 2011）。現在のように僧侶が飛行機で都市部（かれらはしばしば漢語で「漢地」とよぶ）に移動し、漢族と頻繁に接触する状況は、とくに二〇〇〇年代後半以降に顕在化してきた。

こうした動きのきっかけの一つは、一九八〇年代末から各宗派の僧侶が仏学院の講師として北京に招聘されたことにあった。かれらの多くは高齢のベテラン僧であり、漢語も不自由であったため、活動の範囲は限られていた。かれらに続いたのは改革開放後に僧侶になった世代であり、流暢な漢語を駆使して多くの漢族信徒を集めるようになった。こうした活動は北京や四川省の成都市を皮切りに、現在では沿岸部の大都市にも拡大しつつある。

漢族社会におけるチベット僧の活動の総体を把握することは困難であるが、筆者が北京や成都で出会ったボン教僧侶の多くは、自らの出身僧院と都市を往復しながら生活している。かれらは僧院長もしくはそれに近い地位にいる学識をもった僧侶であり、チベット語の宗教用語を漢語に翻訳して発信することができる。都市部に「宗教活動場所管理条例」に則って恒久的な拠点を設置することは困難であるため、活動はマンションの一室や茶館などで行われることが多い。

このため、信徒と僧侶との関係はチベット社会に比べてより個別的なものになっている。信徒たちは僧侶との個人的交流を通じて、日常的な悩みの相談や特定の儀礼、占いを依頼する。近年では、SNSやブログなどの媒体を通じて僧侶が情報発信をすることも多い。また信徒同士も連絡をとりあい、評判のいい僧侶の情報を共有している。

こうした漢族信徒は、僧侶個人のみならずその出身僧院にも影響を与えている。S僧院の教育施設の改築にあたっては広東省の漢族から寝具の寄付があった。他にも、僧院を集団で訪れ、儀礼の謝礼として多額の寄付を行う漢族信徒もいる。一方で、ある僧侶は「かれらの中には本気で学ぼうとしている人は少ない。情緒で学んでいるからよくない。悲しいから（その悲しみを消すために）学ぶとか」と発言して、漢族信徒が本当に教義を理解しようとせず、あくまで現世利益のための一手段として宗教を捉えていることに疑問を呈していた。このように、漢族信徒は僧院のパトロンである一方、宗教的価値観を共有するとは限らないという両義性を持ちながら、ボン教徒ネットワークの一翼を担うに至っている。

かれらの存在が、僧院の活動の拡大に決定的な役割を果たすこともある。その背景には、厳しい気候と険しい地形を有するチベット高原における開発の格差がある。S僧院の場合、観光地化が進行したことで僧院を支える地域が開発の恩恵を受けることができたが、地域ごとの格差は大きく、基本的なインフラの整備がいまだ十分ではない地域も多い。そうした地域の僧院にとって、漢族信徒からの直接支援は開発に直結する貴重な機会になる。

四川省甘孜（カンゼ）チベット族自治州B県のN僧院は、成都市から車で二日以上を要する峻険な山中に位置している。比較的緩やかな谷と草原が広がるアバ州に比べて、カンゼ州は地形の険しさから、その大部分が観光・インフラ開発から取り残されてきた。N僧院は、改革解放後に再建されたものの、自前の僧侶教育施設を持たない状態が続いていた。

N僧院の僧院長であったアク・ツェリン（一九七〇年生まれ）は、アバ州のナンジ僧院で修行し、三年間のドゥプタを完遂した後、二〇〇〇年代中盤から漢語を生かして都市部で活動するようになった。彼は自らSNSやブログを通じて漢語でボン教について紹介し、書籍も多く出版している。こうした活動を通じて多くの漢族信徒や支援者を得た彼は、僧俗をあわせた学校の建設を計画する。この背景として、N僧院では僧侶教育のみならず公教育環境も貧弱であったことが挙げられる。二〇〇〇年代中盤まで、N僧院の裏手にあった小学校では一年生しか教育を受けることができず、二年生以上になると一〇キロ以上離れた町の小学校に通う必要があった。僧院ではチベット語を学ぶことはできたが、漢語で学ぶ環境は整っていなかったのである。

アク・ツェリンは当初、二五名程度が学ぶことができる小規模な学校を作ることができれば十分だと考えていたが、北京で出会った漢族信徒が支援を申し出たことをきっかけに、漢族信徒のネットワークを通じて支援が集まった。最終的に、成都やハルピン、広州などから多額の寄付が集まり、七〇名程度の学生を収容できる施設の建設が可能になった。

こうして二〇〇九年に設立された「愛心学校」は、ボン教僧院に併設した「藏漢二語学校（漢語とチベット語の双方で教育を行う）」であり、小中学生に相当する学生七〇名（二〇一四年）、教員八名を擁している。教員の内、チベット族僧侶四人（男性）がチベット語の授業を担当し、俗人の教員（漢族男性一人、チベット族女性三人）が漢語や数学などの授業を担当する。

学校のカリキュラムは、漢語とチベット語、経典の学習、数学、歴史、地理、道徳、体育などからなっており、課外の時間には読経や瞑想の時間も準備されている。ここで目指されているのは、高度な学問や技法ではなく、中国社会に適応して生活するための基本的な内容を身につけることである。それによって、この学校は僧侶以外にも開かれた教育の場となっている。学校の設立趣意書の一部には、「漢語・チベット語バイリンガル人材を養成し、社会と衆生に恩返しをする」とある。これは、教育のもつ公共性が、地域社会のみならず衆生全体に拡張されていることが注目される。これは、ボン教を含む大乗仏教的な価値観と、より一般的な教育の公共性が組み合わさることで、地域や民族を越えた人々を巻き込みながら開発が行われてきた事例であるといえる。

5　おわりに

本稿では、チベット社会における僧侶教育を事例に、宗教の開発と公共性の問題を考えてきた。チベット社会において宗教を世俗社会から分離して捉えることは困難であり、西洋近代的な「世俗化」や、「政教分離」には限界がある（大川 2004）。本稿のフィールドにおいても同様に、世俗社会が僧院を経済的に支え、そこから輩出された僧侶が世俗社会、ひいてはすべての衆生のために宗教的行為を行うという図式が伝統的にみられた。二〇世紀前半までは、政治権力をもつ領主は宗教の庇護者・パトロンとしての役割を果たしていた。しかし共産党政権の樹立によって、政府は宗教の管理者へと変容し、宗教実践は制度の枠組みと衝突しない範囲内での存続を余儀なくされた。

僧侶教育も例外ではなく、宗教知識と儀礼の技能、文語リテラシーの習得を目的とする教育を、いかに「合法的」に存続させるかが課題となった。ボン教とチベット仏教に共通する大乗仏教的な利他思想は、元来開発や教育と親和性が高いと考えられるが、現代中国ではその正当性や合法性が自明なものではない。僧侶教育の意義は、第一義的には僧院を継承する僧侶の育成にある。専門的な知識と技法を身につけた僧侶たちは、僧院全体が動員される大規模なものから日常的な各世帯における ものまで多様なレベルの儀礼を執り行い、地域社会とそこで暮らす人々の現世と来世に関わる問題解決を目指す。この意味において、僧侶教育は地域社会の「公共性」と直接結びつく事象である。しかしそれが、政府の意図する宗教管理と常に合致するとは限らない。

そこで、S僧院の事例では、教育がもつより広い公共性を利用して「学校」という形式を強調し、僧侶教育と僧院運営を分離することでこの問題に対処していた。これによって、僧侶教育の場は、「宗教活動場所管理条例」の枠組みをはなれて運営が可能になった。また、より小規模な僧院であるN僧院では、僧侶教育と世俗教育を組み合わせたカリキュラムを提供するという方策がとられた。これは当該地域における公教育の不足を補う意味でも有効であり、学校の設立がスムーズに進んだことにもこうした背景があったと考えられる。また、教育のもつ公共性は、元来地域社会の文脈の外に存在した漢族信徒をとりこみ、そのパトロンとすることも可能にしていたのである。

一方で、北京における佛学院の設立に代表されるように、中国におけるエリート僧教育は宗教政策の内部にとりこまれながら整備されてきた。しかし、S僧院の事例でみたように、よりレベルの高い教育を求める若い僧侶は必ずしも北京を目指すわけではない。S僧院の若い僧侶たちがインドへとわたったのは、より「正統」な教えを求めてであった。このレベルにおいては、かれらは制度の枠組みを脱することを指向していた。ただし、それを単純にチベットと難民社会、もしくは中国とインドの二分法で捉えることはできない。多くの僧侶たちが出身地への帰還を希望し、実際に帰還する者も出てきている現状は、インド側から中国側への宗教的知識の環流が起きることを示唆している。そうした変容が将来的に中国側の制度にとりこまれていくのかどうか、今後注目される。それは、研究者やエリート僧侶がボン教を「チベット古来の宗教」として位置づけ、中国国内における「正統」かつ「正当」なポジションを確保してきた動きとも連関している。

本稿でみてきたように、宗教の公共性は、当該社会のコンテクストのみならず、それをとりまく制度のなかでの正当性、合法性と密接に連関している。僧侶たちは複数の外部としての「世俗」と向き合いながら、自らの活動を存続する必要にせまられている。僧院の外の社会は、一方では宗教活動を積極的にバックアップするものであり、また一方では制度を通じて活動をしばるものである。ポスト世俗化時代の中国においては、国家はむしろ積極的に宗教を制度にとりこみ、その公的役割を明確にすることを目指してきた。その動きと向き合うなかで、宗教復興から三〇年余を経たローカルな僧侶教育の場では、中国社会にうまく適応しつつ人々のための実践を行う僧侶を育てることが主流になりつつある。それは、かれらが教育のもつ公共性を利用しながら、宗教実践の合法性を確保しようとしてきた結果であるともいえる。

註

（1）小西（2015c）ではこれを知識の環流という観点から試論的に扱った。

（2）一九九〇年代初頭から、改革開放後の人々の宗教への関心の高まりを「宗教熱」として論じる動きが出始めた。龔（1991）は、一九八〇年代以降に仏教・イスラーム教・キリスト教の宗教活動の拠点や信者数が急激に増加し、青少年への影響が顕著にみられることを指摘する。そしてその原因として、（1）社会主義が十分に発展していない段階で依然存在する社会問題や困難に対する受け皿、（2）一九五〇年代後半以降の宗教政策の極端な「左」傾化に対する揺り戻し、（3）改革開放が作り出した社会状況の影響、たとえば若者にとって初めて触れる宗教が新鮮なものとして受け入れられることや、新たに出現した企業家が市場競争の勝利を願うため宗教に財産を投じることなどを挙げている。そのうえでこうした「宗教熱」はしばらく続くものの、いずれは経済発展や社会の安定に従って収束することを予想している。この予想に反して、二〇一〇年代に入っても宗教への関心は依然高い状態が続いている。

（3）ボン教に関する概説は紙幅の関係上簡便なものにとどまるが、bonということばは大きく分けて三つの意味で用いられてきたことが指摘されている（Kværne 1985）。その一つは「古代のボン」と呼ばれ、王朝時代に祭司たちによって実践されていた、死者儀礼や占いなどを含む諸実践を指していた。これが体系化された宗教であったのかどうかは議論があるが、現代に生きるボン教徒の間では、古代からの伝統の連続性が信じられている。吐蕃として知られるチベット古代王朝はティソン・デツェン王の時代に仏教を国教化し、チベット初の僧院といわれるサムイェ僧院が七七九年に設立された。仏教の隆盛に伴ってボン教は衰退したと伝わるが、その後古代王朝の滅亡によって仏教もまた衰退した。その後一一世紀から復興が始まり、現代に受け継がれる諸宗派が成立するが、出家者による共同体としての大規模な僧院が成立したのもこの時期以降のことであった。

二つ目はユンドゥン・ボン（卍ボン、永遠なるボン）と呼ばれる体系化された宗教であり、チベット仏教の大蔵経に相当する聖典テクストの集成と、系統だった修行の階梯を有している。ユンドゥン・ボンは、一一世紀以来チベット仏教諸宗派との相互影響のもとで形成され、遅くとも一五世紀までには出家者の共同体としての大僧院が成立した。二一世紀初頭の時点で、中国国内に僧院二一八か所（Nagano&Karmay 2003）。

三つ目は、「名も無き宗教」（Stein 1987）とカテゴライズされるような体系化されない一群の信仰や儀礼である。これは、チベット高原と周辺地域における多様な「土着」の宗教実践を含んでいる。本稿ではとくに断りがない限り、ボン教と表記する場合はユンドゥン・ボンをさす。ただし、このようにボン教は多様なレベルの思想や実践と接続する裾野の広さを持っていることも重要である。

（4）こうした経緯については、川田（2015: 35-82）に詳しい。

（5）この経緯については小西（2015: 92-95）を参照。

（6）戒律はゲニェン（*dge bsnyen*「在家信者」）の四戒、ゲツル（*dge tshul*「沙弥」）の二五戒、ゲロン（*dge slong*「比丘」。タンソン *drang srong* とも呼ばれる）の二五〇戒に大きく分けられる。

（7）ボン教における僧侶とその変容については、小西（2018）で詳しく論じた。

（8）多くのボン教僧侶は二〇世紀中盤に中央チベットからインドへと脱出し、一九七〇年代に北インド、ヒマーチャル・プラデーシュ州に新たにメンリ僧院を開き、ボン教の教学の中心となった。一方で、中央チベットでも一九八〇年代以降にもともとのメンリ僧院が再建されている。

（9）たとえばアバ州アバ県のナンジ（ナルシ）僧院は、一〇〇〇人近くの僧侶を抱える、現在中国領内で最大のボン教僧院である。そのほか、現代中国におけるボン教の大僧院については Des Jardins（2009）を参照。

（10）第一五代僧院長アンガ・テンパツルティムの伝記には、彼が高齢で病気になった際、近隣の漢族の有力者もかけつけて長寿を願ったとの記述がある（ATN: 170）。

（11）民国八年（一九一九年）、甘粛省臨潭から送られたとの刻印がある。二〇一三年の調査で確認した。

参考文献

大川謙作　2004「「政教分離」の限界——中国チベット自治区ラサにおける騒乱の分析から」『アジア経済』45(7): 29-44.

川田進　2015『東チベットの宗教空間——中国共産党の宗教政策と社会変容』北海道大学出版会。

川口幸大・瀬川昌久編　2013『現代中国の宗教』昭和堂。

小西賢吾　2010「中国のチベット系社会における僧侶教育の再構築——四川省、Shar Khog 地方のボン教僧院を事例に」『北方学会報』14: 34-43.

2015a『四川チベットの宗教と地域社会——宗教復興後を生きぬくボン教徒の人類学的研究』風響社。

2015b「再編される共同性と宗教指導者の役割——中国、四川省チベット社会を事例に」藤本透子編『現代アジアの宗教——社会主義を経た地域を読む』春風社、pp.309-365.

2018 「ボン教における『僧侶』の諸相——20世紀以降の変容に着目して」池田巧・岩尾一史編『チベット・ヒマラヤ文明の歴史的展開』臨川書店、pp.229-244.

ドローヌ 1982 『シナ奥地を行く』矢島文夫・石沢良昭訳、白水社。

Des Jardins, Marc

2009 Bon Institutions in Contemporary Tibetan Territories and the Dynamics of Religious Authority. *East and West* 59: 233-244.

Karmay, Samten G. and Nagano, Yasuhiko eds.

2003 *A Survey of Bonpo Monasteries and Temples in Tibet and the Himalaya* (Senri Ethnological Reports 38). Osaka: National Museum of Ethnology.

Kværne, Per 1985 *Tibet Bon Religion: A Death Ritual of the Tibetan Bonpos*. Leiden: E. J. Brill.

Snellgrove, David

2010（1967） *The Nine Ways of Bon*. Boulder: Prajna Press.

Stein, R. A. 1993（1987）『チベットの文化（決定版）』山口瑞鳳・定方晟訳、岩波書店。

Tuttle, Gray 2005 *Tibetan Buddhists in the Making of Modern China*. New York: Columbia University Press.

Yü, Dan Smyer

2011 *The Spread of Tibetan Buddhism in China*. New York: Routledge.

龔学増（Gong Xuezeng）

1991 「关于目前我国的〝宗教热〟」『理論前沿』一九九一年第一八期 : 10-12.

2011 「中国共产党的宗教—国家观」『西北民族大学学報（哲学社会科学版）』二〇一一年第三期 : 13-24.

（チベット語文献）

ATN bsTan 'dzin blo gros rgya mtsho (1889–1976). *A sngags rtogs ldan bstan pa tshul khrims kyi rnam thar rjes 'jug yid gyi dang 'dren lha gnyen shel sgong bzhugs so*. In A sngags tshe ring bkra shis (ed.), *Hor ba drung rams pa smra dbang bstan 'dzin blo gros rgya mtsho'i gsung 'bum gzhugs so* (stod cha). Chengdu: Si khron mi rigs dpe skrun khang, 2011. pp.163-177.

第10章　よりよい生を求めて

――インド、「不可触民」の解放実践と仏教改宗

舟橋健太

改宗とは、社会的であるとともに宗教的であり、また、物質的であるとともに精神的なものです。（中略）個人の幸福と発展こそが、宗教の真の目的であるべきです。（中略）人間が宗教のためにあるのではなく、宗教が人間のためにあるのです。人として生きるために、改宗しなさい。組織するために、改宗しなさい。力を得るために、改宗しなさい。平等を確保するために、改宗しなさい。自由を得るために、改宗しなさい。あなたの家庭生活を幸福にするために、改宗しなさい。

（Ambedkar 2004: 8, 12, 30）

1　はじめに――インド社会における宗教

本稿では、近現代インド社会における「不可触民」の仏教改宗を、被差別状況からの解放実践と捉え、人々（特に被差別の立場にある人々）が宗教に求めるものについて、また逆に、宗教が人々に対してなし得ることについて、考えていきたい。

まず、インド社会における宗教の人口構成について確認する。二〇一一年の国勢調査（センサス）に基づくと、人口規模的な観点からみたインドの各宗教の分布は次の通りとなる。[1] インドの総人口一二億一〇八五万四九七七人のうち、人口的に最多数を占める宗教はヒンドゥー教で、およそ七九・八％（九億六六二五万七三五三人）である。次いでイスラームが約一四・二三％（一億七二二四万五一五八人）を占め、その後に、キリスト教［約二・三％（二七八一万九五八八人）］、シク教［約一・七二％（二〇八三万三一一六人）］、仏教［約〇・七％（八四四万二九七二人）］、ジャイナ教［約〇・三七％（四四五万一七五三人）］と続く。ほか、その他の宗教［約〇・六六％（七九三万七七三四人）］と特定の宗教なし［約〇・二四％（二八六万七三〇三人）］となる。すなわち、人口規模という観点からみれば、およそ八〇％を占めるヒンドゥー教徒をマジョリティとして、約一四％のムスリムを筆頭に、他のマイノリティ宗教徒という姿になる。

一方、「宗教」というものの位置づけを、インド憲法から確認しよう。インド憲法前文において、インド国家は「独立した、社会主義に基づく、世俗的な（secular）民主主義共和国」として成るものと謳われている。また続いて、同じく憲法前文において、「思想、表現、信条、信仰、崇拝の自由（LIBERTY of thought, expression, belief, faith and worship）」が明確に宣言されている。このほか、信教の自由（第二五条－二八条）や、宗教的差別の禁止（第一五、一六、二九、三〇条）が明記されている。

つまり、世俗主義（secularism）という原則が宣されていると捉えられるが、しかし、ここでいう世俗主義は、西欧社会にいう政教分離主義に基づいた厳密な意味での「非宗教主義」ではなく、多様な信仰および宗教的実践を尊重する「宗教的多元主義（religious pluralism）」に近いかたちだと認識されよう。事実、インドの政治史・政治状況をみても、宗教的なるものが政治の分野から完全に排されていることはない。むしろ、多様な宗教の共存（とりわけ、少数派宗教への配慮）にその意が尽くされていると考えられるのである。

ところで、現代インドにおける宗教の姿をみる場合、その歴史的経緯、特に植民地近代の影響を考えずにおくことはできない。一六世紀の末から本格的に始まった、大航海時代のヨーロッパ諸国によるインド洋進出は、その後の各国の貿易会社（東インド会社）の設立と覇権争い、一九世紀半ばのイギリス東インド会社の君臨と続く。のち、一八五七年のインド大反乱［シパーヒー（セポイ、傭兵）による反乱］とその鎮圧を受けた一八五八年のイギリス本国政府による直轄植民地化を経て、一八七七年の「インド帝国」成立宣言によって、名実ともにイギリス領インドの完成という展開をみた。

このイギリス植民地下の近代において、インド社会はさまざまな側面で大きな変容をみせることになる。イギリスが導入したさまざまな政治社会的な政策は、地租制度や官僚制の導入、軍隊の編成、地方分権と教育制度の確立、司法制度の改革など多岐にわたる。しかし、とりわけ本稿の主題と関連して特筆すべきは、イギリスの植民地政策である「分割統治（divide and rule）」である。分割統治という施策によって、それまで人々をゆるやかに括るものであったカテゴリーが、明確化・固定化・実体化され、またインドの人々自身にとっても強く内面化されることになった。それはたとえば、イギリスが大々的かつ徹底的に遂行した国勢調査に代表される。インドの人々各人が属性を問われ、答えるという応答過程において、それまで意識されていなかった自身の属性、そしてその枠組となるカテゴリーが、インドの人々において強く意識化されるに至ったのである。

そしてこの分割統治において基準とされた一つが宗教的なカテゴリーであり、いま一つがカースト・カテゴリーであった。前者は、ヒンドゥー正統主義の形成や現代におけるコミュナリズム問題につながり、後者は、カースト政治の芽生えやカースト制度の変容へとつながった。また、前者の宗教的カテゴリーの明確化と強く関連するが、ヒンドゥー教やイスラーム、仏教などの各宗教において、西欧近代との接触を契機として、多分に復古主義的な自宗教の見直しと改革運動が行われたことにも留意しておく必要があるだろう。ヒンドゥー教のなかの動きとしては、ブラフマ・サマージ[2]とアーリヤ・サマージ[3]を代表的に挙げることができる。イスラームからは、ともに一九世紀後半にあらわれた、近代的な高等教育機関を基盤とするデーオバンド運動とアリーガル運動が挙げられる。いずれも、「ムスリムの宗教意識を高め、インドのムスリムは別個の社会集団をかたちづくっているという意識を育て、ウルドゥー語の使用を教育あるムスリムの間に広めた」（中里 2008: 70）という共通性を持つ。また仏教では、中心となったのはスリランカであるが、のちにインドにもその影響が及んだ動きとして、一九世紀末にアナガーリカ・ダルマパーラ（一八六四〜一九三三年）によって創始された近代仏教改革運動、すなわち、「プロテスタント仏教」の主張が挙げられる。「イギリスおよびキリスト教に抵抗（プロテスト）する」この運動は、「習合的な要素を排除し、ブッダの教えの原点に立ち返ること、そして出家主義よりも在家者の宗教実践に重点を置き、世俗内での禁欲主義を説いた」（中谷 2010: 101）。

つまり、いずれの宗教においても、植民地政策としての「分割」に呼応して、「原点への立ち返り」という形でそれぞれの宗教の境界が明確化され、各宗教の独自性が強く主張されたことが指摘できる。これは、近代以前の習合的な宗教関係のあり方と大きく異なる状況と捉えられよう。

これらの経緯を経て、現代インド社会においては、上述した植民地近代の経験により明確化・実体化をみた宗教的カテゴリーに基づいて、宗教間の争いが頻発している。すなわち「コミュナリズム（communalism）」(4)と総称される問題である。植民地近代という時代における各宗教間の関係は、特にヒンドゥー教とイスラームにおいては、インド－パキスタンの分離独立という先鋭的な形で一つの帰結をみる。その後の三度におよぶインド・パキスタン戦争と現在にまで続くカシュミールをめぐる紛争に代表される、国境をはさんだ両宗教間の争いと並んで、インド国内における争いもまたきわめて重大な問題として捉えられる。

インド国内におけるコミュナリズム問題の深刻化は、ヒンドゥー・ナショナリズム（ヒンドゥー至上主義[5]）の興隆と密接に関連する。[6] ここで、本稿の主題と関連して、近年のヒンドゥー・ナショナリズムに基づく動向のうち、特に改宗をめぐる問題を二つの角度から取り上げたい。まずは、改宗行為を禁ずる（あるいは制限する）動きである。これは、「反改宗法（'Anti-conversion Law'）／宗教の自由に関する法律（'Freedom of Religion Law'）」として、二〇一七年時点において六州が法制化を行っている[7]。ここで、改宗の禁止／制限をめぐって、「宗教の自由」という名目が使われていることは注視に値しよう。すなわち、同法の推進派からすれば、改宗は、その多くが（直接的・間接的に）強制的に行われるものとされる。彼らの論理に従えば、改宗によって何らかの実利・実益がもたらされる場合（あるいはそれが予想される場合）には、「（間接的な）強制改宗」と解釈される。つまり宗教は、純粋な、それゆえ実利や打算といった俗世的な価値から「自由」な信仰に基づかねばならないと主張されている。

もう一つは、改宗を戻す動きである。これは、'Ghar Wapsi' すなわち「帰郷」ないし「帰還」（'Home Coming/ Returning'）と呼ばれる再改宗儀礼の遂行である。そこにおいては、「インドの地に暮らす者は、誰しもかつてはヒンドゥー教徒であったのであり、それが、歴史上のいずれかの段階において強制的に他宗教に改宗させられた。ゆえに、これは『改宗』ではなく、『再改宗』である」という論理が述べられる。

こうした再改宗儀礼は、先の「反改宗」の動きとともに、ヒンドゥー教側の恐れからくる防衛と考えることができるだろう。「人は、ヒンドゥー教徒になるのではなく、ヒンドゥー教徒として生まれる」といわれるように、ヒンドゥー教と改宗という行為とは相いれない関係にある。すなわち、ヒンドゥー教から改宗はできても、ヒンドゥー教への改宗はできないのである。多数派たるヒンドゥー教徒が恐れるのは、少数派との逆転であり、自らの社会における優位性の喪失であると考えられる。ここに、これら二つの動き——改宗の禁止と再改宗の推進——にみられるように、改宗をめぐって政治性と宗教性が錯綜することになる。

ところで、「再改宗」に関しては、別の観点からもまた政治性が浮上する。それが、インドにおけるアファーマティブ・アクション（積極的差別是正措置）である「留保制度（Reservation）」をめぐる問題である。現在、インドでは、元不可触民に対して、「指定カースト」との枠組みのもと、留保制度の認可が行われている。ただし、この認可には宗教的な制約があり、ヒンドゥー教徒、シク教徒、仏教徒については「指定カースト」としての権益が認められるが、（元不可触民で改宗した）キリスト教徒およびムスリムには同権益は認められていない（「指定トライブ」についても同様である）。ここから、一旦はキリスト教あるいはイスラームに改宗したものの、留保制度の権益を求めてヒンドゥー教に再改宗する事例もみられている。ここに再び、人々の宗教的属性と宗教の境界に、政治性が強く影響を及ぼしているさまを確認することができる。

インド社会における以上の宗教状況を踏まえたうえで、次節以降は、具体的に、「不可触民」による仏教改宗をめぐるさまざまな動向をみていきたい。

2 「不可触民」と仏教改宗

紀元前六〜五世紀頃に発祥した仏教が、盛衰を経て、現代インドにおいて再興をみているのは、インド社会において長らく厳しい被差別・被抑圧の状況におかれてきた「不可触民」とされる人々が、ヒンドゥー教から仏教へと改宗していることに大きな所以がある。「不可触民」とは、いわゆるカースト制度の最下層に位置するとされる人々のことをいう。きわめて差別的な呼称である「不可触民」のほかに、行政用語である「指定カースト」、マハートマー・ガーンディーが提唱した「神の子」を意味する「ハリジャン」、そしてこれらがすべて基本的に他称であるのに対して、自称として登場した「ダリト」（「抑圧された者たち」の意をもつ）など、彼らをめぐってはさまざまな呼び名が存在する。

不可触民の人口は（正確には、国勢調査のカテゴリー名としての指定カーストの人口は）、地域によって多寡はあるが、インドの全人口（約一二億一千万人）のおよそ一六・六％（約二億人）を占めている。(8) 彼らの伝統的な職業とされるのは、屠畜業や皮革業、清掃業、洗濯業、理髪業など、「ケガレ」観と深く関連するものから、村落の雑役、小作農、零細農、単純肉体労働など、経済的・社会的に低位と認識されるものまでを挙げることができる。また居住形態としては、特に村落部においては、村の境界部にまとまって居住している場合が多い。

さて、一九五六年一〇月一四日、インドの中央部に位置するナーグプルという町において、数十万ともいわれる熱気を帯びた人々が、ブッダ（仏）、ダンマ（法）、サンガ（僧）への帰依を唱えていた。その中心にいたのは、ビームラーオ・ラームジー・アンベードカル（一八九一－一九五六）。現代インドにおいて、不可触民の人々より、強い崇敬の念を込めて「バーバーサーヘブ」、すなわち「偉大なる父祖」と呼ばれる、インドにおける仏教再興の嚆矢となった人物である。

アンベードカルは、インドの独立運動から独立期に生き、不可触民解放運動を強力に牽引した指導者・政治家である。アンベードカルは、西インドのマハーラーシュトラ州に生まれた。不可触民とされるマハール・カーストに出自を持つ彼は、苦学の末、藩王からの奨学金受領という機会にも恵まれ、米英への留学を果たし（アメリカのコロンビア大学と、イギリスのロンドン大学）、そのいずれにおいても博士号を取得するというきわめて稀有な高学歴を得た。インド帰国後は、不可触民の地位向上や不可触民制の解決を目指して政治・社会的な活動に専心した。そのなかにおいて、不可触民制の元凶をヒンドゥー教（の教義）にみたアンベードカルは、ヒンドゥー教の古法典である『マヌ法典』の焼き捨て（一九二七年）、ヒンドゥー教棄教宣言（一九三五年）を経て、一九五六年一〇月、ついに仏教改宗へと至る（アンベードカル 1994; キール 2005）。

しかし、この歴史的な大改宗式からわずか二か月後の一九五六年一二月六日、多くの不可触民同胞に仏教改宗という道を指し示したアンベードカルは逝去した。彼は、独自の仏教解釈を、遺著『ブッダとそのダンマ』（アンベードカル 2004）において展開している。また同著は、彼の遺志を継ぐ仏教徒の人々によって、「経典」として重要視されている。

写真1　アンベードカルの逝去日に像の前で拝礼する人々（2005 年 12 月 6 日、ウッタル・プラデーシュ州）

ここで、アンベードカルが唱える「仏教」の特徴について、『ブッダとそのダンマ』から抜粋してみよう（アンベードカル 2004）。アンベードカルの独自性が最も表れているとされるのが、仏教の根本的な教義である「四聖諦」に関する説明である。四聖諦とは、苦集滅道で表される、「苦」（すなわち人生）についての真理である。この教義が従来、個人的・心理的課題とされたのに対して、アンベードカルは、これは社会的矛盾であり物質的解決が可能であると唱える。すなわち彼の解釈によれば、人間であることの問題とは、従来の仏教でいわれているような、老、病、死、抑えられない欲望などの個人的なものではなく、個人として、また社会集団として、互いにどう関係するかという社会的なものである。ゆえに、こうした人間としての問題は、「社会的平等」によって解決されるとアンベードカルは主張した。

アンベードカルにとっての仏教は、強く平等を唱道し、四ヴァルナ制度や「不可触民制」のようなヒンドゥー教の不平等性と闘ってきた、完全に道徳に基づく宗教である。彼は、「これは世界で最も素晴らしい宗教であり、そのことは絶対に間違いありません」（アンベードカル 1994: 251）と言う。またアンベードカルによれば、仏教はインドで生まれ、インドで栄えた宗教であり、かつ自身のカーストであるマハールの祖先の宗教である。すなわち、仏教はアーリヤ人に征服されるまでのマハール・カーストが信仰していた宗教であり、仏教への「再改宗」によって、マハールの人々は自分たちの真のアイデンティティに目覚めることができるとされた（Gokhale 1986）。

こうしたアンベードカルにとっての「改宗」は、単なる信仰の変更にとどまらず、それによって実質的な生活状況の進展がみられるべきものであった。すなわち、アンベードカルの考えでは、宗教は神の存在の有無を議論するものというよりは、個人が幸福に生き、発展できるように、いかに行動すべきかを指し示したものということになる（Ambedkar 2004）。さらにいえば、宗教も政治も、人がいかによりよく生きるかを追究あるいは追求するものであるとされ、ここにおいて、前節でみたインドの宗教状況における宗教性／政治性といった二分法的思考は、無意義なものとなってくると考えられよう。

続く第3節、第4節では、具体的な「改宗仏教徒」の事例を取り上げ、彼らがいかによりよく生きるべく、他者、ひいては社会と関わっているのか、他者関係と公益性に焦点をあてて記していきたい。

3 「改宗仏教徒」による解放実践①——他者との関係を求めて

本節においては、改宗仏教徒の宗教実践を取り上げ、そこにみられる他者関係の交渉の様相について検討を行う。具体的には、アンベードカルが忌避するように訴え、現在でも仏教改宗運動の主導者たちが行わないようにと主張する、ヒンドゥー的な宗教実践に焦点を当てる。改宗仏教徒たちは、そうしたヒンドゥー的宗教実践にどのように対しているのだろうか。舞台となるのは、北インドのウッタル・プラデーシュ州西部、ムザッファルナガル県に存する一村落（V村）であり、検討の対象となるのはある一家族（アマン一家）である。[9] ここでは特に、ヒンドゥー教の大祭の一つである「ディーワーリー（*Dīvālī*）」前後の一連の儀礼・祭礼の実践を取り上げる。儀礼の遂行にあたって、彼らがいかに実践／非実践を選択したのか、以下、各儀礼の詳細とともに、時系列に沿ってみていきたい。

まず、ディーワーリーの九日前に行われる「カルワー・チョウト」である。カルワー・チョウトは、その由来をヒンドゥー教の神話に有し、既婚女性が夫の成功と長寿を祈願して、終日、食べ物と飲み物を絶つ断食儀礼である。インドにおいて結婚は人生におけるもっとも神聖な絆と考えられており、この儀礼は、そうした神聖な夫婦間の絆を強める、非常に重要な機会と捉えられている。またこの儀礼は、夫婦間のみならず、妻と義母、すなわち夫の母親との関係を強めるものでもある。

さて、二〇〇五年一〇月二〇日のカルワー・チョウト当日、アマン家の二人の妻たち――ビムラとサリタ――は、夕方四時頃より儀礼を始めた。ともに赤いサリーときらびやかな装飾品に身を包み、誓句を唱え、水の入ったグラスに米を入れて太陽に向けつつ流した。その後、夜九時頃より、家長アマンと妻ビムラ、長男アンキットと妻サリタにより儀礼が行われた。まず妻がふるい（小麦粉をふるう物）をとおして月を見て、注ぎ口のついた素焼きのつぼで夫の足に少しずつ水をかけたのち、足に触れて敬意を表した。ついで夫が妻の額から髪の分け目にかけて赤いシンドゥール（既婚女性を示す印）を付けた。最後に、妻が再度ふるいで月を見て、つぼに残った水をすべて流し、そのうえに夕方の儀礼時の米と葉をかけて終わった。この後、妻たちはこの日初めてとなる食事を口にした。

ここでは、妻たちは、ヒンドゥー神を信じていないことを強調しつつも、儀礼はほぼ通常通りのやり方に従って行っていた。また、いつもであれば、やむなく付けることになったティラク（額に付けるヒンドゥー教の宗教的な印）もすぐに落とすといったように、ヒンドゥー的な儀礼を特に忌避しようとする家長アマンも、この日ばかりは強く反対することもなく儀礼に参加していた。これにはやはり、このカルワー・チョウトという儀礼のもつ意味と機能が強く関わっているものと考えられる。つまり、その神話的由来はどうあれ、夫の成功と長寿を祈るという「善き意味」があり、また、妻と夫をはじめとする家族間の関係性を強化するという重要な機能をもつことから、実践を選択するに何ら不思議はないものと思われるのである。アマン自身も、「（カルワー・チョウトには）女神に対する儀礼もあるが、それは

写真2　カルワー・チョウトの儀礼で妻にシンドゥールを付ける夫（2005年10月20日、ウッタル・プラデーシュ州）

やらない。夫婦間の儀礼のみを行う」と説明していた。

次いで、ディーワーリー祭の検討に移ろう。インドにおいて、ディーワーリーすなわち「光の祝祭」は、もっとも壮大で吉兆なる祝祭である。ヒンドゥー教においてもっとも重要な機会であるディーワーリー祭は、善の悪に対する、光の闇に対する、知の無知に対する勝利を、また、あらゆる人の生活における喜びと幸せを示すものである。

ディーワーリーは、五日間、すなわち二日先んじて祝祭が始まり、ディーワーリー当日を迎えて二日後に終わるまで熱狂的に祝われ、それぞれの日がヒンドゥー教に基づく数多くの神話や伝説、信仰を伴った重要性を有している。ディーワーリー祭の大いなる歓喜は、多彩なランゴーリー(*rangolī* ヒンドゥー教徒の女性が祝事や祭事の機会に家や寺院の床や壁に米粉で描く装飾画)模様、特別な礼拝儀式、灯火の列、花火、そしてスイーツと贈り物の交換などによって示される。すべての家庭において、富と幸福の女神であるラクシュミーを迎える油皿やロウソクの炎が光り輝いている。

五日間続くディーワーリーの祝祭のうち、一日目は「ダンテーラス(*Dhanteras*)」と呼ばれ、アーシュヴィン月の一三日目にあたる。ダン(*dhan*)という語は、富を意味する。この日を吉兆なる日であると信じて、女性は金や銀、少なくとも一つか二つの新しい台所用品を購入する。二日目は「チョーティー・ディーワーリー(*Choṭī Dīvālī*)」と呼ばれ、光と、喜びと楽しみに満ちた未来への祈念に捧げられる。

ディーワーリー祭の三日目は、もっとも重要な日であり、爆竹や灯火の光、美味しいスイーツ、新しい衣服、贈り物の交換を行うための家族の集いに彩られる。この日は、ガネーシャ神と女神ラクシュミーを崇拝する特別な礼拝儀式が行われる。この日は新月であり、闇夜（アマーヴァシャ *amāvas*）にあたるという事実にもかかわらず、最も吉兆なる日として認識されている。

四日目は、北インドでは「ゴーヴァルダン・プージャー（*Govardhan-Pūjā*）」として祝われている。ゴーヴァルダン・プージャーは、クリシュナ神が、ゴーヴァルダン山を持ち上げて、牛飼いと家畜をそのなかに入れて大雨から守ったという神話に基づくもので、牛の増殖、多産を祈願して、家の土間などに牛糞でクリシュナ神像が描かれる。

ディーワーリー祭の最終日である五日目は、「バイヤー・ドゥージ（*Bhaiyā Dūj*）」として知られている。バイヤー・ドゥージは、兄弟を意味する語（*Bhaiyā*）と新月から二日目を意味する語（*Dūj*）からなり、ディーワーリー祭の五日目、新月の夜から二日目に行われる。この日は、兄弟と姉妹にとって特別な日であり、彼らの間の愛情と好意を象徴する日として考えられている。姉妹は、朱色か白檀（サンダルウッド）色のティラクを兄弟の額に付け、彼の長寿と成功を祈願してアールティー（*ārāti* 火を入れた皿を回す儀式）を行う。お返しに兄弟は、姉妹を祝福してスイーツと贈り物を渡す。こうして、バイヤー・ドゥージにおいて、兄弟姉妹間の絆は強められることとなる。また、インドの他の祝祭同様、バイヤー・ドゥージは、家族が一緒になり、宴席を設け、贈り物を交換する機会でもある。

さてここで、以下に、アマン家の人々のディーワーリー祭五日間の様子をみてみたい。ディーワーリー祭の五日間の一日目となった二〇〇五年一〇月三〇日、また翌日の二日目にあたる一〇月三一日と、アマン家では特に何も行われることはなかった。ディーワーリー当日の一一月一日、夕方以降、村はそこかしこで鳴り響く爆竹の音と、家々を飾る電飾・灯火の灯りで祝祭感が増していた。ムスリムの家にも電飾が施され、また改宗仏教徒の家々でも灯火を灯した家が少なからずあったが、アマン家にこうした灯りはみられなかった。アマン家では、爆竹の音に負けないくらいの大音量でアンベードカルを讃える歌のカセットが流され、また他の改宗仏教徒の家では、ちょうど村を訪れていた僧侶とともに、ブッダの生涯をたどったVideo-CDが見られていた。ここに、ヒンドゥー的祭礼に仏教的要素をもって対する、改宗仏教徒たちの姿勢をうかがうこともできよう。

一一月二日のゴーヴァルダン・プージャーも、アマン家は何も行うことはなかった。しかし翌日の一一月三日、バイヤー・ドゥージだけは様相が違った。午前中、長女シャクシーの嫁ぎ先の村においてで、シャクシーと次兄アーカシュとの間でバイヤー・ドゥージの儀礼が行われた。まず、牛糞でかたどられ、その輪郭が小麦粉とターメリック粉で描かれた人型の上に、木製の低い腰かけが設置され、その上にアーカシュが立った。ついでシャクシーは、ココナッツ、スイーツ、米、油皿が置かれたプレートをアーカシュに持たせて、額にティラクを付けた。それからシャクシーが、向かい合ったアーカシュに向けて米を投げかけたのち、プレートを回し、アールティーが行われた。その後、シャクシーがアーカシュの足に水を少しかけて、アーカシュにプレート上のスイーツを食べさせた。アーカシュは返礼として金銭（五一ルピー）をプレートにのせ、一連の儀礼は終了となった。

その日の午後、V村では、家長の妻ビムラの弟や、長男の妻サリタの弟が、それぞれ豪華な手土産を持ってアマン家を訪れた。そして、ビムラと弟、サリタと弟との間で、それぞれ同様のバイヤー・ドゥージの儀礼が行われた。

まとめてみれば、アマン家の人々の場合、ディーワーリー祭の五日間で積極的に行ったのは五日目のバイヤー・ドゥージのみであった。これは、それ以外の儀礼が内で閉じる、すなわち同居の家族内で留まる儀礼であるのに対して、バイヤー・ドゥージは、外に開いた、つまり、婚出した姉妹や実家の兄弟と「善き意味付けにおいて」関係する儀礼であるからだと考えられる。ここでも、カルワー・チョウトの場合と同じく、儀礼の意味と機能が大きな選択理由になっているものと考えられる。

以上、ディーワーリー祭前後の儀礼について、おもにアマン家の人々がいかに対したか、具体的にみてきた。ここで、繰り返しになるが、それぞれの儀礼の実践／非実践をまとめて確認しておきたい。まず、ディーワーリーの九日前にあたるカルワー・チョウトは、ヒンドゥー教の色合いが濃い祝祭ではあるが、実践が選ばれていた。ディーワーリー本祭をはさむ五日間については、四日目までは、ディーワーリー本祭当日も含め非実践であったのに対して、五日目のバイヤー・ドゥージだけは実践という選択になっていた。

ここで改めて指摘しておきたいのは、実践／非実践の選択と、それぞれの儀礼の意味と機能、そして「幅」の関係である。すなわち、一連の儀礼・祭礼のなかで、彼らが実践を選択したカルワー・チョウトとバイヤー・ドゥージは、ともにその意味と機能が、家族（親族）との関係性を確認・強化するというものとなっている。つまり、その神話的伝説がいかなるものであれ、神との関係性というよりは、自身と他者（特に家族・親族）との関係性を取り結ぶ儀礼が重要視されていると考えられるのである。

また、特にバイヤー・ドゥージの場合、単に現在同居している家族内で収まる儀礼ではなく、嫁ぎ先／元との関係を取り結ぶものである。すなわち、儀礼の実践の「幅」が、同居の家族内のみではなく親族にまで広がる／つながるものであり、ゆえにこそ、そうした関係性の確認・維持のため、実践が選択されていると捉えられる。

先行研究の多くで指摘されているように、改宗仏教徒は、基本的にヒンドゥー教に対して（より正確には、ヒンドゥー教でいわれる差別的思想に対して）反発心を抱いている。しかしだからといって、あらゆるヒンドゥー的なるものと「断絶」するわけではない。上で取り上げたアマン家の実践にみられたように、家族・親族関係を取り結ぶものについては、むしろ積極的に遂行しているということができる。現実に生活するうえでの、人間関係のつながりの希求ともいえよう。しかしまた同時に、ディーワーリー本祭の日におけるブッダの生涯のビデオ視聴や、儀礼の「積極的な非実践」という選択にみられるように、「仏教徒としての自己」の明確で強い発信も確認された。こうして、宗教的儀礼の実践／非実践を選択するなかで、特に親族・姻族をはじめとする他者とのつながりを維持・希求し、また同時に、当該宗教に対する自己の観念や信念が確認（再認）されていると考えられる。ここからは、社会における自己の立ち位置を模索し、また新たな形での確立を試みている改宗仏教徒の姿をみることができるのではないだろうか。

4 「改宗仏教徒」による解放実践②——次代への継承と発展を求めて

本節では、改宗仏教徒のなかでも「エリート」と捉えられる人々による社会的活動、特に、自コミュニティにおける公益的な活動について検討を行いたい。第1節で簡単に紹介したが、留保制度とは、独立インド憲法下に定められた制度であり、社会的に後進とされる人々に対して、議席・就職・就学の三分野において、一定の配分を優遇措置として割り当てる政策のことである。対象となるのは、指定カースト（Scheduled Caste 不可触民）、指定トライブ（Scheduled Tribe 先住部族）、その他の後進諸階級（Other Backward Classes）の人々であり、中央・州・村落の各議会レベルでの議席、公務員職への就職、高等教育への就学において、基本的に人口規模に応じた留保枠が設定されている（その他の後進諸階級に対しては、就職・就学での留保となる）。

一九五〇年のインド憲法施行以来、半世紀以上を経た現在、留保制度の効果を確実に認めることができる。それは、留保制度の対象となる各階層において、社会経済的状況が向上した人々が登場していることに代表される。一方、留保制度に関わる問題も少なくない。そのうちの一つが、留保対象層内部における格差の問題である。留保制度の恩恵を受けた人々が社会経済的に優位になり、その優位性が子や孫の後代に引き継がれるという事態である。すなわち、一度留保制度の恩恵を授かった人々は、それを有効な社会資本としてのちの世代に資することができ、留保枠内での競争で優位に立つことができるということである。これは、家族・親族のレベルでもあり得るし、また、ジャーティ（カースト）間における格差問題としてもみることができる。つまり、留保制度の恩恵を受け得る層が、特定の家族・親族、あるいはジャーティに固定化してしまうという問題である。

この問題は、特に「ハリジャン・エリート」との概念化のうえで議論されてきた（Sachchidananda 1976; Mallick 1997; Mendelsohn and Vicziany 2000）。すなわち、独立以後、留保制度の恩恵を受けて、高等教育ならびに公的雇用を得た人々が社会的上昇を果たし、学歴・収入の面で「エリート化」してその多くが都市に移住・定住する。そして経済的なゆとりから、自分の子どもたちの教育に金銭を注ぎ込むことが可能となって、子弟自身もエリート化していき、権益を受けなかった層との格差が拡大し、階層として固定化されていく。こうしてほとんどのハリジャン・エリートは、自らの出自コミュニティから隔絶化するというものである。

しかし一方、同じような社会的・経済的な経緯や背景をもって登場しているエリートたちのなかに、積極的に社会運動、具体的には解放運動や社会的活動に参与する、あるいは主導する動きも認めることができる。ここでは、先のハリジャン・エリートと対比させる形で、そうした傾向をもつ人々のことを「エリート・ダリト」と呼びたい。エリート・ダリトには、大きく二つの役割と機能があると考えられる。一つは、「ピボットとしてのエリート・ダリト」であり、もう一つは、「ロール・モデルとしてのエリート・ダリト」である。

まず、ピボットとしてのエリート・ダリトという側面に関して、仏教改宗が進展する大まかな経路からみてみたい。インドの仏教組織の多くは、全インドレベルの親組織のもとに各地域において支部が組まれており、それぞれが独自に仏教集会を企画・運営するという形式をとる。そこでは、エリート・ダリトが支部の中心となって企画・運営がなされている。そうした仏教集会に基づいた活動や指針などが、支部が存する村落の中心人物たちに浸透していき、村落に仏教やアンベードカルの教えが持ち帰られる。それを受けて、村のなかで議論が行われたのち、改宗――おもに集団改宗という形をとる――へ至っていく、という経路が確認される。すなわちエリート・ダリトの人たちは、仏教改宗という重要なモメントの出発点であり、また活動の起点かつ軸点ともなっている。これがピボットとしての役割である。

いま一つは、ロール・モデルとしてのエリート・ダリトという側面である。先述したように、エリート・ダリトたちは仏教運動の中心に位置して、教えの普及や儀礼執行など各種の活動を主導している。そうしたなかで、運動のリーダーとしてのエリート・ダリトと、ときに異カーストとなるフォロワーとしての村落の人々が、集会や儀礼の場において接触・交流することになる。村落の人たちにとってみれば、非常に身近なところで、自分たちと同じダリトの出自をもつ人物が、豊富な仏教に関する知識を有し、英語を話し、また高等教育・公務員職を経て、退職後には多額の年金を得て経済的にも裕福となる様子を目の当たりにすることになる。つまり彼らは、同じダリトとされる人物の一つの「ロール・モデル」に直に接し、教育の重要性や就職の糸口などを強く認識することなる。ここに、仏教改宗運動、ひいてはダリト運動におけるエリート・ダリトの重要性、すなわち、運動のリーダーかつピボットであり、またフォロワーにとってはロール・モデルとしてあり得る存在として、その意義を認めることができよう。

以上から、ハリジャン・エリートの議論でいわれるように隔絶化が拡大していくと、ピボットとしての役割はもとより、ロール・モデルとしての役割も困難となり、エリートたちは嫉妬の対象、あるいは、他のダリトとは遠く離れた存在となる。しかし、エリート・ダリトという捉え方では、多くの人々と直接に関与する者となり、ダリトの人々やダリト運動を代表的に牽引・主導する存在として、その重要性を指摘することができる。

以下、自コミュニティに還元するエリート・ダリトの事例を取り上げてみていきたい。舞台は南インドのカルナータカ州、アラビア海に面したインド南西部沿岸のマンガルールという町である。そこには、町の中心部から少し離れたところで、地域に根を置きながら活動を展開する、マンガルール仏教徒大協会（Buddha Mahasabha, Mangaluru）がある。この組織は、州内で中心的に活動するベンガルール大菩提協会（Maha Bodhi Society, Bengaluru）とゆるやかに関係を有しながら、地域に仏教活動を展開すべく努めている。

以下、同協会の設立メンバーの一人であり、二〇一七年時点において代表のヤティシャについて触れながら、同協会の活動の概略を紹介したい。ヤティシャは、ダリトに出自をもつ、学士号を有し、政府系の鉄鋼会社で働く壮年の男性である。彼は、二〇〇〇年五月にベンガルール大菩提協会が主催する集会に参加し、そこでアンベードカルと仏教について詳細に知ることになった。強い感銘を受けたヤティシャは、二〇〇三年五月に妻子とともに改宗儀礼を受け、翌二〇〇四年五月にマンガルール仏教徒大協会を創立した。以降、地域において、生誕儀礼や命名儀礼、婚姻儀礼、葬送儀礼等、仏教式の儀礼を行っている。毎日曜日の朝には集まって勤行を行い、また年間複数回、ブッダの教えを学び、瞑想に勤める集会を主催している。ほか、学校の休暇期間には、子どもたちを対象とした子どもキャンプを開催し、同じくブッダの教えの普及と瞑想や読経の指南をしている。

同協会の特筆すべき活動としては、メンバーや支援者からの寄付をもとに各種基金を設置していることである。経済的困窮層となる家庭を対象に、毎月、食糧支援や医療支援を行っている。また、子どもたちに対して（二〇一四年三月の時点で五〇名の子どもたちが対象）、五年生以上大学卒業まで無料でノートを配布しており、八年生から大学卒業までは、一人あたり年間五〇〇ルピー（日本円でおよそ八〇〇円）の奨学金を給付している。

以上がマンガルール仏教徒大協会の活動概略となるが、注視すべきは、子どもたちへの働きかけである。協会では、子どもたちを対象としたキャンプを主催し、仏教の普及を試みると同時に、経済・教育活動として必要物資や奨学金の支援を行っている。また別途、成績優秀者を対象にした奨学金の給付も行われている。同協会の課題として、「自分たちのなかから仏僧を育て上げること」（ヤティシャ、二〇一五年三月二〇日）があることもあり、次世代への教育・期待が重視されている。しかし、協会の活動は仏教改宗者の増加や仏僧の育成に必ずしも直結するものでもなく、また、直接的な仏教運動としての成果が志向されているわけでもない。「地域のなかから（仏僧となる人が）自発的に出てくることが重要」（ヤティシャ、二〇一五年三月二〇日、括弧内は筆者による補足）なのであり、次代を担う子どもたちの教育と意識の向上、そしてコミュニティ全体としての未来の可能性に主眼が置かれていると捉えられよう。

すなわち、マンガルール仏教徒大協会としての活動は、協会の主要メンバーを中心として、支援者や関係者、自コミュニティの子どもたちを巻き込みながら、公益性を求め、結果、意図的にせよ非意図的にせよ、そこに新たな社会の展望が求められていると考えられる。この新たな社会とは、平等主義を基軸とする仏教のもとに、さまざまな社会的背景を超えて、かつ、時間軸を貫いて拡がる人々のつながり、つまり、拡大する公共空間を見通すことができる社会のあり方と考えられるのではないだろうか。

5　おわりに——つながりを求めて

本稿では、インド社会における宗教状況を踏まえたうえで、「不可触民」による仏教改宗を解放実践と捉え、「改宗仏教徒」たちが社会とのつながりを求める姿——他者とつながる姿、社会（の未来）とつながる姿——を取り上げ、検討を行ってきた。そこでみられたのは、特に現代インドにおけるヒンドゥー・ナショナリズムの興隆にみられるような、政治性と宗教性が紛糾する状況ではなかった。彼らは「生」を中心にすえて、政治／宗教という二分法を超え、自身だけではなく、他者やコミュニティ、社会全体がよりよきものとなることを求めていた。これはすなわち、アンベードカルが改宗という行為において主張した、自身および自コミュニティの発展の追求と捉えられよう。また同時に、被差別や被抑圧とは異なる形での社会とのつながり――平等的関係性に基づいたつながり――のあり方、つまり新たな公共空間の希求と考えられよう。

上で触れたように、インド社会の文脈において、改宗はほとんどの場合、集団改宗の形をとる。ここでは、「宗教の個人化」といった姿とはまったく別様の文脈での宗教のあり方をみることになる。その一例が、本稿で取り上げた、宗教実践を一つの契機として、個人・家族を超えて、親族・姻族、そしてカーストを基盤とした自コミュニティへと拡がるつながりを求めるあり方であった。こうした動きは、特に「不可触民」とされる人々からの新たな公共空間創出の試みであり、つまりは真に平等主義的な公共性を喚起・生成する一つのきっかけとなるものと考えられよう。

宗教と社会との関わりを問うに、さまざまな視角があろうが、本稿で取り上げたインドの「不可触民」による仏教改宗の事例は、被差別状況にある存在ゆえの切実な社会とのつながり、そして、よりよい生の希求の姿とみることができるだろう。人々が宗教に求めるものとは、畢竟、自らを取り巻く他者や社会とのつながりそのものなのではないだろうか。また宗教が人々に対してなし得ることとは、そうした切実に求められるつながりのよすがとなること、ただそれだけではないだろうか。

註

（1）[http://www.censusindia.gov.in/], Census of India, 2011, Office of the Registrar General & Census Commissioner, Ministry of Home Affairs, Government of India.（二〇一八年四月九日最終アクセス）

（2）一八二八年、ベンガル地域において「近代インドの父」とされるラーム・モーハン・ローイ（一七七四－一八三三年）によって設立されたブラフマ・サマージは、カースト制度への反対、寡婦殉死（サティー）の非合法化など、社会改革運動を推進した。

（3）アーリヤ・サマージは、ダヤーナンダ・サラスヴァティー（一八二四－一八八三年）によって、一八七五年、ボンベイ（ムンバイー）において設立された。「ヴェーダに帰れ」とのスローガンのもと、当時のヒンドゥー社会を批判し、カースト差別批判、偶像崇拝・聖地巡礼・祖先崇拝の排斥、女性の地位向上の主張など、社会改革運動に専心した。

（4）コミュナリズムは、宗派主義（ないし党派主義）を意味し、特にインドの文脈においては、多数派のヒンドゥー教徒とその他の宗教徒、とりわけムスリムとの間の対立・紛争を指す。

（5）ヒンドゥー・ナショナリズムは、「ＲＳＳ（Rashtriya Swayamsevak Sangh 民族奉仕団）」を冠の組織として、そのもとに、「サング・パリワール（Sangh Parivar 家族集団）」と総称される諸活動団体がある。思想面を担うヒンドゥー聖職者団体である「ＶＨＰ（Vishva Hindu Parishad 世界ヒンドゥー協会）」や、過激な行動をとる実働部隊の「バジュラング・ダル（ハヌマーンの軍隊）」、政党の「ＢＪＰ（Bharatiya Janata Party インド人民党）」など、その組織と活動は多岐にわたる。特にＢＪＰは、二〇一四年五月の下院議会総選挙で圧勝して過半数を確保し、ナレーンドラ・モーディー首相のもと、二〇一八年四月時点のインド政権を担っている。

（6）一九八〇年代以降、特に活発化・過激化したヒンドゥー・ナショナリズムの動きは、一九九二年のアヨーディヤー事件において一つの山場を迎える。ヒンドゥー教徒にとっての聖地である、ラーマ神の生誕地とされる北インドのアヨーディヤーに立つモスク（バーブリー・マスジド）が、一二月六日、熱狂するヒンドゥー・ナショナリストたちによって破壊された。この破壊行為を受けて、インド各地で両宗教徒間の争いが激発した。また二〇〇二年二月二七日には、インド北西部のグジャラート州において、ヒンドゥー・ナショナリストたちが乗った列車が放火され、それに対してムスリムに激烈な報復行為を起こすというグジャラート州暴動が起こった。なお、当時のグジャラート州首相は、現インド首相のナレーンドラ・モーディーであった。

（7）オーディシャー（オリッサ）州（一九六七年）、マディヤ・プラデーシュ州（一九六八年）、アルナーチャル・プラデーシュ州（一九七八年）、チャッティースガル州（二〇〇〇年）、グジャラート州（二〇〇三年）、ヒマーチャル・プラデーシュ州（二〇〇七年）である。

（8）［http://www.censusindia.gov.in/］, Census of India, 2011, Office of the Registrar General & Census Commissioner, Ministry of Home Affairs, Government of India.（二〇一八年四月九日最終アクセス）

（9）第3節ならびに第4節での登場人物の氏名は仮名となる。

参考文献

アンベードカル、B・R
　1994『カーストの絶滅』（インド——解放の思想と文学 第5巻）山崎元一・吉村玲子訳、明石書店。
　2004『ブッダとそのダンマ』山際素男訳、光文社新書。
キール、ダナンジャイ
　1983『不可触民の父 アンベードカルの生涯』山際素男訳、三一書房。（Dhananjay Keer, 1971[1954], *Dr. Ambedkar: Life and Mission*, Bombay: Popular Prakashan.）
中里成章
　2008『インドのヒンドゥーとムスリム』山川出版社（世界史リブレット71）。

中谷哲弥　2010　「多宗教世界」田中雅一・田辺明生編『南アジア社会を学ぶ人のために』世界思想社、pp.92-103.

Ambedkar, B. R.

1997 *The Buddha and His Dhamma*, Taipei: The Corporate Body of the Buddha Educational Foundation.

2004 *Conversion as Emancipation*, New Delhi: Critical Quest.

Gokhale, Jayashree B.

1986 The Sociopolitical Effects of Ideological Change: The Buddhist Conversion of Maharashtrian Untouchables. *Journal of Asian Studies* 45(2): 269-292.

Mallick, Ross 1997 Affirmative Action and Elite Formation: An Untouchable Family History, *Ethnohistory* 44(2): 345-374.

Mendelsohn, Oliver and Marika Vicziany

2000 *The Untouchables: Subordination, Poverty and the State in Modern India*, Cambridge: Cambridge University Press.

Sachchidananda

1976 *The Harijan Elite: A Study of Their Status, Networks, Mobility and Role in Social Transformation*, Faridabad: Thomson Press (India) Limited.

第11章　女神に付与された複数の公共性

——北インドの宗教的な慈善団体とヒンドゥー寺院

田中鉄也

1　はじめに

本稿[1]は、北インドのヒンドゥー寺院を拠点に展開される宗教的な慈善活動への分析を通じて、宗教の公共的役割の諸相を明らかにすることを目的とする。本稿の研究対象は西ベンガル州カルカッタ（現コルカタ）で組織されたケーリヤー・サバー（ケーリヤー団体）である。この団体は英領インド期に設立された同コミュニティの支援団体を前身とし、一九九〇年代からラージャスターン州ケール村にケーリヤーのクル・デーヴィー（家の女神）を祀った寺院を運営している（地図1）。

この寺院の特徴は、女神を中心とした宗教実践の場としてだけではなく、慈善活動の拠点として

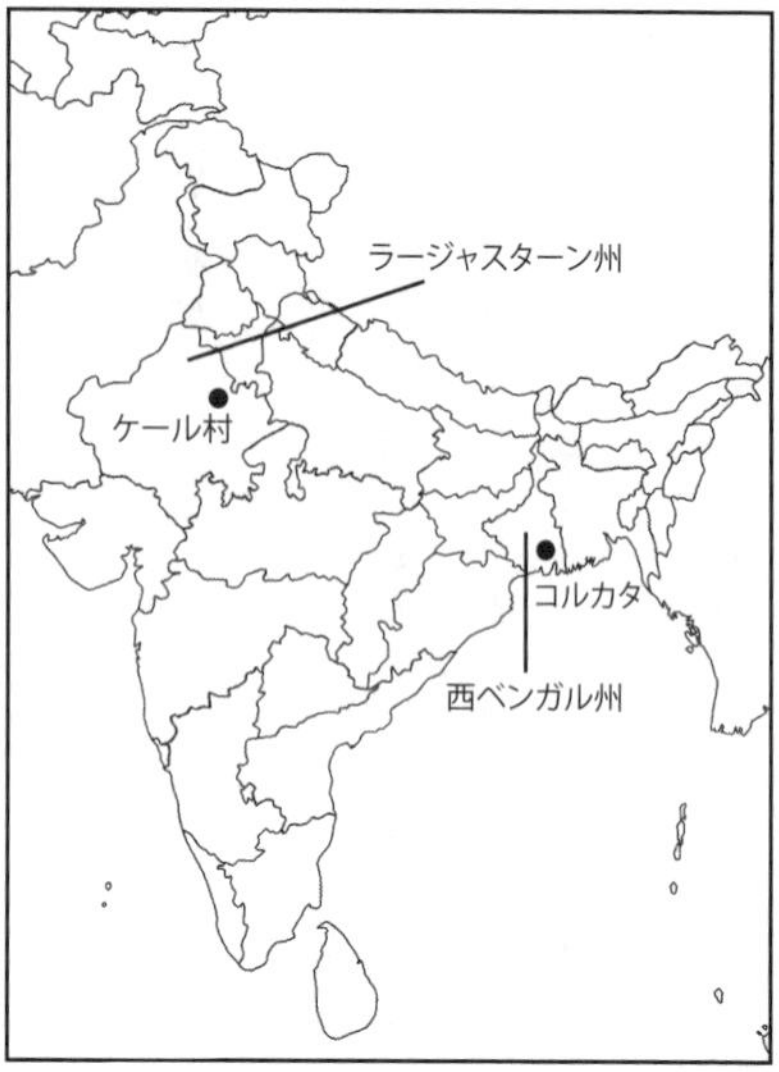

地図1　調査地ケール村とコルカタ

機能している点、さらにその慈善活動が誰のためにあるのかが明確に定義されている点である。この団体は慈善活動の受益者を抽象的な社会全般とするのではなく、ケーリヤー・コミュニティ（インド全土のケーリヤーの姓を持つ人々）[2]とそれ以外の人々（特にケール村の住民）に規定している。

本稿は、第1節で現代インドの公共圏の実態とそこで積極的に活動するボランティア団体の一つである宗教的な慈善団体を紹介し、先行研究に欠けていた宗教の公共的役割に対する視座の重要性を確認する。第2節では、ケーリヤー団体を設立したマールワーリー商人に注目し、マールワーリーの慈善活動への関わりを概観したうえで、一九一三年から一九七七年までの団体の活動史を明らかにする。第3節では、なぜこの団体が一九九〇年代から寺院運営を開始し、ケーリヤー・コミュニティのみならずケール村の人々も活動の受益者に含めるようになったのか、明らかにする。団体による宗教的な慈善活動に対して、同コミュニティと村民は、団体の目論みを直線的に受け入れてきたわけではない。団体と村民各々の見解の差異に着目し、女神に付与された公共的役割の諸相を明らかにしていく。

分断された公共圏

ハーバーマスによれば、一八世紀イギリスやフランス、ドイツで、カフェやサロン、雑誌などに私人が集まり公共の問題に関して公に合理的・批判的な議論ができる「公共圏」が誕生した。彼にとって公共圏は、国家と市民社会の中間に位置づけられ、人々の合理的・批判的な議論が熟成し、公権力を監視するような公論が形成される領域である（ハーバーマス 1994）。現代インドにおいても、ハーバーマスの公共圏は分析概念として広く受け入れられた一方で、その概念的妥当性は批判的に検証され、彼が意図したものとは異なる形でインドの公共圏は誕生・発展してきたと理解される（van der Veer 2006: 266-267）。

たとえば、ハーバーマスの議論で長らく欠けてきた文化やアイデンティティさらに宗教の問題（キャルホーン 1999: 25-28）は、植民地期のインドで公共圏の誕生を促した主要素である。S・フライタークは一九世紀末の北インドにおける牡牛保護運動を分析し、ヒンドゥー教徒を統合するシンボルとしての牡牛保護がイギリス植民地政府に対する対抗的公共圏の端緒となったことを明らかにしている（Freitag 1989: 148-174）。そこでは合理的・批判的な議論を通じてではなく、公共空間における集団儀礼や抗議活動を通じたヒンドゥー的な公論が形成されたとされる（粟屋 2002: 146）。

またインドの植民地的公共圏に集ったのは、私人というよりは様々なコミュニティであった。それまでの村落など地域的境界で限られた紐帯を超克するために、インド亜大陸に広がるカーストや宗派またはエスニシティへの帰属意識が強調され、各コミュニティの問題が「公共の問題」として積極的に議論されるようになった（Bhattacharya 2005: 139-140）。本稿の分析対象であるケーリヤー団体も、二〇世紀初頭から独立期にかけてこのようなコミュニティの問題を公に議論し、彼らなりの「公益」概念を構築してきた（田中 2018）。

現代インドにおいても、同じ出自（カーストや宗派など）に参加資格を限るが、参加する者の意思を尊重し自発的な側面を有した団体が、公共空間で積極的に活動している（Rudolph 2000: 1767）。このような団体は、誰もがアクセスできる形で公に議論を提示してはいるのだが、そこで議論されている問題はあらゆる人々の利益を問うものとは言いがたく、また誰しもが議論に参加できるわけでもない（Bhargava 2005: 17）。よしんば議論に参加したとしても、その対話は参加者すべての意見を調停し、各々が満足する水準の公論に至る保障はない。むしろ対話は公共圏でヘゲモニーを握る支配言語や経済的・社会的・制度的権威に裏打ちされた方便によって主導され、そこから外れる人々はただ発話するだけで、翻訳されるわけでも考慮されるわけでもない（Chandhoke 2005: 334-346）。

このようにインドの公共圏はカースト、宗派、階層、さらには言語等によって分断され、差異化している（Bhattacharya 2005: 153）。本稿でケーリヤー団体による寺院運営を分析対象に取り上げることによって、このように差異化した公共圏の実態、さらには宗教的な慈善活動の公共的役割がいかに複層化しているのかを明らかにすることができる。

宗教的な慈善団体

「ＮＧＯ大国」として知られるインドでは、開発の場面のみならず経済、政治そして宗教の目的においても民間を主体とした社会活動が積極的に行われてきた（大橋 1997）。社会活動を担うボランティア団体は幾万も存在し、その中には中央・州政府または国際機関から助成金を得て開発の場面で活躍する団体から、助成金ではなく国からの認可を得て公益活動を展開する団体、さらにはローカルな場面で慈善活動を展開する私的な団体など、多様にある(3)。

ボランティア団体の組織形態（信託や団体）を規定する法律は英領インド期に形成された。たとえば、インド大反乱（一八五七－一八五九）以後の治安維持を目的に「七名以上のあらゆる団体」に登録を義務付けた法律である「団体登録法（Societies Registration Act）」（一八六〇年）は一種の治安立法として根拠づけられた。この法に基づくボランティア団体の国家的認可の問題点は、認可主体の中央・州の内務省が団体に対する監督権を無制限かつ恣意的に行使する点、または団体の役員選任をめぐる内紛に行政が関わることで政治化する点などが挙げられる（佐藤 2001: 81-82）。

一九八〇年代になり中央政府がボランティア・セクターを開発のパートナーと位置づけるようになると、両者の関係性はより密なものへと進んだ。第六次五カ年計画（一九八〇－八五）ではボランティア団体への助成金援助が始動し、第七次五カ年計画（一九八六－九〇）ではボランティア団体が農村開発と貧困軽減事業の核として位置づけられた。一九九〇年代になると助成金や政策において国家のボランティア・セクターに対する影響力は大きくなり、ボランティア団体と国家との関係性は緊密になったがゆえに緊張感が帯びるようになっている（Kudva 2005: 244-245）。

国家から助成金が支援されている団体は、原則的に非宗教的で民主的な組織であることが求められる（佐藤 2001: 87）。他方で、助成金を得ていない団体には、宗教的な組織を母体とするものが多い。このような宗教的な慈善活動を営む団体も、国家から公益に資するものと認可され、所得税控除を受けることができる。本稿ではこのように国から認可され、所得税控除のライセンスを得たうえで宗教的な慈善活動を展開する団体を「宗教的な慈善団体（Religious and Charitable Organization）」と定義する。

近年インドではこのような宗教的な慈善団体が注目を浴びている。(4) これは欧米や日本で展開されてきた公共空間における「宗教の社会貢献」に関する研究動向と期を一にしたものである（ハインズ 2010、稲場・櫻井 2009）。たとえばM・バーノーとP・ナーヤルはインドの宗教的な慈善団体を、宗教社会学の組織概念であるＦＢＯ（Faith-Based Organization）として分析する（Bano and Nair 2007）。彼らが援用するＦＢＯは、欧米社会でキリスト教を中心とする宗教団体が組織した非営利的組織を指す際に用いられる概念で、特に民間の福祉活動のみならず国家的な公共政策の担い手として活動している（Clarke 2006: 837）。しかし筆者たちも認識しているように、インドの宗教的な慈善団体は、ローカルな次元で慈善活動を担う一方、国家から助成金を得ることはなく、公共政策からは切り離された存在である（Bano and Nair 2007: 26-28）。ＦＢＯという欧米型の組織概念を用いることで、逆にこれらの団体の特徴が分かりにくくなっている。

またP・ミシュラ（Mishra 2008）がビハール州の、そしてK・I・シン（Singh 2008）が北東インドの宗教的な慈善活動をそれぞれ紹介しているが、両者ともにヒンドゥー教をはじめとする南アジアの諸宗教がいかに伝統的に慈善活動を担ってきたのかを指摘するだけに留まっている。すなわち彼らの分析はこれらの団体の社会貢献を紹介したにすぎず、社会貢献の背後には、慈善活動の名のもとに公共空間で展開される宗教実践の意義や課題に対する視座、またそのうえで必然的に宗教が帯びる公共性への批判的検証が欠けているという問題がある。

宗教の公共的役割

現代インドにおいて宗教の公共的役割を声高に語ってきたのが、RSS（Rashtriya Swayamsewak Sangh 民族奉仕団）を中心に一九八〇年代から拡大してきたヒンドゥー・ナショナリズム運動である。この運動はヒンドゥー的な理念やシンボルをインドの国民統合の軸とする政治潮流で、そのイデオロギー的基盤にヒンドゥトワを据える。ヒンドゥトワとはヒンドゥーのよって立つべき根本的原理とされ、アーリヤ人がインダス川以東に建国した母なる祖国（ヒンドゥスターン）に生を受け、サンスクリット文化によって結びついたあらゆる人々が、一つの民族（ヒンドゥー・ラーシュトラ）を形成すべきという。これはムスリムなどの非ヒンドゥーをも包含する一見寛容な原理であるが、私的領域における個人的信仰を認める半面、公共空間でのヒンドゥトワの遵守の強制が含意される（Jaffrelot 1996: 25-33）。

一九九二年のバーブリー・マスジッド倒壊事件(5)によって象徴的に語られるように、一九八〇年代後半からヒンドゥー・ナショナリズム運動は一般大衆に広く浸透していった。RSSの派生団体であるインド人民党(Bharatiya Janata Party)は宗教的アイデンティティを政治的争点としたアイデンティティ政党として支持を集め(中溝 2012: 26)、一九九八年にはBJPを中心とした連立政権の樹立に至った。

ヒンドゥー・ナショナリズム運動は、政治的局面のみならず慈善の場面においても積極的な活動を展開してきた。この運動の社会活動に関する先行研究では、運営者たちによる慈善活動がいかにヒンドゥー・ナショナリズムに基づき、参加者もまたそれに感化されたのかが直線的に描かれる傾向にある。たとえば三尾稔は、ラージャスターン州のヒンドゥー・ナショナリズムに感化された若者たちが伝統的な祭式ではなく、より見物人が集まるスペクタクル性の高い舞踊祭礼を導入し、人気を博してきた事例を報告している。主催者たちはこの祭礼を娯楽としてではなくヒンドゥー文化の復興として強調し、多くの参加者が集まることがそのままヒンドゥー意識の高揚に直結すると解釈する(Mio 2008: 249-252)。またRSSの教育団体の活動を分析したP・ナーヤルも、マディヤ・プラデーシュ州等でのヒンドゥトワを重視した教育カリキュラムを通じて、この団体がいかに多くのRSSやBJPのメンバーを育成してきたかを指摘する(Nair 2009: 50-61)。

これらの先行研究では、公共空間における宗教実践の分析において、多分に運営者の意図が重視され、いかにその意図が参加者にも反映されるかという点に焦点が当てられる。しかしRSSの慈善団体の活動を検討した中島岳志は、デリーのスラムにおける彼らの活動を分析したうえで、活動家や受益者がその影響を直線的に受け取っているわけではないことを指摘する。社会奉仕に従事する活動家はみな「自己のなすべき役割を果たす（ダルマ）」という思いを共有しているとはいえ（中島 2005: 276）、彼らのなかでもヒンドゥトワへの意識は一枚岩ではなく、それに対して無関心な者もいる。スラムの受益者もヒンドゥー・ナショナリズムを飼いならし巧妙に利用する者もいれば、この運動を支える末端成員になる者もいる。「このような矛盾に満ちた言説や行為の重なりのなかで、サバルタン的公共性は構築されている」と中島は指摘する（中島 2005: 299）。

ヒンドゥー・ナショナリズム運動以外にも、現代インドにおける宗教の公共的役割の一端を示すものとして、一九九〇年代半ばから多くの人々が理想的な社会や善き生を主張するうえで盛んに宗教的なイディオムを用いるようになっている。田辺明生はこれを「民衆が自分たちのことばで政治と社会を語り、自らの生活形式に即した政治と社会のあり方を公共的な活動を通じて求める動き」と指摘する（田辺 2014: 236）。

本稿もこれらの近年の動向を踏まえたうえで、ケーリヤー団体が公共空間で展開する宗教的な慈善活動に参加する多様な人々に注目し、それぞれが錯綜する関係性のなかで、複雑な絡まりを通じて公共性を創造していく過程を明らかにする。この事例でも、運営者たちの意図をくみ取り共鳴する参加者がいれば、逆に無関心な者やそれとはまったく異なる期待を抱く者も確認できる。寺院を舞台にした宗教的な慈善活動という形でケーリヤー女神に公共的役割が付与される場合、その公共性は参加者の多様性に従って複層化することが考えられる。

2　マールワーリー商人と宗教的な慈善団体

カルカッタの宗教的な慈善団体ケーリヤー団体は、もともと一九一三年にラージャスターン州から当地へ商売の機会を求めて移住したケーリヤーに帰属するマールワーリー商人によって創設された。本節ではまず、マールワーリーをはじめとするヒンドゥーの商人たちにとって慈善とは何かを明らかにしたうえで、国家によって宗教的な慈善団体がいかに管理されてきたのかを概観する。以上を踏まえたうえで、一九一三年から一九七七年までの団体の活動史を明らかにする。

マールワーリーと慈善

マールワーリーとは語義的にはマールワール地方（現在のラージャスターン州中西部）出身者を意味し、一六世紀中ごろベンガル地方にやってきた商業従事者の自称に由来する。彼らは同郷者を呼び寄せ商業の基盤を東インドに築き始めた。するとマールワール地方出身者だけではなく、ラージャスターンもしくはそれに隣接する地方出身の商人たちに対してもその呼称が用いられるようになった（Timberg 1978: 10）。一方でラージャスターンに居住する商業従事者がすべてマールワーリーと呼ばれるわけではない。「ラージャスターンを離れて初めてマールワーリーになる」といわれるように、そこから離れて別の地で生活しながらも、生まれ故郷（ラージャスターン）への愛着を持ち続ける人々がマールワーリーと呼ばれる（Hardgrove 2004: 6）。

一九世紀に入るとマールワーリーは交易の拠点を求め全国的に拡散し始めた。一八六〇年代にデリー・カルカッタ間の鉄道が完成したことによって、ベンガル管区への進出は加速した。彼らはやみくもに商業機会を求めてカルカッタへ行ったわけではなく、すでに当地で商会を営む親族を頼って移住した。このような親族組織を基にした互助的ネットワークは、婚姻対象者を故郷（ラージャスターン）から選び、地域的な帰属性を維持することによって強化された（Bayly 1978: 179-180）。一九世紀後半になると、商品作物への投機によって財を築いた彼らは、ベンガル管区でイギリス人商人とともに貿易・金融の支配的なポジションを確立し始めた（Markovits 2008: 202）。

しかし移住先での経済的成功はカルカッタの地元社会から「新参者」としての嫉妬と羨望の眼差しを向けられることをも意味した。ラージャスターン的な服装、慣習そして言語など、彼らがコミュニティ・アイデンティティの象徴として維持してきた「お国文化」は、カルカッタでの自らの異邦人性をことさら際立たせた（小松 2013: 137-140）。マールワーリーが誇る地縁に基づいた互助的ネットワークは、結果として他のコミュニティからの富の独占を招き、「強欲で吝嗇、そして利己的な商人」としてのネガティヴ・イメージが形成された。

このような社会的評判を克服するために、マールワーリーにとって慈善活動は格好の手段であった。伝統的に慈善は宗教的なものからそうでないものまで多岐にわたる。たとえばC・ベイリーはバナーラスで活躍した一八世紀の豪商たちの慈善活動として、サンスクリット語学校、宿坊や牛舎の施設運営から、貧民やブラーフマンへの食事提供までも挙げている。彼によれば、このような豪商たちの活動は、自らの経済的成功の誇示以外に、地域社会の大人物としての象徴的贈与をも意味した（Bayly 2001［1983］: 373）。

一九世紀後半になると港市スーラトの商人たちはイギリス人行政官の好むような図書館や病院運営などの慈善活動にも着手し始めた（Haynes 1987: 345-354）。このように慈善活動は、宗教的なものから世俗的なものまでが混在した状況にあり、商人たちは在地社会と植民地政府との要望に臨機応変に応え、それぞれが望む慈善を実施し、政治的権力と社会的名声を確保してきた。

マールワーリーもまた一九世紀後半から故郷（ラージャスターン）へ積極的に慈善活動を行ってきた。C・マルコヴィッツはその理由をベンガル管区などの商売を拠点とする場所で所得税法が施行・改正されることによって生じた「税金逃れ」にあったと指摘する（Markovits 2008: 204）。この税金逃れは、一八八六年改正の「所得税法（The 1886 Income Tax Act）」に始まり、そして「慈善的および宗教的な信託法（Charitable and Religious Trusts Act）」（一九二〇年）などによって「宗教的そして慈善的な財産由来の所得の税金免除」という制度枠組みが定義されたことによって促進した。一九二〇年代からマールワーリーをはじめとする商人たちは、宗教的な慈善団体を組織することによって、所得税控除という「利権」を認知するようになったのである（Birla 2009: 109）。

この利権とは単に団体運営に関わる所得税控除だけではなかった。当時のマールワーリーによる団体運営を分析すると、慈善活動の受益者を自分たちの家族に設定し受託者の親族間の「私的」な財産共有のために行っていたことがわかる（田中 2018: 37-39）。それは端的に言えば運営者と血縁関係にある貧しい家族を支援することに「公益性」が認められたことを意味する。二〇世紀初頭までマールワーリーは合同家族の財産の一部を宗教的な慈善団体へ再編し、受益者を自分たちの親族とすることで、自分たちの財産を守ってきたのである。

ケーリヤー団体の誕生

インドが独立しジャワハールラール・ネルーを首相とした国民会議派政権が樹立すると、登録時に行政当局によって宗教的な慈善団体の公益性が審査され、認可された場合も毎年度の活動報告や収支報告が求められるようになった。各団体は認可という形で国家による規制と監視を一方に、認可後の財や活動の自律性の担保を他方においたバランスの下にある。しかし独立以前のように受託者の親族間の私的な財産共有のための団体であった場合、所得税控除のライセンスが破棄されるようになった。

では独立後のインドにおける「公益性」とはどのようなものなのだろうか。新政府による規制はこの点をあいまいにしたまま、数々の団体を規制していた。そこで多くの団体は訴訟などを通じて、自分たちの活動の「公益性」を明らかにし、国家もまた裁判所の判断に従いながら「公益性」を定義づけたのである。ケーリヤー団体もまたこの課題に直面した組織として、裁判を通じて独立後の国家的規制に抵抗するようになった（田中 2018: 36-39）。この一連の動向を確認するために、まずは話を少し英領インド期に戻したい。

一九一三年に設立した団体の前身「ケーリヤー支援協会ならびに基金」は、カルカッタに住む同郷者・親族（マールワーリー・ケーリヤー）を支援するために組織されたものである。一九三一年に運営者が受益者を「ケーリヤー・コミュニティ」と規定して慈善団体に再編すると、植民地当局は「公益」に資するものとして、所得税控除のライセンスを認めた。

(1)ケーリヤー・コミュニティの社会的・道徳的・身体的・物質的向上を目指す。
(2)商業・産業を進展し、同コミュニティの社会的後発性を解消する。
(3)インド全土に団体の各支部を設立する。
(4)同コミュニティが結婚や葬儀に使える基金を設立する。
(5)同コミュニティに贅沢を謹むよう道徳心を養わせる。
(6)同コミュニティの女性の不安を取り除くために、孤児院、未亡人の保養所、病院を設立する。
(7)同コミュニティに教育を浸透させる。
(8)同コミュニティの教育機関を設立し、学生支援の奨学金を設立する。
(9)同コミュニティのために婚姻・宗教儀礼の設備を準備する。
(10)ケーリヤー出身の偉人、聖人を記念したモニュメントや祠を建立する。

（11）同コミュニティのために上記以外の社会福祉を行う(6)

上に挙げた団体の信託目的（一九三一年）にケーリヤー・コミュニティという文言が初めて登場したのだ。しかし受益者と規定された同コミュニティの内実は依然としてカルカッタに住む運営者の同郷者・親戚に限定されていた（田中 2018: 38）。さらに宗教的な目的はあまり重きを置かれていなかった。そのうち宗教的な活動は一九二一年に編纂されたケーリヤーの縁起譚だけである。この縁起譚では、ケーリヤーというリネージ名の由来がある特定の地名であること、そして彼らの故地ケール村から数世代にわたってカルカッタまで拡散される過程が以下のように描かれている。

ケーリヤーの始祖ムンダルはヴィクラマ暦一一一〇年（西暦一〇五三年）に（ハリヤーナー州）ムンダール村の村長に任命された。彼には、ケーミー、トーリー、トゥクリーそしてサントーキーという名の四人の貞淑な妻（*mahāpativratā*）がいた。ヴィクラマ暦一一三七年（西暦一〇八〇年）に彼が逝去した際、彼の四人の妻もともに荼毘に付され、彼女たちは家の女神（*kuldevī*）となった。一三代目村長のパーフーラームと当地の領主との諍いを避け、ヴィクラマ暦一五一五年（西暦一四五八年）に一族を連れて村を離れた。流浪の末にある吉祥な場所を見つけた彼らは、この地にケッパー（フウチョウソウ科の低木）の杖（*kair kī charī*）を植えてケール村（*Keḍ*）と名付け、安住の地とした。この地に二〇〇年間ほど定住した後、その他の地へ徐々に移り住んだ彼らは、移住先で「ケール村から来た人々」という意味でケーリヤーと呼ばれるようになった。

(Chāvchariyā 1921: 42-43)

この縁起譚で始祖の妻が寡婦殉死によって家の女神となったこと、さらに彼女たちの祠がおかれたことでケール村が故地となったことが明記された。しかし縁起譚が編まれた以外、この村で祭礼が催されたわけでも、巡礼地として開発されたわけでもなかった。二〇世紀初頭にはケーリヤーの姓を持つ者が誰もここに住まなくなっていた。当時の団体はあくまでもカルカッタに居住するマールワーリー・ケーリヤーのための活動に終始していた。

ケーリヤー・コミュニティと公益性

一九五〇年代になると、カルカッタに在住するマールワーリー・ケーリヤーに限定した「私的な組織」とみなされ、団体の所得税控除ラインセンスが破棄された。しかしながら、新政府による規制を受けたからといって、この団体は単に受益者をケーリヤー・コミュニティから社会一般に広げたわけではなかった。彼らはこのコミュニティ概念を「公共の縮図(Cross-section of the Public)」に資するものとして再構築していったのである。(7)

一九五〇年代から一九七〇年代に至る過程で、団体が訴訟・社会活動を通じていかに「公益」に資する宗教的な慈善団体として認可されたのかについては、拙稿で分析しているので参照されたい

（田中 2018: 39-41）。ここでは一九七〇年代に生じた公益概念の変容を簡潔に述べておく。変容の骨子は次の二つである。まず受益者を構成する公共の縮図は「特定の個人から厳格に区別されているか」という点である。ここで特定の個人とは団体の創始者や受託者であり、もし団体が公益に資する場合、受益者には創始者・受託者と親族関係や縁故関係にある人が含まれてはいけない。二点目は公益活動とは必ずしも全国のあらゆる人々を対象とする必要がないという点である。もし受益者が何かしらのコミュニティを構成する場合、その構成員は「明確に識別され得る公的または非人格的な特質をもったある属性を共有」しなければならないとされた(8)。

一九七〇年代にこのような公共の縮図が定義されたことで、団体が公益に資する団体として再認可される基準が明確化したといえる。団体は受益者をケーリヤー・コミュニティに規定したまま、彼／彼女らが運営者から区別された存在で、客観的に識別できる質的な同一性を共有する存在であることを、団体の全国化を通じて証明したのである。

団体は一九七四年に創立六〇周年記念式典「全インド・ケーリヤー活動家総会」をカルカッタで開催した。大会ではコミュニティの慈善活動の促進と貧民層への福祉向上が決議された。一九七五年に「全インド・ケーリヤー会議」に名称が変更され、ビハール州バーガルプルで開催された。そして一九七六年と七七年にはウッタルプラデーシュ州バナーラスで、七八年にはマハーラーシュトラ州ボンベイ、七九年には再び西ベンガル州カルカッタ、そして八〇年にはアッサム州グワーハーティで開催された（Keḍiyā Sabhā 2004: 20–21）。

表1　ケーリヤー団体の概要（Keḍiyā Sabhā 2004）を下地に聞き取りに基づいて作成

公益信託	ケーリヤー・サバー（Shree Kedia Sabha Trust）	
創立年代	1913年	
登録年代	1977年	
登記	西ベンガル州団体登録局	
事務局	西ベンガル州コルカタ	
受託者 計14名	13名（在コルカタ）	
	1名（在ムンバイ）	
会員 計62名	執行会員　35名（在コルカタ34名、在ムンバイ1名）	
	若手会員　27名（在コルカタ27名）	
執行委員会 計7名	内訳：受託者4名、執行会員3名	
	役職：理事長、副理事長、事務局長、事務長補佐、出納長	
財源	団体が所有財産、所有財産の運用利子、団体への寄付金、賽銭収入	

一連の年次大会が示唆するのはインド各地にケーリヤーの姓を持つ人々が存在するという地理的な事実である。団体は年次大会に参加した人々の住所録を作成し、ケーリヤー姓を持つ新たな参加者が、カルカッタの受託者と親族関係にないことを実証した。ここで同コミュニティが公共の縮図を満たすに十分な法的概念であることが証明され、一九七七年に西ベンガル州政府から団体の公益性が認められた。

現在この団体は六二名の会員で構成されている（表1）。会員（執行会員）のうち一四名は受託者である。受託者とは公益に資する活動のために団体が所有する財産を信託された存在で、財産管理の中枢を担う。財源は不動産並びに動産の寄付で構成されている。年間収入の八五％は該当年度に使い切る必要があるが、建物等に関しては建設期間中の蓄財が認められる。

受託者の地位は生涯維持されるが、もし健康上の理由や財産横領などの不祥事を理由に辞職せざるを得ない場合、残る受託者が執行会員から欠員を補充する。女神の年次祭礼（八-九月頃）の時期に寺院で総会が開催され、団体運営の実質的な統括機関である執行委員会の選挙が実施される。会員人数は上限がないため、希望者がいれば、受託者による審査を経て認可される。

受託者や会員になる資格は「ケーリヤーに帰属する人」に限られる（二〇一二年六月二〇日：受託者へのインタビューより）。しかし特筆すべきは、実際はそれらのポストがコルカタに滞在するマールワーリー・ケーリヤーによって独占されている点である。たとえば六二名の会員のうち、ムンバイ在住者の一名以外の全ての会員はコルカタ在住で占められる（表1）。「ケーリヤー・コミュニティは全インドに広がる」との主張とは逆に、団体の組織構成においてコルカタのケーリヤー（マールワーリー）とそれ以外の地に住むメンバーとの間では明確な差異が生じている。両者の違いが団体運営においてどのような影響を及ぼすかについては、次節の寺院運営の場面で明らかにしていく。

3　ケーリヤー団体と女神寺院

一九七〇年代から団体は各地で年次総会を開催することで、全国の新たなケーリヤーを活動に巻き込み、活動を活性化してきた。しかし一九九四年から年次総会はラージャスターン州ケール村に建立した寺院で開かれるようになり、寺院は全国のケーリヤーの結集の場となったのである（写真1）。

写真１　寺院本殿（2013 年、ケール村）

本節では、ケーリヤーの新たな参加者たちは団体の活動へどのような影響を及ぼしたのかについて、運営者の活動方針との違いに注目して明らかにする。さらにもう一つの注目点は、一九九〇年代からケーリヤーの成員のみならず、ケール村の住人という異なる受益者が現れた点である。なぜ団体は二つの異なる受益者を同時に想定するようになったのかを検討する。特に新たなケーリヤーと村民は、寺院における女神を中心とした宗教実践において、それぞれ捉え方を顕著に異にしている。異なる受益者を想定しているがゆえに、女神に付与された公共性もまた複層化する。

宗教的な慈善活動の拠点

一九九四年に団体はケール村から二キロ離れた場所で約三万七〇〇〇平方メートルの土地を購入し、二〇〇四年に寺院が完成した（表２参照）。団体の運営本部はコルカタにあるため、寺院はマールワーリー・ケーリヤーによる遠隔地経営である。そこで団体は現地管理人に日々の管理を委託するようになった。現地管理人のＪ氏は同村から三〇キロほど離れたラージャスターン州ジュンジュヌー市出身の男性（五〇代）である。地元の大学を卒業した彼は、一九九四年にこの村に移り住み、寺院管理の現地責任者という役目を担っている。彼はこの村に滞在する唯一のケーリヤーで、それ

表 2　ケーリヤー寺院の概要（Keḍiyā Sabhā 2004）を下地に聞き取りに基づいて作成

寺院名	ケール村シャクティ神領（Śakti Dhām Keḍ）
所在地	ラージャスターン州ジュンジュヌー県ケール村
建立年代	1994 年
起源年代	1080 年（ヴィクラマ暦 1137 年）
主神名	ケーミー、トーリー、トゥクリー、及びサントーキー
副神名	1. ブラーフマーニー・ダーディー（家庭祭司の妻）、
	2. ピットラ（祖霊）、3. アカンド・ジョーティ（不滅の灯明）
合祀社	1. ドゥルガー、2. ラクシュミー、3. クリシュナとラーダー、
	4. リンガ、5. ラーマ、シーターとラクシュマナ、6. ハヌマーン
寺院敷地内	宿坊（約 100 部屋）、牛舎、鳩舎、診療所、食堂
寺院敷地外	中学校、公民館
敷地面積	約 37,200㎡（15 ビーガー）
現地責任者	1 名
祭司	5 名
維持管理	24 名

以外に寺院の維持管理スタッフとして二四名、さらに儀礼を担当する五名のブラーフマン司祭が働いている。

この寺院では日々の日常勤行に加えて、いくつかの年間行事が行われる。そのうち最大の行事がバードラパダ・アマーヴァスヤー[9]という祭礼市（メーラー）で、ケーミー、トーリー、トゥクリー、サントーキーという四人が女神になったことを記念して行われる。この日に団体の年次総会も開催される。したがって全国のケーリヤーにとってこの祭礼市が結集の機会であり、巡礼の日でもある。

この寺院は約一〇〇部屋の宿坊を備え、巡礼者に無料で開放している。食堂では毎日女神の供物のお下がり（プラサード）として食物が参拝者に無料でふるまわれる。また寺院敷地内にはホメオパシー施薬所、敷地外には男女共学の中等学校や公民館が運営されている。団体は貯水タンクの設置や救急車の維持管理なども行っている。

ここで注目すべきは、これらの宗教的な慈善活動は、ケーリヤーのみならず村民も受益者としている点である。たとえば学校、施薬所そして救急車の利用者は村民であり、村に滞在していない全国のケーリヤーたちは利用していない。宿坊や食堂の利用は、巡礼に訪れたケーリヤーに優先的に割り当てられる一方で、余裕があれば村民やそれ以外の参拝客も利用できる。

女神に求められた公共性

前節で確認したように一九七〇年代、団体は運営者と血縁関係にない全国のケーリヤーを受益者に規定した。しかし一九九〇年代から、団体は宗教的な慈善活動の受益者を同コミュニティに限定せず、ケール村の地元社会へと開くようになっている。この変容はなぜ生じたのだろうか。

一九七〇年代に各地で年次総会を開催することで、同じケーリヤーの姓をもつ、様々な出自の人々が団体の活動に参加するようになった。それまでコルカタに滞在する血縁者・同郷者を基礎としてきた時期と比べると大きな変貌である。このような新たな参加者は会員となって団体の運営に参与できるわけではなく、依然として団体運営に関わる会員はコルカタ在住者（マールワーリー・ケーリヤー）で占められている（表1参照）。しかし運営に参与しないとはいえ、生まれ故郷や親族関係さらには住む場所も異なる人々が団体の活動に参加することで、団体もまた新たな方向性へと向かわざるを得なかったと推察される。一九七〇年代以降、新たなケーリヤーとそれまでのマールワーリー・ケーリヤーとの意思統一をどのように図るのかが、運営者たちの大きな課題となった。

この課題を克服するうえで寺院は大きな効果を果たしたとみられる。マールワーリーの移動性を分析した中谷純江は、移住第一世代のころ彼らの故郷・出身地に建てられたハヴェーリー（邸宅）で祭礼が行われていたが、現在の移住第三世代にとって「故郷」とのつながりは先祖の邸宅（出生地・歴史的故郷）ではなく、クラン女神を祀った寺院（神話的故郷）へ変化したと指摘する（中谷 2012: 164-166）。本稿の事例では、寺院はマールワーリー・ケーリヤーだけではなく、むしろそれ以外の新たなメンバーにとっても神話的故郷となったと解釈できる。両者の間でコミュニティとしてのつながりを構築するだけではなく、新たなメンバーにとっては神話的記憶を追体験する場として寺院が機能したのである。

ここでの神話的記憶は一九二一年に団体が編纂したケーリヤーの起源譚が骨子となる。起源譚ではケーリヤーの始祖、始祖の妻の神格化、ケール村への定住、さらにそこからの離散が語られていた。コルカタ以外の地に住むケーリヤーたちは各々の家族の系譜を保持し、出身地はケール村ではなく、場合によってはラージャスターン州内にあるわけでもない。しかし寺院での宗教的な慈善活動に参加することで、コミュニティの神話的記憶を学ぶことができる。

翻って寺院はケーリヤーだけでの問題に限らず、寺院が建立されたケール村の住民にも影響を及ぼさざるを得ない。誰しもに開かれた寺院はまさに公共空間である。それゆえそこに祀られた女神もケーリヤーに限定されるのではなく、様々な出自の人々から受け入れられるために公共性を帯びていかざるを得ない。

「サマージ・セーワー」と「セートジーの寺院」

まず一九九〇年代から活動に参加した新たなケーリヤーの事例として、寺院の現地責任者であるJ氏を取り上げ、彼の活動から女神に付与された公共性の一端を明らかにしよう。彼はこの寺院の調査を希望する著者を快く受け入れ、私の第一インフォーマントとなってくれた人物である。彼は私へ寺院運営を説明する際に「サマージ・セーワー」という言葉を頻繁に用いる。このフレーズは、受託者も頻繁に用いるのだが、J氏の使用方法は彼らと明確に異なる。

ヒンディー語でサマージとは社会を意味し、セーワーは貢献を意味する。他方で文脈に応じて、サマージにはカーストやコミュニティという意味も含まれる。団体の受託者がサマージ・セーワーを用いる場合、これらの両方の意味が含まれている。したがって状況に応じてそれは「ケーリヤーへの貢献」であったり「社会への貢献」であったりするので、こちらが読み取る必要がある。しかしJ氏がサマージ・セーワーという場合、次の語りのように、ケーリヤーそしてケール村の人々をも含めた社会への貢献に限られている。

寺院は誰に対しても開かれた場所。参拝だけではなく、宿坊も食堂も誰もが望めば使えるし、君のように外国人でも使える。（寺院敷地外の）公民館もそう。あれはセートジー（村内で用いられる団体関係者への敬称）のためだけじゃなく、サマージ（地元社会）のためにある。村のパンチャーヤット（村落自治機関）はいつも公民館で開かれるし、結婚式の会場としても使われる。

（筆者のフィールドノート（以下、FN）02/08/2012）

J氏はジュンジュヌー市の出身で、寺院が建立されたときに現地責任者として雇用され、この村に移り住んだ。すなわち一九九〇年代から団体の活動へ参加したコルカタ以外に住む新たなケーリヤーの代表例である。彼は会員ではないため、寺院運営そのものに対する決定権は持ち合わせていない。しかしながら、団体は村に滞在する唯一のケーリヤーであるJ氏を村民との調整役として高く信頼しているため、地元社会との結節点という意味で彼は団体の活動に無視できない影響を及ぼしていた。彼もまたその役割を十分承知し、私に寺院を説明する場合、寺院がケーリヤーだけではなく村民にとっていかに意義があるのかを強調していたのだ。

J氏のこのような考え方は団体に対してだけではない。彼は村民に対しても団体のセーワーを自分たちのものとして受け入れるべきだと語る。それは、村民たちが寺院のことを「セートジーの寺院」と表現することを彼が好ましく思っていないことにも表れている。ヒンディー語でセートは商人、ジーは尊称を意味する。しかし村人たちはこの言葉に「外からやってくるお金持ち」を含意させる。村民はJ氏をセートジーとは呼ばないが、村の外からスーツやサリーを着込んで高級車でやってくる人々、特にコルカタからやってきて村にお金を落としてくれる人々をセートジーと呼ぶ。彼らによって建てられた寺院、そして彼らが使用する寺院だからこそ、村民はそれをセートジーの寺院と呼ぶ。しかしJ氏はこの表現をあまりよく思っていないのである。

またJ氏は寺院で行われる祭礼に村民がすすんで参加しないことを好ましく思っていない。たとえば二〇一二年一一月二一日、コルカタで結婚したカップルを祝うためにその親族三〇名程度とともに、団体は寺院でマンガルパート（讃歌の祭礼）を実施した（写真2）。マンガルパートとは一般的に、事始めの成就を祈念して詠まれる歌・詩文を意味するが、ケーリヤーの場合はヒンディー語韻律詩で描かれた女神の行伝を神への讃歌（バジャン）として参加者全員で歌い上げることを指す（マンガルパートの重要性に関しては後述）。

写真2　寺院で祭礼に参加する人々（2012年、ケール村）

J氏はこの祭礼に参加するよう村民に呼びかけ、村の女性陣を中心におよそ一五〇名程度が参加した。しかしそれは一一月末の寒空の下にやや無理矢理召集されている様子であった。一七時ごろからマンガルパートは本殿で開始され、本殿にはコルカタから来た家族が座り、村民はまるで聴衆のように本殿から少し離れた場所に座らされた。マンガルパートの終盤でコルカタから来た女性たちが踊り始め、何人かは涙を流し始めたのだが、村人の熱狂は全くなく、ただ彼らを呆然と眺めていた。マンガルパートが終了し、村人にも食事が提供された際に、J氏は「セートジーが一体どれだけ村に貢献してきたと思ってる。それがわかるならなぜもっとメーラーに参加しない」と叱責に近い言葉を村人へ投げかけた（FN 21/11/2012）。

J氏のサマージ・セーワーには、ケーリヤーのみならず、村民を受益者とした世俗的な慈善活動と宗教的な活動が含められる。しかしながら、それは必ずしも彼自身が期待するような形で村民に受け入れられていない。公民館や学校のような世俗的な慈善活動は違和感なく受け入れられ、地元社会の一部として機能している。しかしながらマンガルパートのように女神を中心とした宗教実践は、地元社会の一部として定着していない。なぜなら、村民たちはこのような祭礼には組み込まれず、何の役割も与えられていないからである。彼らはこの事例のようにコルカタから来たセートジーによる祭礼の「観客」として集められただけなのだ。

J氏に叱責されたうちの一人（四〇代男性）になぜこの祭礼に参加したのかを聞くと「（J氏に）呼ばれたから。バジャンのあとはきまって無料で食事をくれるから」と答えた。村民にとってこの寺院はセートジーの寺院であり、女神を中心とした宗教実践もまた他人事であることがここにもうかがえる。一九九四年から村に新たに登場した女神は、住民にとっていまだよくわからない女神なのである。

しかし同時に「普段は寺院には来ないが（今日みたいに）日頃から世話になっているJ氏に呼ばれ

れば来る」という先の男性のように、村民が寺院での行事をボイコットすることは決してない。なぜならば彼／彼女らはセートジーがこれまでもたらしてくれた慈善活動の恩恵を理解しているからである。このように、村民にとっての「慈善活動という利権」はＪ氏が仲介となって、寺院での宗教的な慈善活動に参加することでもたらされるであろうと期待している。この意味で、女神は村民にとって他人事であるのだが、同時に慈善活動という利権が付随した存在なのだ。村から寺院まで離れた二キロほどの一本道が示すように、村民は女神とまさにつかず離れずという微妙な距離感を維持している。

女神と母性でつながる

村民にとって寺院は慈善活動の拠点としての重要性を認識されているが、反対に宗教的側面においては地元社会に定着しておらず、自分たちの寺院ではなくあくまでセートジーの寺院と認識されている。

他方で全国のケーリヤーにとってこの寺院は自分たちの神話的故郷としての役割を果たしている。たとえば、先述したマンガルパートで用いられる行伝は、ケーリヤーの起源譚に倣い、彼らの始祖、その妻の神格化、村への移住と離散が描かれ、完遂するのに二時間程度の時間を要する。マンガルパートに参加することで、コルカタ以外の地に住む新たなメンバーも神話的記憶を追体験できるように設計されている。

マンガルパートに用いられる二〇〇九年出版の行伝では、二〇世紀初頭の起源譚に比べ、登場人物が次のように人間味を帯びて描かれている。

ケーリヤーの始祖ムンダルには、ケーミー、トーリー、トゥクリーそしてサントーキーという名の四人の妻がいた。神の恩恵からケーミーとの間に一人の子宝が授かり、ソームラージを名付けられた。少し後に、長女ラーダーも生まれた。二人の子供と四人の妻とともにムンダルは幸せに暮らしていた。繁栄に恵まれた彼にも死期が迫り、バードーン月(バードラパダ月)に逝去した。彼の死を悲しみ、四人の妻は夫とともに行くことを決意し、彼の遺体を膝に抱いて、微笑みながら火葬の薪の上に座った。そのとき、息子のソームラージは何とか母親たちの殉死を食い止めようと懇願した。「お母さま。あなたたちはお父さまとともに逝ってしまうのですね。しかし無知で愚かな私を残して先に逝くのは正しくありません。お願いですから、こんな恐ろしい決断を中止してください」。息子の悲しみの懇願を聞き、母親たちは慰めの言葉をかけながら祝福を与えた。「息子よ、心配しないで喜びなさい。私たちの吉祥な決断から、妄執(愛執、幻想)を起こさないように。息子の責務として、ピンダ(10)を与える必要があるのだから、下がってなさい。お前には一人の息子ができ、おまえの家族は、つる草のように広がり増えるだろう。そしてお前の父の名は不滅に残るだろう」。

(Kediyā Sabhā 2009: 8-9)

コルカタ以外の地に住むケーリヤーたちにとって実際の故郷はもちろんケール村ではなく、ラージャスターン州内にあるわけでもない。それゆえ彼らはマンガルパートを通じて神話的記憶を、さらに寺院が神話的故郷であることを学ぶ。この行伝で描かれた「女神の母性」や「母と息子」の関係性は、そのままマンガルパートにおける女神と新たなメンバーへとスライドするように位置づけられている。この祭礼に参加することで、女神を共同体の「母」として、そして自分たちをコミュニティの「子供」として情動的に体感できるのである。

ここで新たなメンバーによる神話的記憶の追体験に際して、女神に付与された母性がいかに情緒的に喚起されているのかを、著者がコルカタで参加したマンガルパートから紹介しよう。二

写真3　コルカタで祭礼に参加する人々(2012年、コルカタ)

〇一二年六月一六日、アンダマン・ニコバル諸島ポート・ブレアに居住するP氏（三〇代男性）が、長男の誕生を機に、マールワーリー・ケーリヤーとの関係作りのために団体に臨時集会を開いてもらった（写真3）。ここで讃歌の歌い手は女性メンバーを中心に詠唱していく。行伝の折々に彼らは女神の母性を次のように繰り返し強調しながら、参加者の熱狂を最高潮まで導いていった。

母親はいつでも子供を見守り、子供がどんな悪戯や失敗をしても最後は温かく包みこんでくれる。それゆえ子供たちも心底甘えることができ、父親には絶対に言えないような暴言や怒り、そして心の奥底にある悩みまで、すべて母親にさらけ出すことができる。母親と子供との間には、最も深い関係があり、無条件の愛情を与えてくれる存在が彼女である。母親がいるから、子供たちは失敗しようが成功しようが気にせず、人生を精いっぱい生きていける。つまり彼女は子供にとって最も不可欠で根源的な守護者なのだ。我々にとって彼女はダーディィージー（父方の祖母の意）である。彼女は我々のお母さんであり、そして偉大な祖母である。何か苦しみがあれば、彼女に甘えなさい。彼女が癒してくれるでしょう。何か望みがあれば、彼女に頼みなさい。彼女がかなえてくれるでしょう。病気、友人関係、縁談、子宝、商売のことまで何でも聞きなさい。いつも愛情あふれるお母さんが、ケーリヤーの子供たちに最大の祝福を授けてくれる。だから大きな声で唱和せよ、ダーディィージーに勝利あれ。

(FN 16/06/2012)

この歌い手の語りから、この女神が単にソームラージの母だけではなく、すべてのケーリヤーの母として特徴づけられていることが分かる。そして女神はかつて自分たちと同じ人間で、この女神につながっていることが示唆されている。このように共同体の母の表象において、女神としての超越性は維持されたまま、子供（ケーリヤー）の保護者（母親）としての親密性が強化されている。

今回の主催者であるP氏は（タミルナードゥ州）チェンナイ出身で、二〇〇〇年代に仕事のために夫婦でポート・ブレアに移った。団体運営者の何人かとは旧知であった彼は、それ以外のおよそ五〇名もの出席者たちとはすべてその日に初めて会ったと認めつつ、皆とすぐに仲よくなったと語った。「次はチェンナイから家族全員で寺院へ行きたい。息子のジャルーラー（結髪式）[11]をして、ダーディージーにささげたい」と彼が言うように、女神に付与された「母性」という親密性は、新たなメンバーが神話的故郷を自分の故地と受け入れ、彼らが一つのコミュニティとして纏め上げられるうえで、効果的に機能としているといえる。

4 おわりに

本稿は、ケーリヤー団体による寺院運営を事例に、寺院という公共空間で展開される宗教的な慈善活動から、宗教の公共的役割の諸相を明らかにすることを試みた。この事例から明らかになったように、活動の参加者の出自が異なれば異なるほど、運営者の意図や思いにときに同調し、ときにそれを裏切る形で、多様な公共性が構築されている。このような多層性は、宗教実践のようにいわば参加者の利権に端的に帰すことができないような、参加者の情動に訴えかける営為に顕著に見出される。

団体は運営者の縁者の支援を求めた前身組織の性格を色濃く引き継ぐ組織である。二〇世初頭にカルカッタ在住のケーリヤーのための組織であったこの団体は、独立後もケーリヤー・コミュニティのための活動を志向してきた。一九七〇年代から団体はコルカタ以外に住むケーリヤーの参加を新たに受け入れていくなかで、コミュニティとしてのつながりの構築という課題に直面した。その解決策がコミュニティの結節点としての寺院運営であった。しかし一九九〇年代からケール村で寺院を開くようになると、ケーリヤーだけではなくその村の住民にどのように受け入れられるかも問われるようになった。そしてとりわけ彼らの利益に直結しない女神の宗教実践において、ケーリヤーのためだけではなく、村民にとっての女神の意味づけが模索された。

村に居住するJ氏は、村民とコルカタの運営者とを架橋するような役割を担い、団体でも村民からも重要視される。女神の宗教実践へも村民に積極的な参加を呼び掛ける点でJ氏は異彩を放つ。彼は村民にも寺院を自分のものとして足しげく通ってほしいという思いで活動している。しかしながら彼の思いとは裏腹に、いまだマンガルパートなどの祭礼では村民には特段の役割が与えられない。J氏によって付与された「村の女神」という女神の公共性を、村民はそのまま受け入れてはいない。村民にとってそれはあくまで「セートジーの女神」なのである。しかし同時に女神は宗教的な慈善活動と不可分であるがゆえに、村民は女神とつかず離れずの距離感を維持している。J氏が慈善と宗教をつなげる限り、村民は彼の呼びかけに応じて、寺院の宗教実践に参加し続ける。そこには、マンガルパート後の食事だけではなく、今後もセートジーたちから提供されるだろう様々な慈善活動に対する期待がみられる。

他方で一九九〇年代から強調され始めた共同体の母としての女神は、村民にとってますますそれが他人事となる要因となっている。これは各地に住むケーリヤーのメンバーが神話的記憶を共有できるようにと団体が練り上げた女神の姿である。団体は女神により人間味のある母性という脚色を施し、マンガルパートというドラマティックな舞台装置を通じて、新たなメンバーが共同体の母を情動的に受け入れることに成功している。このように、団体が想定する二つの異なる受益者に従い、女神は二つの異なる位相を維持している。多分に情動の喚起を促す宗教実践を通じて、村民からは他人事ではあるが打算的なものとして、他方でケーリヤーにとっては家族に近いほど親密なものとして、女神の公共性は構築されている。

註

（1）本稿は二〇一二年六月から八月までコルカタやケール村で実施した聞き取りと資料調査、そして二〇一四年五月、二〇一五年八月、二〇一六年二月に実施したフォローアップ調査をもとに構成する。

（2）ケーリヤーはアグラワールという商業カーストに帰属するリネージを、ケーリヤー・コミュニティは全国のケーリヤーを指す。姓としてはケーリヤーだけではなくラーナーサリヤーやチャーオチャリヤー等も含まれる。しかし本稿では煩雑さを避けるために、ケーリヤー姓を共有するとしてこの言葉を用いる。

（3）NGOは非国家の行動主体として、ローカルな開発支援、環境保護さらに民衆の政治参加の制度化などを担う。富重真一は、NGOの六つの条件として非政府性、非営利性、自発性、持続性、他益性そして慈善性を挙げる（富重 2001: 17）。このうちのボランタリズム（自発性）が強調される傾向にあるインドでは、NGOは一般的にボランティア団体と呼ばれる。団体数は、中央・州政府からの助成金を得た団体として計上された約一万五〇〇〇から（Kudva 2005: 237）、私的な団体を含めると一〇〇万を超えるとも推定される（大橋 1997: 27）。

（4）バーミンガム大学を中心に組織された「宗教と開発のリサーチプログラム」は、二〇〇五年から二〇一〇年にかけてインド、パキスタン、タンザニア、そしてナイジェリアの四カ国の研究機関と連携して、各国における宗教・開発・貧困軽減に関する研究プロジェクトを実施し、インド人研究者もこのテーマに関して諸論文を発表している。http://www.birmingham.ac.uk/schools/government-society/departments/international-development/rad/partners/india.aspx（閲覧二〇一九年三月一〇日）

（5）ヒンドゥー聖職者団体ＶＨＰ（Vishwa Hindu Parishad）に呼びかけられた三〇万を超える成員が一九九二年一二月六日アヨーディヤーに集結しバーブリー・マスジッドを倒壊した。この事件は一九八四年からＶＨＰが展開した「ラーマ生誕の地解放運動」によって一大政治問題に発展したアヨーディヤー問題の帰着で、各地でヒンドゥー・ムスリム間のコミュナル暴動の応酬に発展した。

（6）*Kedia Jatiya Sahayak Sabha and Fund v. Commissioner of Income Tax* (1963) 46, ITR 74, (Cal.), p.78-79.

（7）*Kedia Jatiya Sahayak Sabha and Fund v. Commissioner of Income Tax* (1963) 46, ITR 74, (Cal.), p.75-77.

（8）*Ahmedabad Rana Caste Association v. Commissioner of Income Tax, Gujarat* (1971) 82, ITR, 704, p.710.

（9）バードラパダ（八月下旬から九月上旬）は北インドの祭事暦における五番目の月、アマーヴァスヤー（晦日）は黒分第一五日を指す。さらに一二月最終週に秋祭りと銘打ち、新年の祝いが行われる。

（10）祖霊の供養に供えられる米飯や大麦でこしらえた握りや団子などの供物、祭餅。ヒンドゥー教徒の葬式儀礼の一部であり、遺体が荼毘に付された後に、祖霊祭が一〇日間行われる。

（11）ヒンドゥー教徒の人生儀礼の一つで、子供が一歳から五歳になると後頭に一房の髻を残して剃髪し、家の女神にその子の髪をささげる。

参考文献

栗屋利江　2002　「南アジアにおける『公共圏』・『市民社会』をめぐる研究動向」『南アジア研究』14: 145-168.

稲場圭信・櫻井義秀編

　2009　『社会貢献する宗教』世界思想社。

大橋正明　1997　「NGO大国インド、その活動、歴史、ネットワーク」斉藤千宏編『NGO大国――悠久の国の市民ネットワーク事情』明石書店、pp.21-53.

キャルホーン、クレイグ

　1999　「序論　ハーバマスと公共圏」クレイグ・キャルホーン編『ハーバマスと公共圏』山本哲・新田滋訳、未來社、pp.11-37.

孝忠延夫・浅野宜之

　2006　『インドの憲法――二一世紀「国民国家」の将来像』関西大学出版部。

小松久恵　2013　「『質実剛健』あるいは『享楽豪奢』――一九二〇－三〇年代北インドにおけるマールワーリー・イメージをめぐる一考察」『現代インド研究』3: 131-151.

佐藤宏　2001　「インド――ボランタリズムと国家規制のせめぎあい」重富真一編『アジアの国家とNGO――一五カ国の比較研究』明石書店、pp.68-96.

重富真一　2001　「国家とNGO――問題意識と分析視角」重富真一編『アジアの国家とNGO――一五カ国の比較研究』明石書店、pp.13-40.

田中鉄也　2014　『インド人ビジネスマンとヒンドゥー寺院運営――マールワーリーにとっての慈善・喜捨・実利』風響社。

2018 「コミュニティの実体化と女神巡行――インド・カルカッタのカースト団体を事例に」『宗教と社会』24: 33-47.

田辺明生 2014 「現代インドにおける宗教と公共圏」島薗進・磯前順一編『宗教と公共空間――見直される宗教の役割』東京大学出版会、pp.235-260.

中島岳志 2005 『ナショナリズムと宗教――現代インドのヒンドゥー・ナショナリズム運動』春風社。

中谷純江 2013 「『故郷』への投資――ラージャスターンの商業町と移動商人マールワーリー」『現代インド研究』3: 153-170.

中溝和哉 2012 『インド　暴力と民主主義――一党優位支配の崩壊とアイデンティティの政治』東京大学出版会。

ハインズ、ジェフリー

2010 『宗教と開発――対立か協力か』阿曾村邦昭・阿曾村智子訳、麗澤大学出版会。

ハーバーマス、ユルゲン

1994 『公共性の構造転換　第2版』細谷貞雄・山田正行訳、未來社。

Bano, Masooda and Padmaja Nair

2007 *Faith-Based Organisations in South Asia: Historical Evolution, Current Status and Nature of Interaction with the State*, Working Paper 12, Birmingham: Religions and Development Research Programme, pp.1-38.

Bayly, C. A. 1978 Indian Merchants in a 'Traditional' Setting: Benares, 1780 – 1830 In Clive Dewey and A. G. Hopkins (eds.), *The Imperial Impact: Studies in the Economic History of Africa and India*, Bristol: The Arthlone Press, pp.171-193.

2001(1983) *Rulers, Townsmen and Bazaar: North Indian Society in the Age of British Expansion 1770 – 1870*, New Delhi: Oxford University Press.

Bhargava, Rajeev

2005 Introduction. In Rajeev Bhargava and Helmut Reifeld (eds.), *Civil Society, Public Sphere and Citizenship: Dialogues and Perceptions*, New Delhi: Sage Publications, pp.13-55.

Bhattacharya, Neeladri

2005 Notes towards a Conception of the Colonial Public. In Rajeev Bhargava and Helmut Reifeld (eds.), *Civil Society, Public Sphere and Citizenship: Dialogues and Perceptions*, New Delhi: Sage Publications, pp.130-156.

Birla, Ritu 2009 *Stages of Capital: Law, Culture, and Market Governance in Late Colonial India*, Durham: Duke University Press.

Chandhoke, Neera

2005 Exploring the Mythology of the Public Sphere. In Rajeev Bhargava and Helmut Reifeld (eds.), *Civil Society, Public Sphere and Citizenship: Dialogues and Perceptions*, New Delhi: Sage Publications, pp.327-347.

Clarke G. 2006 Faith Matters: Faith-Based Organizations, Civil Society and International Development. *Journal of International Development* 18: 835-848.

Freitag, Sandra B.

1989 *Collective Action and Community: Public Arenas and the Emergence of Communalism in North India*, Berkley: University of California Press.

Hardgrove, Anne

2004 *Community and Public Culture: The Marwaris in Calcutta*. New Delhi: Oxford University Press.

Haynes, Douglas

1987 From Tribute to Philanthropy: The Politics of Gift Giving in a Western Indian City. *Journal of Asian Studies*

46(2): 339-350.

Jaffrelot, Cristophe

1996 *The Hindu Nationalist Movements in India*, New Delhi: Columbia University Press.

Kudva, Neema

2005 Strong States, Strong NGOs. In Raka Ray and Mary F. Katzenstein (eds.) *Social Movements in India: Poverty, Power, and Politics*, Lanham: Rowman and Littlefield Publishers, pp.233-265.

Markovits, Claude

2008 *Merchants, Traders, Entrepreneurs: Indian Business in the Colonial Era*, New Delhi: Permanent Black.

Mio, Minoru 2008 Public Space, Voluntary Associations, and Hindu Nationalism: Changing Urban Festivals in Udaipur, Rajasthan. In H. Ishii and D. Gellner (eds.) *Political and Social Transformations in North India and Nepal*, New Delhi: Manohar, pp.239-262.

Mishra, Purushottam

2008 Mapping Faith-Based Organizations at State Level: A Preliminary Study of Bihar. In The Religions and Development Research Programme (ed.), *India: Some Reviews of Literature Related to Religion and Development*, Working Paper 10, Birmingham: Religions and Development Research Programme, pp.101-111.

Nair, Padmaja

2009 *Religious Political Parties and their Welfare Work: Relations between the RSS, the Bharatiya Janata Party and the Vidya Bharati Schools in India*, Working Paper 37, Birmingham: Religions and Development Research Programme, pp.1-72.

Rudolph, Susanne. H.

2000 Civil Society and the Realm of Freedom. *Economic Political Weekly* 35(20): 1762–1769.

Singh, Ksh Imokanta

2008 Religion and Development in North –East India: A Sociological Understanding. In The Religions and Development Research Programme (ed.), *India: Some Reviews of Literature Related to Religion and Development*, Working Paper 10, Birmingham: Religions and Development Research Programme, pp.101-111.

Timberg, Thomas, S.

1978 *The Marwaris: From Traders to Industrialists*, Delhi: Vikas Publishing House Pvt Ltd.

van der Veer, Peter

2006 The Secularity of the State. In Masaaki Kimura and Akio Tanabe (eds.) *The State in India: Past and Present*, New Delhi: Oxford University Press, pp.257-269.

（ヒンディー語文献）

Chāvchariyā, Haramukharāy

1921 *Keḍiyā Jātīy Itihās*, Kalkatta: Keḍiyā Jātīy Sahāyak Sabhā aur Phaṇd.

Keḍiyā Sabhā ed.

2004 *Samāj Gourav: Śrī Keḍiyā Sabhā dvārā Prakaśit Smārikā*, Kolkātā: Śrī Keḍiyā Sabhā.

2009 *Keḍ kā Itihās evaṃ any Vivaraṇ: 551 vāṁ varṣ Keḍ Sthāpnā Mahotsav*, Kolkātā: Śrī Keḍiyā Sabhā.

あとがき

本書は、二〇一三年一〇月から二〇一六年三月の間に国立民族学博物館で開催された共同研究（若手）「宗教の開発実践と公共性に関する人類学的研究」の成果報告である。共同研究の代表者は、本書の編者も務めている石森大知氏である。

筆者は、かねてより石森氏とオセアニアの紛争に関する研究を行ってきた。国立民族学博物館にて共同研究会「オセアニアにおける独立期以降の〈紛争〉に関する比較民族誌的研究」（二〇〇九年から一三年）を主宰したときには、石森氏にもメンバーとして参加していただき、二〇一三年には国際シンポジウム「Cargo Cults and Contemporary Conflicts in Pacific Societies: Seeking a Path of Coexistence in the Age of Globalization」でもご協力をいただいた。

筆者自身も紛争や宗教的社会運動に関心を抱きながら、分析が政治・経済や文化に偏りがちで、宗教的側面をうまく言語化できていないと反省していた。そのこともあり、宗教を主題とする共同研究会を開催したい旨の相談を石森氏から受けたときには、二つ返事でお引き受けした。研究会ではオセアニアに限らず、世界各地の事例から現在の宗教状況についての研究を毎回拝聴して、筆者の蒙を啓いていただいた。

メンバー（以下、敬称を略す）は、最終的には、石森大知、丹羽典生、岡部真由美、岡本亮輔、小河久志、門田岳久、倉田誠、藏本龍介、小西賢吾、白波瀬達也、野上恵美、舟橋健太の一二名となった。メンバー以外では、福島康博、田中鉄也の両氏に研究発表をしていただいている。研究会は、二〇一三年一〇月から二〇一六年三月までに、打ち合わせを含めて通算九回行った。

発表をしていただきながら諸般の事情でご寄稿いただけなかった方もいるが、研究会の活性化には一方ならぬご助力をいただいた。研究会で生み出された知見が本書全体を通じて生かされていれば幸いである。共同研究に関連して公開した成果としては、『民博通信』へ以下の短いエッセイが寄稿されている。

石森大知 2014「宗教・開発・国家をめぐる新動向へのアプローチ」『民博通信』145: 26-27.
岡部真由美 2015「開発の現場に立ち現れる宗教と世俗の境界」『民博通信』149: 24-25.

本研究会で中心的に扱われた、宗教が開発を中心とする公共的な場に現在いかに関わっているのかという議論は、その後も継続されている。研究会のなかで気づかされたオセアニアに広く見出される類型的な世界観と開発との関係については、二〇一八年三月一六日に神戸大学にて開催された「汎オセアニア的世界観としての伝統・教会・政府」というシンポジウムでさらに深められている。発表者と各タイトルは以下である。

石森大知「趣旨説明――汎オセアニア的世界観としての伝統・教会・政府」
丹羽典生「再帰する理想郷――オセアニア神学とフィジーにおける宗教的社会運動の系譜」
倉田誠「『社会的想像』のなかの首長／教会／政府――サモア独立国の自殺防止活動を事例とした世俗化をめぐる議論の再検討」

また、二〇一八年六月三日に日本文化人類学会第五二回研究大会において、「宗教と開発の人類学――グローバル化するポスト世俗主義と開発言説」という分科会発表も行った。発表者と各タイトルは以下である。またコメンテーターは、白川千尋教授にお願いした。

石森大知「趣旨説明」
岡部真由美「タイにおける仏教僧の開発実践からみる宗教・世俗の境界――ヘルスケア活動の現

場に焦点をあてて」
藏本龍介「ミャンマーにおける出家者の開発実践の変遷と行方」
石森大知「宗教とソーシャル・キャピタル論の再検討――ソロモン諸島における教会主導の植林プロジェクトの顚末」
小河久志「自己のためか、他者のためか――タイ南部インド洋津波被災地におけるタブリーグの『開発』活動をめぐって」
奈良雅史「『公益』の生成――中国雲南省昆明市回族社会における公益活動の事例から」

以上の成果公開を通じていただいたコメントも可能な限りで原稿に反映させてある。

共同研究としての期間は終了したが、そこで培ったネットワークを生かしつつ、現在もさらに議論を進めている。本書の出版計画を春風社の石橋幸子氏にご相談を持ち掛けたところ、同社での出版にご快諾いただいた。実際の編集作業においては同社の櫛谷夏帆氏の助力を得た。なお、本書出版にあたり、館外での出版を奨励する国立民族学博物館の制度を利用した。

二〇一九年三月一四日
丹羽典生
サンフランシスコにて

執筆者紹介（執筆順）

石森大知（いしもりだいち）　序章・第5章
神戸大学大学院国際文化学研究科・准教授。博士（学術）。専門は文化人類学、オセアニア地域研究。
著書に、『生ける神の創造力——ソロモン諸島クリスチャン・フェローシップ教会の民族誌』（世界思想社、二〇一一年、単著）、『多配列思考の人類学——差異と類似を読み解く』（風響社、二〇一六年、共編著）、『文化とコミュニケーション』（北樹出版、二〇一六年、共編著）など。

岡部真由美（おかべまゆみ）　第1章
中京大学現代社会学部・准教授。博士（文学）。専門は文化人類学、東南アジア地域研究。
著書に、『「開発」を生きる仏教僧——タイにおける開発言説と宗教実践の民族誌的研究』（風響社、二〇一四年、単著）、「出家からみるケアの実践とその基盤——タイ北部国境地域におけるシャン人移民労働者に焦点をあてて」（速水洋子編『東南アジアにおけるケアの潜在力——生のつながりの実践』京都大学学術出版会、二〇一九年）、「都市に生きる場所——タイにおける「寺住まい」の実践からみる社会編成」（森明子編『ケアが生まれる場——他者とともに生きる社会のため』ナカニシヤ出版、近刊）など。

藏本龍介（くらもとりょうすけ）　第2章
東京大学東洋文化研究所・准教授。博士（学術）。専門は文化人類学、ミャンマー仏教研究。
著書に、『世俗を生きる出家者たち——上座仏教徒社会ミャンマーにおける出家生活の民族誌』（法藏館、二〇一四年、単著）、「モラルを超えたモラル——現代ミャンマーにおける仏教の公共的役割についての一考察」（『コンタクト・ゾーン』第8号、二〇一六年）、"Monks' Lives Shaped by Food: A Case Study in Myanmar" (*Religious Studies in Japan* 4, 2018) など。

倉田誠（くらたまこと）　第3章
東京医科大学医学部・講師。博士（学術）。専門は医療人類学、生命倫理学、オセアニア地域研究、障害学。

著書に、「グローバル化する精神科医療とサモアの精神疾患――マファファウファウの病気をめぐって」（須藤健一編『グローカリゼーションとオセアニアの人類学』風響社、二〇一二年）、「『障害』をめぐる共生のかたち――サモア社会における障害支援NGOロト・タウマファイによる早期介入プログラムの事例から」（風間計博編『交錯と共生の人類学――オセアニアにおけるマイノリティと主流社会』ナカニシヤ出版、二〇一七年）、「類似性から知識の動態へ――サモア社会の病気概念からみた多配列分類にもとづく社会分析の再検討」（白川千尋他編『多配列思考の人類学――差異と類似を読み解く』風響社、二〇一六年）など。

丹羽典生（にわ のりお）　第4章・あとがき
国立民族学博物館学術資源研究開発センター・准教授。博士（社会人類学）。専門は社会人類学、オセアニア地域研究。
著書に、『脱伝統としての開発――フィジー・ラミ運動の歴史人類学』（明石書店、二〇〇九年、単著）、『現代オセアニアの〈紛争〉――脱植民地期以降のフィールドから』（昭和堂、二〇一三年、共編著）、『〈紛争〉の比較民族誌――グローバル化におけるオセアニアの暴力・民族対立・政治的混乱』（春風社、二〇一六年、編著）など。

小河久志（おがわ ひさし）　第6章
金沢星稜大学人文学部・准教授。博士（文学）。専門は文化人類学、東南アジア地域研究。
著書に、『「正しい」イスラームをめぐるダイナミズム――タイ南部ムスリム村落の宗教民族誌』（大阪大学出版会、二〇一六年、単著）、『自然災害と社会・文化――タイのインド洋津波被災地をフィールドワーク』（風響社、二〇一三年、単著）、「世俗と宗教――タイのムスリム社会を事例に」（山本信人監修・宮原曉編『東南アジア地域研究入門2　社会』慶應義塾大学出版会、二〇一七年）など。

白波瀬達也（しらはせ たつや）　第7章
桃山学院大学社会学部・准教授。博士（社会学）。専門は宗教社会学、貧困問題。

著書に、『釜ヶ崎のススメ』（洛北出版、二〇一一年、共編著）、『宗教の社会貢献を問い直す――ホームレス支援の現場から』（ナカニシヤ出版、二〇一五年、単著）、『貧困と地域――あいりん地区から見る高齢化と孤立死』（中公新書、二〇一七年、単著）など。

奈良雅史（ならまさし）　第8章
国立民族学博物館超域フィールド科学研究部・准教授。博士（文学）。専門は文化人類学、中国研究。
著書に、『現代中国の〈イスラーム運動〉――生きにくさを生きる回族の民族誌』（風響社、二〇一六年、単著）、『「周縁」を生きる少数民族――現代中国の国民統合をめぐるポリティクス』（勉成出版、二〇一五年、共編著）、「動きのなかの自律性――現代中国における回族のインフォーマルな宗教活動の事例から」（『文化人類学』八〇巻三号、二〇一五年）など。

小西賢吾（こにしけんご）　第9章
金沢星稜大学教養教育部・准教授。博士（人間・環境学）。専門は文化人類学。
著書・論文に、『四川チベットの宗教と地域社会』（風響社、二〇一五年、単著）、"Maintenance of the Bonpo monastic community in contemporary Tibetan society: With special reference to performance of 'cham in Amdo Shar-khog". (*The Memoirs of the Toyo Bunko* 75, 2017)、「興奮を生み出し制御する――秋田県角館、曳山行事の存続のメカニズム」（『文化人類学』七二巻三号、二〇〇七年）など。

舟橋健太（ふなはしけんた）　第10章
龍谷大学社会学部・講師。博士（地域研究）。専門は文化人類学、南アジア地域研究。
著書に、『現代インドに生きる〈改宗仏教徒〉――新たなアイデンティティを求める「不可触民」』（昭和堂、二〇一四年、単著）、「信じるもの／おこなうものとしての〈宗教〉――現代北インドにおける「改宗仏教徒」の事例から」（吉田匡興他編『宗教の人類学』春風社、二〇一〇年）、「近現代インドの仏教に見る「社会性」――B・R・アンベードカルの仏教解釈から現代インドの仏教改宗運動まで」（櫻井義秀他編『アジアの社会参加仏教――政教関係の視座から』北海道大学出版会、二〇一五年）など。

田中鉄也（たなか てつや）第11章
人間文化研究機構総合人間文化研究推進センター・研究員／国立民族学博物館南アジア研究拠点・特任助教。博士（文学）。専門は宗教学、南アジア地域研究。著書に、『インド人ビジネスマンとヒンドゥー寺院運営――マールワーリーにとっての慈善・喜捨・実利』（風響社、二〇一四年、単著）、「現代インドにおける『公益の仕事』としてのヒンドゥー寺院運営――マールワーリー商人にとってのラーニー・サティー寺院」（『南アジア研究』第27号、二〇一五年）、「コミュニティの実体化と女神巡行――インド・カルカッタのカースト団体を事例に」（『宗教と社会』第24号、二〇一八年）など。

索引

【ABC】

【ア行】

【カ行】

【タ行】

宗教と開発の人類学
——グローバル化するポスト世俗主義と開発言説

二〇一九年六月三日 初版発行

編者 石森大知《いしもりだいち》 丹羽典生《にわのりお》

発行者 三浦衛
発行所 春風社 Shumpusha Publishing Co., Ltd.
横浜市西区紅葉ヶ丘五三 横浜市教育会館三階
〈電話〉〇四五・二六一・三一六八 〈FAX〉〇四五・二六一・三一六九
〈振替〉〇〇二〇〇・一・三七五二四
http://www.shumpu.com ✉ info@shumpu.com

装丁 中本那由子
印刷・製本 シナノ書籍印刷株式会社

ISBN 978-4-86110-651-4 C0039 ¥4000E